목회자는
설교자다

THE SHEPHERD AS PREACHER
by John MacArthur, editor

Copyright ⓒ 2015 by Grace Community Church
Published by Harvest House Publishers
Eugene, Oregon 97402
www.harvesthousepublishers.com

License arranged through rMaeng2, Seoul, Republic of Korea.
All rights reserved.

This Korean Edition Copyright ⓒ 2015 by Word of Life Press,
Seoul, Republic of Korea.

이 한국어판의 저작권은 알맹2 에이전시를 통하여
Harvest House와 독점 계약한 생명의말씀사에 있습니다. 신저작권법에
의하여 한국 내에서 보호받는 저작물이므로 무단 전재와 무단 복제를 금합니다.

목회자는 설교자다

ⓒ 생명의말씀사 2015

2015년 7월 30일 1판 1쇄 발행
2016년 12월 9일   2쇄 발행

펴낸이 | 김재권
펴낸곳 | 생명의말씀사

등록 | 1962. 1. 10. No.300-1962-1
주소 | 서울시 종로구 경희궁1길 5-9(03176)
전화 | 02)738-6555(본사) · 02)3159-7979(영업)
팩스 | 02)739-3824(본사) · 080-022-8585(영업)

기획편집 | 정설아, 박영경
디자인 | 김혜진
인쇄 | 영진문원
제본 | 정문바인텍

ISBN 978-89-04-07130-2 (04230)
ISBN 978-89-04-70016-5 (세트)

저작권자의 허락 없이 이 책의 일부 또는 전체를
무단 복제, 전재, 발췌하면 저작권법에 의해 처벌을 받습니다.

THE SHEPHERD AS PREACHER

목회자는
설교자다

서문

셰퍼드 콘퍼런스(Shepherds' Conference)가 그레이스 커뮤니티 교회에서 처음 개최된 것은 1980년 3월이었다. 당시 첫 모임에는 목회 사역이라는 주제로 159명이 함께했다. 처음부터 이 콘퍼런스의 목적은 바울이 디모데에게 내린 명령, 즉 "또 네가 많은 증인 앞에서 내게 들은 바를 충성된 사람들에게 부탁하라 그들이 또 다른 사람들을 가르칠 수 있으리라"(딤후 2:2)는 말씀대로 살아가자는 것이었다.

셰퍼드 콘퍼런스는 작은 행사로 시작되었지만, 하나님의 은혜로 이제는 매년 봄마다 수천 명이 참석하는 국제적인 운동으로 만개하게 되었다. 지난 수년간 미국 각지에서뿐 아니라 100여 개국에 달하는 나라에서 오신 목사님들이 콘퍼런스에 참여하여 설교, 신학, 지도력, 제자훈련, 상담 등의 분야에서 도전을 받고 새 힘을 얻었다. 나도 콘퍼런스를 통해서 신실한 분들을 만나고 교제를 나누며 많은 복을 받았다.

처음부터 셰퍼드 콘퍼런스의 특징은 목회자들과 교회 지도자들에게 수백 편의 설교를 전하는 것이었다. 하나님의 말씀에 서려 있는 진리는 세월이 흘러도 변하지 않기에, 그 말씀들은 지금도 처음 선포되었을 때와 마찬가지로 풍요롭고 강력하다. 셰퍼드 콘퍼런스에서 설교를 주제로 선포된 말씀들을 모아 책을 출판하게 되어 정말 기쁠 따름이다. 하나님의 말씀을 신실하게 선포하는 것보다 교회에 더 시급한 일은 없다. 그런 의미에서도 이 책은 참으로 시기적절하다고 본다. 이 책의 목적은 바울이 디모데에게 가르쳤던 바를 따라서 목사님들이 자신들이 받은 목회 명령, 즉 때를 얻든지 못 얻든지 말씀을 전파하라(딤후 4:2)는 말씀을 완수할 수 있도록 격려하는 것이다. 이 책의 모든 내용은 셰퍼드 콘퍼런스에서 선포된 말씀의 본래 뜻을 그대로 전하기 위해 최소한으로 편집했다는 점을 밝힌다.

이 책은 셰퍼드 콘퍼런스 참여 여부와 상관없이 성경을 전하고 가르치는 모든 사람을 위한 책이다. 당신이 이 책을 읽고 하나님의 말씀을 신실하게 주해하며 하나님의 교회를 섬기고자 노력할 때, 진리에 대한 열정이 더욱 밝게 타오르며 그리스도의 영광을 위해 결심한 것들이 모두 이루어지길 기도한다.

큰 목자 되신 우리 주 예수 그리스도를 위하여
존 맥아더

이 책에 나온 셰퍼드 콘퍼런스 강사들

존 맥아더 John MacArthur
수백만 명의 삶에 커다란 감동을 전해 준 수많은 베스트셀러의 저자이자 최고의 성경 해석가다. 사람 중심이 아닌 하나님의 영광에 초점을 두고 있는 그의 설교는 뜨거운 목회자적 심장을 잃지 않는 설교, 시대를 분별해 내는 거시적 통찰력과 예리한 시각, 변명의 여지가 없도록 만드는 강력한 적용을 담은 설교로 평가받고 있다. 캘리포니아 주 선 밸리에 있는 그레이스 커뮤니티 교회의 목사이자 마스터대학 및 신학교 총장이다. 저서로는 『담대한 복음전도』, 『복음을 부끄러워하는 교회』, 『존 맥아더의 다른 불』(이상 생명의말씀사) 등 다수의 베스트셀러가 있다.

마크 데버 Mark Dever
건강한 성경 신학에 기초한 강해 설교로 주목받는 개혁주의 목회자다. 워싱턴 D. C.에 있는 캐피톨 힐 침례교회의 담임목사이며, 건강한 교회를 만들기 위한 사역 단체인 나인마크스 미니스트리의 대표로도 섬기고 있다. 저서로는 『건강한 교회의 9가지 특징』, 『복음과 개인 전도』, 『교회가 직면한 12가지 도전』, 『구약 성경의 핵심 메시지』(이상 부흥과개혁사) 등이 있다.

스티븐 J. 로슨 Steven J. Lawson
앨라배마 주 모빌에 있는 크라이스트 펠로십 침례교회의 담임목사로, 30년 넘게 목회자로 사역하고 있다. 또한, 마스터신학교에서 설교학을 가르치고 있으며, 리폼드신학교 이사회에서 활동 중이다. 『메인 아이디어로 푸는 시편 1-75편』(디모데)을 포함하여 10권이 넘는 주석 및 책을 저술했다.

R. C. 스프로울 R. C. Sproul
개혁주의 신학계를 이끄는 저명한 신학자로 심오한 진리들을 이해하기 쉽게 설명하는 글과 강의로 유명하다. 또한, 딱딱하게 들리는 성경 교리를 명쾌한 논리와 적절한 예화로 풀어, 성경 말씀이 일상의 삶과 떨어질 수 없게 연결 고리를 만들어 준다. 낙스신학대학교 등 여러 주요 신학교에서 신학과 변증학 교수로 재직했으며, 현재는 플로리다 주 샌포드에 있는 세인트 앤드류 교회의 목사로서 말씀을 전하고 있다. 평신도 교육에 열정을 품고 90여 권의 책을 저술했으며, 리고니어 미니스트리를 통해 기독교의 진리를 알리려는 노력을 계속하고 있다.

앨버트 몰러 Albert Mohler Jr.

켄터키 주 루이빌에 있는 남침례신학교의 총장이다. 가족과 성경적 남성과 여성관을 위한 모임에 중점을 두고 있는 여러 기구의 임원뿐만 아니라 남침례신학교에서 기독교 신학 교수와 『남침례신학저널』의 편집장으로도 일하고 있다. 그는 「뉴욕타임스」, 「월스트리트저널」, 「유에스에이 투데이」와 같은 미국의 유수한 신문들에 자주 인용되고 있는 인물이다. 또한, CNN의 「래리 킹 라이브」와 NBC의 「투데이 쇼」, 「데이트라인 NBC」 등과 같은 미국의 뉴스 프로그램에도 출연하고 있다.

톰 페닝턴 Tom Pennington

텍사스 주 사우스레이크에 있는 컨트리사이드 바이블 교회의 목사다. 그레이스 커뮤니티 교회에서 장로와 부목사로 섬겼으며, 세계적으로 널리 알려진 라디오 프로그램인 「그레이스 투 유(Grace to You)」의 전무로 일하기도 했다. 그는 현재 목회자로서 자신의 역할뿐만 아니라 강해 설교에 관한 목회자 훈련에도 적극적으로 참여하고 있다.

릭 홀랜드 Rick Holland

캔자스 주 프레리 빌리지에 있는 미션 로드 바이블 교회의 담임목사이며, 엑스포지터스신학교에서 설교학과 강해 설교를 가르치는 교수다. 조지아, 미시간, 캘리포니아에서 청소년 목사로 사역했고, 그레이스 커뮤니티 교회에서 25년 동안 시무한 바 있다. 저서로는 『Uneclipsing the Son』이 있으며, 여러 책과 신학 잡지에 글을 기고했다.

알렉스 몬토야 Alex Montoya

캘리포니아 주 휘티어에 있는 퍼스트 펀더멘털 바이블 교회의 담임목사이며, 마스터신학교에서 목회학을 가르치는 교수다. 본질 지향적인 거룩한 열정의 소유자로 잘 알려진 그는 LA에서 지역 교회를 위한 사역자 및 아웃리치의 대표자로서 몇 년간 사역한 후, 퍼스트 펀더멘털 바이블 교회에서 본격적으로 목양을 시작했다. 각종 콘퍼런스 및 전문 저널에서 왕성하게 강의 및 집필 활동을 하고 있으며, 저서로는 『열정적 설교』 외 다수가 있다.

CONTENTS

서문_존 맥아더　4
이 책에 나온 셰퍼드 콘퍼런스 강사들　6

1　말씀을 전파하라 / **존 맥아더**　　　　　　　　　　11

2　하나님의 부르심 / **마크 데버**　　　　　　　　　　37

3　한 충성스러운 설교자의 묘비명 / **존 맥아더**　　　61

4　그 책을 가져다주십시오 / **스티븐 J. 로슨**　　　　85

5　설교와 하나님의 주권 / **R. C. 스프로울**　　　　109

6　어떤 국민이 하나님의 음성을 너처럼 듣고 생존했느냐?
　 / **앨버트 몰러**　　　　　　　　　　　　　　　 129

7	사도적 설교의 열정과 능력 / 스티븐 J. 로슨	155
8	성령님의 능력으로 하는 설교 / 톰 페닝턴	179
9	삶을 변화시키는 설교를 빚는 기술 / 릭 홀랜드	203
10	죽어 가는 사람이 죽어 가는 사람에게 하듯 설교하라 / 알렉스 몬토야	227
11	아볼로 : 참된 복음의 목회자 / 앨버트 몰러	253
12	두 설교자 이야기 / 존 맥아더	275

주   300

1
John MacArthur

너는 말씀을 전파하라
때를 얻든지 못 얻든지 항상 힘쓰라
범사에 오래 참음과 가르침으로
경책하며 경계하며 권하라 _ 딤후 4:2

셰 퍼 드
+
라이브러리

THE SHEPHERD'S
LIBRARY

말씀을 전파하라

존 맥아더, 1998
디모데후서 3:1-4:4

성경 본문 중에 특히 사랑하는 말씀이 있다. 지난 세월 동안 이 말씀으로 수없이 많은 설교를 하기도 했다. 또한, 내가 말씀 전하는 사명을 받은 것 같다고 아버지께 이야기드렸을 때, 아버지께서 성경 안에 써 주셨던 말씀이기도 하다. 그 말씀은 바로 "너는 말씀을 전파하라 때를 얻든지 못 얻든지 항상 힘쓰라 범사에 오래 참음과 가르침으로 경책하며 경계하며 권하라"는 디모데후서 4장 2절 말씀이다.

이 짧은 말씀은 성경이 말하는 목회 사역을 한 가지 핵심 명령으로 규정한다. 바로 "말씀을 전파하라"는 것이다. 이 명령과 더불어 목회자, 감독, 장로들은 가르치는 일과 말씀 전하는 일에 숙련되어야 한다고 명한 디모데전서 3장 2절 말씀도 목회 사역의 핵심으로 더할 수 있을 것이다. 어쨌든 우리는 말씀을 능숙하게 전해야 한다. 그것이 우리의 소명이다. 이 구절은 분명하게 말한다. 우리에게 "말씀을 전파하라"고 간명하게 요구하는 것이다.

이제 당신은 사도 바울이 언제 설교를 해야 하는지, 그리고 어떠한 어조로 설교하라고 말했는지 알았을 것이다. 우리는 언제 설교해야 하는가? "때를 얻든지 못 얻든지" 해야 한다. 이 말씀이 무슨 의미인지 자세히 논할 수도 있다. 하지만 최대한 단순하게 결론을 내려 보자면 어떻게 해석을 해도 "때를 얻든지 못 얻든지"라는 의미다. 즉, 항상 설교하라는 것이다. 우리는 항상 말씀을 전파해야 한다. 우리는 이 사명을 변경할 수 없다. 이러한 사역 방법론을 제쳐 두고 다른 어떤 것으로 대체할 수도 없다. 말씀을 전파하는 일은 우리가 항상 해야 할 일이다.

설교하는 어조에 관해서는 두 가지로 구분된다. 설교에는 우선 경책하며 경계하는 소극적인 측면이 있다. 그리고 오래 참음과 가르침으로 권하는 적극적인 측면이 있다. 우리는 실수와 죄를 금하며, 이에 맞서야 한다. 하지만 건전한 교리와 경건한 삶은 적극적으로 가르쳐야 한다. 우리는 사람들에게 하나님의 말씀에 순종할 것을 권해야 하고, 그들이 오래 참음으로 성숙한 모습으로 순종할 수 있도록 해야 한다.

이것은 간단한 명령이다. 즉, 항상 말씀을 전파하라는 것이다. 예수님은 말씀하셨다. "사람이 떡으로만 살 것이 아니요 하나님의 입으로부터 나오는 모든 말씀으로 살 것이라 하였느니라"(마 4:4). 이 진리 때문에 우리는 하나님의 입으로부터 나오는 모든 말씀을 다루는 성경 주해 사역을 하는 것이다. **만약 하나님의 모든 말씀이 진리이고 순전하다면, 만약 모든 말씀이 성도들에게 양식이 된다면, 모든 말씀은 반드시 선포되어야 한다.**

사람들은 하나님의 말씀에 굶주려 죽어 가면서도 자신이 굶주리고 있다는 사실을 알지 못한다. 그들은 허기가 져 있다. 그래서 손을 뻗고 아무것이나 손에 쥔다. 사람들은 자신의 삶에 공허한 부분이 있다는 사실을 알고 있다. 또한, 자신이 천박하다는 것을 느끼며, 통찰력과 이해력이 부족하다는 것도 안다. 하지만 사람들은 삶의 문제를 해결할 수 없다. 하나님의 말씀에 굶주리고 있지만 도움이 되지 않는 대체물만 주어지기 때문이다. 그래서 하나님은 자신의 말씀이 그들에게 전해지도록 하셨다. 하나님의 말씀만이 그들을 먹이고 살릴 수 있기 때문이다. 그렇게 말씀이 전해지는 방법이 바로 설교다.

바울은 다음과 같이 썼다. "전파하는 자가 없이 어찌 들으리요"(롬 10:14). 마르틴 루터는 다음과 같이 말했다. "하나님을 예배하는 최고의 행위는 말씀을 전파하는 것이다."[1] 하나님은 말씀을 통해서 드러나신다. 따라서 하나님의 말씀을 전파하는 것은 하나님의 성품, 하나님의 뜻을 전하는 것이며, 참된 용어로 하나님을 정의하는 모든 행위이자 높임 받아 마땅하신 하나님을 높여 드리는 것이다.

우리가 받은 이 명령은 우리 문화에서 나온 것이 아니라 하늘에서 나온 것이다. 하나님은 성경을 통해서 하나님의 말씀을 전할 것과 모든 말씀을 전할 것, 그리고 굶어 죽어 가는 영혼들을 먹일 수 있는 유일한 양식인 하나님의 진리를 전할 것을 우리에게 명하신다. 성경은 정확무오하며 살아계신 하나님의 말씀이다. 하나님의 말씀은 좌우에 날 선 어떤 검보다도 예리하다. 또한, 모든 말씀은 순전하며 진리다. 우리는 하나님의 말씀을 온전하게 전해야 하며 그 모든 진리를 밝혀야 한다. 이것이 우리가 받은 명령이다.

하나님의 말씀을 전하라는 이 간명한 명령을 뒷받침하는 다섯 가지 충분한 이유가 있기에 우리는 이 노력을 계속하게 된다. 사실 이 다섯 가지 이유 중 한 가지만으로도 하나님의 말씀을 전파하는 데 충분한 동기 부여가 되는데, 이들이 합쳐지면 그 어떤 성경 본문 못지않게 강력한 동기를 생기게 한다.

시대가 위험하므로 말씀을 전파해야 한다 (3:1-9)

첫째, 시대가 위험하므로 하나님의 말씀을 전파해야 한다. 디모데후서 3장 1절에서 바울은 "너는 이것을 알라 말세에……."라고 말하면서 디모데에게 명령을 시작한다. 메시아가 처음 오셨을 때 말세는 시작되었다. 사도 요한은 말했다. "아이들아 지금은 마지막 때라"(요일 2:18). 바울은 "말세에 고통하는 때가 이르러"(딤후 3:1)라고도 썼다. "고통하는 때"라는 말에서 "때"는 "시대"라고 할 수 있을 것이다. 이는 시계가 가리키는 시간이나 달력을 따르는 시간이 아니다. 여기에서 사용한 그리스어 단어는 "카이로스"(*kairos*)인데, 계절, 시대, 사상 등을 의미한다. "고통하는"이라는 단어는 "위험한" 또는 어쩌면 "야만적인"이라는 단어로도 옮길 수 있을 것이다. 즉, 위험하고 위태한 사상이 나타날 것이라는 뜻이다. 이때에는 진리와 복음과 교회가 위협받을 것이다. 디모데후서 3장 13절에 따르면 "악한 사람들과 속이는 자들은 더욱 악하여져서 속이기도 하고 속기도 하기" 때문에 상황은 더욱 심각해질 것이다. 말세가 시작된 순간부터 예수님이 오시는 그 날까지 이러한 위험한 사상은 더욱 심각하게 그리고 빈번하게 발생할 것이다.

이제 예수님이 오시고 교회가 생겨난 이후 발생한 여러 가지 사상에 관해서 이야기하려고 한다. 이러한 사상들은 한번 발생한 뒤에 사라지는 것이 아니라, 계속 우리 곁에 존재하며 더 많이, 그리고 더 위험한 모습으로 나타날 것이다. 이러한 사상들은 교회의 생명과 진리를 위협하는 위험이 무엇인지를 분명하게 보여 준다. J. W. 몽고메리가 『교회사를 통해 본 저주받은 자들』에서 설명한 이러한 위험에는 어떤 것이 있는지 살펴보도록 하자.[2]

■ 위험한 사상들

성례주의(Sacramentalism)

교회에 최초로, 그리고 가장 두드러지게 나타났던 위험한 사상은 4세기에 발생한 성례주의였다. 성례주의는 신성 로마 제국이 성장하고 콘스탄티누스 대제가 등장하면서 시작된 것으로, 예식을 통한 구원이라는 로마 가톨릭의 신앙으로 발전하게 되었다. 이러한 사상에 따라 교회는 그리스도의 대리자가 되었고, 사람들은 개인적인 관계를 통해서 그리스도를 만나는 것이 아니라 교회나 체제에 결합했을 뿐이었다. 따라서 성례주의는 참된 복음의 적이 되었고, 은혜와 믿음의 적이 되었으며, 결국 참된 성도들을 박해하고 처형하는 결과를 초래했다. 성례주의는 종교 개혁 이후 16세기가 되어서야 비로소 약화하기 시작했다.

합리주의(Rationalism)

종교 개혁 이후 오래지 않아 곧 두 번째 위험한 사상이 나타났다. 바로 합리주의다. 종교 개혁을 지나 르네상스와 산업 혁명 시기에 들어서면서 사람들은 획일적인 로마 가톨릭 제도에서 이탈하여 자신의 정체성을 되찾고 스스로 생각하기 시작했다. 사람들은 발견하고, 발명하고, 개발하는 자유를 만끽했다. 그래서 사람들은 점차 인간의 지성을 숭배하기 시작했고, 결국 이성은 신이 되었다. 토머스 페인은 『이성의 시대』라는 책을 썼다. 그는 이 책에서 성경은 허구이며, 인간의 이성만이 신이고, 성경은 결국 합리주의에 무릎을 꿇게 될 것이라고 주장했다. 합리주의자들은 성경을 공격하고, 성경에 나타나는 기적 및 성경의 영감, 그리스도의 신성과 은혜의 복음을 부정했다. 학문과 인간의 이성이라는 명목 아래 이 모든 것을 부정하고 나선 것이다.

이러한 위험한 사상들은 아직도 사라지지 않고 있다. 여전히 전 세계에는 성례를 기초로 하는 종교가 남아 있고, 합리주의는 아직도 그 위세가 대단하다. 합리주의는 유럽의 신학교를 모두 와해시켜 버렸다. 스코틀랜드에 있는 세인트앤드루스대학교의 성 살바토르 예배당을 방문한 기억이 있다. 그곳에서 나는 존 낙스가 스코틀랜드 종교 개혁을 시작했던 바로 그 설교단에 섰었는데, 그 감흥을 잊을 수 없다. 로마 가톨릭이 건재하던 시절 존 낙스는 공로에 기반을 두는 체제 한가운데에서 은혜와 믿음의 복음을 선포했다. 그는 사람들을 종교로 구속하려는 엄청나게 거대하고 강력한 체제에 맞섰던 것이다.

이 작은 예배당 주위에는 자갈돌로 된 길이 있는데, 그 길에는 세 명의 어린 학생들의 이름에서 따온 머리글자가 표시되어 있다. 그들은 십대 후반에 존 낙스의 설교를 듣고 복음을 받아들이며 예수 그리스도에게 귀의했는데, 그 이유로 가톨릭 당국에 의해 화형을 당하고 말았다. 이 학생들을 기념하기 위해 화형을 당한 장소에 그들의 이름 머리글자를 표시해 놓은 것이다. 그 길 바로 건너편에는 세인트앤드루스대학교의 신학부가 있다. 그런데 그 학부 교수들은 합리주의 신학자들이 거부했던 그 진리를 위해 죽어 간 순교자들의 머리글자를 밟고 날마다 길 건너의 선술집으로 향한다. 그들은 인간의 지성이라는 신을 섬기고 성경의 진실성은 거부하는 자들이다.

정통주의(Orthodoxism)

합리주의에 뒤이어 정통주의가 나타났다. 이는 싸늘하게 형식만 남아 냉랭하게 되어 버린 정통성을 주장하는 사상이다. 19세기에 인쇄 기술이 크게 발전하면서 성경을 대량으로 찍어 내게 되었지만, 정통성

자체가 이미 형식만 남은 냉담한 것이 되어 버렸기 때문에 많은 사람이 이에 관심을 보이지는 않았다. 그들이 말하는 정통주의의 영성은 피상적이거나 전혀 존재하지 않았다.

정치주의(Politicism)

이후 정치주의가 등장했고, 교회는 정치력을 획득하는 데 몰두하게 되었다. 그러면서 교회는 사회 복음을 발전시켰고, 사회 재건을 주창하며 해방 신학을 주장했다. 이러한 모든 움직임은 그리스도 안에 있는 구원이 아닌 인간의 방식을 통해 변화를 꾀하는 시도였다.

초교파주의(Ecumenism)

다섯 번째로 나타난 위험한 사상은 초교파주의로 1950년대에 터져 나왔다. 모든 사람이 통합에 관해서 이야기하며 교리적인 문제 때문에 분열이 일어나는 것을 막겠다는 일념으로 신조는 제쳐 두자고 주장했다. 이는 감정주의(sentimentalism)를 낳았고, 소위 "예수 윤리"(the Jesus Ethic)라고 하는 새로운 성경 해석학이 등장하게 되었다. 예수님은 신랄한 말은 전혀 하지 않는 좋은 사람으로 정의되었고, 이에 따라 초교파주의를 옹호하는 사람들은 심판과 벌이라는 개념을 성경에서 제거해 버렸다. 악은 용인되지만 교리는 천대받게 되었고, 그 결과 분별력이 약화하고 말았다.

경험주의(Experientialism)

여섯 번째 사상은 경험주의로 1960년대의 특징이라 할 수 있다. 진리는 직감, 환상, 예언, 또는 특별한 계시를 통해 나타나는 감정으로 정의되었고, 누구도 객관적인 하나님의 말씀에 의지하여 진리를 결정할 수 없다고 생각했다. 그러면서 오히려 주관적인 직관을 신뢰했다. 이러한 관점이 득세하면서 교회에는 엄청난 위험이 초래되었고, 그 결과 사람들이 하나님의 말씀에서 멀어지게 되었다.

주관주의(Subjectivism)

일곱 번째 사상은 주관주의다. 1980년대에는 심리학이 교회를 휩쓸었고, 많은 성도가 자신을 사랑하는 데 몰두하게 되었다. 사람들은 어떻게 하면 조금이라도 더 안락함을 누릴 수 있을지, 어떻게 하면 더 성공하고 돈을 더 벌 수 있는지에만 관심을 쏟게 되었다. 따라서 인간 중심의, 인간의 필요에 기초를 둔 신학이 발전했고, 개인의 안락함이 궁극적인 목표가 되었다.

신비주의(Mysticism)

여덟 번째 사상은 신비주의로 1990년대에 급증했다. 이는 사람들에게 자신이 원하는 대로 믿으라고 하는 사상이다. 그런데 실용주의가 동시에 득세하자 사람들은 자신들이 원하는 대로 사역을 규정하기에 이르렀다. 그러면서 사람들은 교회가 사람을 섬기기 위해 존재한다고 주장하기 시작했고, 목사는 사람들이 무엇을 원하는지 알아보기 위해 설문 조사를 하고 그 결과에 따라 사역 계획을 결정하게 되었다. 진리가 효용성의 하인이 되어 버린 것이다. 강해 설교는 컴퓨터 시대에 조랑말로 속달 우편을 보내는 것처럼 구닥다리 방식이 되었고, 사람들은 효과적으로 사역하는 방법은 내용이 아닌 이미지나 스타일이라고 주장했다.

혼합주의(Syncretism)

아홉 번째 사상은 혼합주의로 모든 유일신교는 같은 하나님을 숭배하며, 유일신교를 믿는 사람들은 모두 천국에 간다는 믿음이다. 우리 문화는 유교, 불교, 이슬람교, 정통 유대교도, 그리고 무신론자들까지도 천국에 간다는 생각을 선호한다. 그 이유는 어쨌든 그러한 모든 사람이 진리를 추구했기 때문이라고 한다. 이것이 바로 혼합주의다.

보다시피 위험한 사상이 하나 지나가면 또 다른 사상이 교회에 나타난다. 그리고 그것들은 결코 사라지지 않는다. 오히려 이 사상들은 우리 가운데 그대로 남아서 세력을 더해 가기 때문에 교회는 이 모든 사상을 상대해야 한다. 당신은 목사로서 강력한 진들과 맞서고 있는 것이다(고후 10:4-5). 그 진들은 잘 짜인 이념으로 이루어진 강한 요새이기 때문에 하나님의 진리로 잘 대응해야 한다. 그러므로 당신은 반드시 효율적으로 말씀을 다루어야 한다.

분별력을 지니고, 우리가 어떠한 문제와 맞서고 있는지를 제대로 이해하고, 우리 주위에 임박한 위험들에 적용할 수 있는 적절한 성경 구절을 제시하는 일은 결코 쉽지 않다. 그리고 그리스도인들은 대부분 이런 일에 신경을 쓰지 않는다. 하지만 하나님의 양 떼를 돌보는 목자의 책임을 진 우리는 그렇게 해야 한다. 이러한 위험들은 계속 축적되고 악화하며, 그 결과 분별력을 상실하고 교리를 점차 무시하는 현상이 생긴다.

■ 죄 있는 자들과 속는 자들

바울은 디모데후서 3장 2절부터 시작해 이러한 위험한 시대의 배후에 있는 사람들을 묘사하며 이 시대의 특징을 분명하게 규정한다. 그들은 "자기를 사랑하며 돈을 사랑하며 자랑하며 교만하며 비방하며 부모를 거역하며 감사하지 아니하며 거룩하지 아니하며 무정하며 원통함을 풀지 아니하며 모함하며 절제하지 못하며 사나우며 선한 것을 좋아하지 아니하며 배신하며 조급하며 자만하며 쾌락을 사랑하기를 하나님 사랑하는 것보다 더하는"(3:2-4) 자들이다.

만약 당신이 이 목록을 오늘날 누구에게 적용한다면 차별적인 질문이 되지 않을까? 오늘날 오류에 빠진 사람에게 이러한 목록을 제시하며 비판하는 사람을 상상이나 할 수 있는가? 이 말씀을 보면 예수님의 접근법이 생각난다. 예수님은 오류에 빠진 당시 종교 지도자들에게 가서 말씀하신다. "너희 뱀들아, 너희 독사들아, 너희 개들아, 너희 더럽고 냄새나는 회칠한 무덤들아." 오늘날 이렇게 하면 어떨까?

바울은 디모데후서 3장 5절에서 거짓 교사들에게는 경건의 모양만 있다고 폭로한다. 그들은 외면적으로 경건한 모습을 보여 주고 싶어 한다. 하지만 경건의 능력은 빠져 있다. 그들은 하나님을 모르기 때문에 하나님의 능력을 소유할 수 없는 것이다. 더 나아가 디모데후서 3장 6절은 "남의 집에 가만히 들어가 어리석은 여자를 유인하는 자들이 있으니 그 여자는 죄를 중히 지고 여러 가지 욕심에 끌린 바 되어"라고 말씀한다. 오늘날 거짓 교사들은 개인적으로, 그리고 미디어를 통해 각 가정에 들어가서 여자들을 공략한다. 하나님은 여자를 신실한 남자들이 보호해 주어야 할 존재로 지으셨다. 그들은 어리석은 여자를 유인하여 중한 죄를 지게 하고 잘못된 생각을 가르친다. 이 사람들은 애굽에서 모세를 대적했던 마술사인 얀네와 얌브레와 마찬가지로 진리를 대적하는 자들이다. 이 거짓 교사들은 마음을 빼앗는다. 따라서 우리는 이들은 분명히 배척해야 한다.

우리는 이 싸움에 참여할 수 있는 사람, 하나님의 말씀을 분명하게 이해하는 경건한 사람들이 필요하다. 사탄의 속임수는 교묘하기 그지없어서 외적으로는 일이 어떻게 돌아가고 있는지 분명하게 드러나지 않는다. 따라서 우리는 하나님의 말씀을 이해할 수 있는 뛰어난 사람이 필요하다. 시대의 문제를 이해하고, 거룩한 용기를 지녔으며, 기꺼이 전투에 발을 들여놓고, 진리를 무기 삼아 우아하면서도 가차 없이 적들을 공격할 수 있는 사람들이 필요하다.

바울은 고린도후서 10장 4절에서 목자 된 우리가 해야 할 일은 모든 이론을 무너뜨리고 사로잡힌 모든 사람을 그리스도께 복종하게 하는 것이라고 말한다. 우리는 이 위험한 세대가 세운 견고한 진에 사로잡힌 자들을 자유롭게 놓아주어야 한다. 우리는 진리를 보호하고, 진리를 전파하도록 부르심을 받았다. 우리가 진리를 이해하지 못한다면 진리를 보호할 수도 없고 전파할 수도 없다. 그러므로 사탄의 교묘한 책략에 맞서기 위해서는 잘 훈련된 사람이 있어야 한다.

우리의 선배들이 말씀 전하는 일에 헌신했으므로 말씀을 전파해야 한다 (3:10-14)

우리가 말씀을 반드시 전해야 하는 두 번째 이유는 우리의 선배들이 말씀 전하는 일에 헌신했기 때문이다. 디모데후서 3장 10-11절에서 바울은 디모데에게 엄명한다. "나의 교훈과 행실과 의향과 믿음과 오래 참음과 사랑과 인내와 박해를 받음과 고난과 또한 안디옥과 이고니온과 루스드라에서 당한 일과 어떠한 박해를 받은 것을 네가 과연 보고 알았거니와." 이 말은 "디모데, 너는 나를 따랐다. 너는 나의 제자이며 나는 네게 사역의 모범을 보였다. 너는 나의 목적이 무엇인지, 사역자로서 어떤 의무를 담당했는지 봤다. 즉, 내가 어떻게 가르치고 살아왔는지 생생하게 본 것이다. 그러므로 예수님의 이름으로 진리를 선포하고 진리대로 살아가라. 너는 내가 진리를 어떻게 가르쳤는지, 어떻게 진리를 삶으로 실천했는지를 봤다. 나는 이 일에 온전했다."라는 뜻이다. 바울은 지독할 정도로 진리를 선포하는 책임에 집중했다. 그리고 디모데는 바울이 이 목적을 충실하게 수행하는 모습을 봤다. 바울은 박해와 고난에 직면해서도 사람을 사랑하고 하나님을 사랑하며 인내했던 것이다.

정리하자면 바울은 이렇게 말한 것이다. "너는 내가 어떻게 사역하는지를 지켜봤다. 나는 사랑으로 사역했다. 나는 집중해서 사역했다. 나는 끈질기게 사역했다. 나는 인내하며 사역했다. 나는 성실하게 사역했다. 나는 비난을 견뎌 냈다. 나는 고통을 감내했다. 나는 고난을 감수했다. 나는 투옥을 당하기도 했다. 나는 매도 맞고, 채찍질도 당했으며, 돌에 맞기도 했다. 너는 안디옥, 이고니온, 루스드라에서 나와 함께 있었고, 이 모든 일을 목격했다."

바울은 그러고 나서 디모데에게 "그러나 너는 배우고 확신한 일에 거하라 너는 네가 누구에게서 배운 것을 알며"(딤후 3:14)라고 도전을 준다. 바울은 말한다. "디모데야, 너는 내가 하라는 대로 해라." 오늘날 많은 사람이 사역을 새로운 방식으로 정의하고 수정을 가하려고 한다. 하지만 바울은 말한다. "내가 하라는 대로 해라."

디모데후서 3장 17절에서 바울은 더 나아가 디모데를 "하나님의 사람"이라고 칭한다. 이 용어는 신약 성경에서 단 두 차례 나타나는 전문적인 용어로, 두 번 모두 디모데전·후서에만 나타난다. 구약에서는 이 용어가 70번 넘게 나타나는데, 언제나 설교자를 지칭한다. 바울은 말한다. "디모데야, 너도 하나님의 사람 중 하나다. 하나님의 사람들이 우리 앞에 길게 줄 서 있다. 그들은 하나님의 진리를 선포하도록 하나님이 부르시고 능력을 주신 자들이다. 너도 이 길에서 벗어날 수 없다. 네가 생각하는 대로 갈 수도 없고 네 방법대로 할 수도 없다. 너는 하나님의 말씀을 선포하도록 부르심을 받은 많은 사람 중 하나다. 네가 할 일도 그것이다."

나는 나의 삶도 이러한 관점으로 바라본다. 그리고 그럴 때면 유년 시절 할아버지에 대한 기억이 떠오른다. 할아버지는 돌아가시기 직전까지 하나님의 말씀을 신실하게 선포하신 설교자셨다. 할아버지가 돌아가실 때 나는 아버지와 함께 그 자리에 있었다. 아버지는 할아버지께 "아버지, 원하시는 게 있으세요?" 하고 여쭤 보셨다. 그러자 할아버지가 말씀하셨다. "그래, 딱 한 번만 더 설교하고 싶구나." 암으로 죽어 가면서도 할아버지가 원하시는 일은 한 번 더 설교하는 것이었다. 설교자가 감당하기 어려운 것이 하나 있다. 바로 그 뼈에 사무치는 불이다. 할아버지는 그 불을 토해 내셔야만 했던 것이다.

할아버지는 천국에 대한 설교를 준비하셨지만, 결국 그 설교를 하지 못하고 돌아가셨다. 아버지는 할아버지의 설교 노트를 인쇄하여 장례식에 참석한 모든 사람에게 돌리셨다. 그렇게 할아버지는 천국에서 천국에 대한 설교를 하셨다. 이 사건은 어린 소년이었던 나에게 엄청난 영향을 미쳤다. 할아버지는 얼마나 신실한 분이셨던가! 마지막 숨을 내쉴 때까지 할아버지가 원하셨던 것은 말씀을 한 번 더 전하는 일이었다.

아버지도 마찬가지셨다. 사역 내내 아버지는 부지런하게 말씀을 전하셨다. 앞에서도 썼지만, 아버지는 나에게 "말씀을 전파하라"고 적은 성경을 주셨던 분이다. 그러다가 나는 찰스 파인버그 박사님 아래에서 공부하기 위해 탈봇신학교에 진학했다. 파인버그 박사님은 내가 아는 사람 중에 가장 뛰어난 성경학자셨다. 파인버그 박사님은 네덜란드어를 2주간 독학하고 네덜란드어로 된 신학책을 읽으신 분이었다. 그분은 랍비가 되기 위해 14년간 공부했다가 마침내 그리스도에게 돌아오시고 나서는 달라스신학교에 진학하여 박사 학위를 받으셨다. 당시 달라스신학교의 총장이셨던 루이스 스페리 채퍼 박사님은, 공부를 마치고 학교를 떠날 때보다 공부를 하러 학교에 왔을 때 아는 것이 더 많았던 학생은 파인버그 박사님이 유일했다고 말했다.

파인버그 박사님은 이후 존스홉킨스대학에 진학하여 고고학 박사 학위를 받으셨다. 박사님은 엄청나게 광대하고 탁월한 지성을 지니셨고, 하나님의 말씀을 사랑한 분이셨다. 그분은 매년 성경을 네 번씩 읽으셨고, 성경의 모든 말씀은 오류가 없고 영감을 받아 기록되었다는 진리를 절대적으로 믿으셨다. 그분이야말로 내 인생에 가장 많은 영향을 미치신 분이다.

신학교를 다니던 첫해, 파인버그 박사님께 처음 들은 수업은 구약개론이었다. 이 수업은 어렵고 지루한 자료가 많아서 갑자기 학문적인 공부를 접한 대학 운동선수들은 따라가기가 매우 어려운 과목이었다. 수업 첫날 한 학생이 질문을 했다. 그러자 교수님은 머리를 숙이시고는 고개를 들지 않으신 채 말씀하셨다. "그것보다 더 지적인 질문을 하지 못할 것 같으면 앞으로는 절대로 질문을 하지 말게. 자네는 귀중한 시간을 잡아먹고 있어." 그 학기에 더 이상 질문하는 학생은 없었다! 그렇게 해서 교수님은 마음대로 시간을 모두 사용하실 수 있었다. 교수님은 하나님과 성경에 관해서는 굉장히 엄격하셨다.

그해 파인버그 박사님은 나를 부르시더니 학생들과 교수진 앞에서 설교를 하라고 하셨다. 설교를 할 때 교수님들이 뒤에 앉으셔서 고쳐야 할 점을 기록하시고 설교를 마치면 지도해 주시는 것이었다. 나는 설교를 준비하면서 수없이 다듬었다. 나는 말씀을 전했고, 꽤 괜찮게 했다고 생각했다. 그런데 설교를 마치자마자 파인버그 박사님은 나에게 빨간 글씨로 '자네는 본문의 요지를 완전히 놓쳤네.'라고 쓴 종이를 건네주셨다.

'내가 그랬다고? 본문의 요지를 완전히 놓친다는 게 말이 되는가?' 하지만 이 말씀은 신학교에서 배운 가장 중요한 가르침이 되었다. 파인버그 박사님도 기분이 좋지 않으셨는지 나를 사무실로 부르셨다. 교수님은 나에게 투자를 하셨는데, 내가 한 것이 마음에 들지 않으셨기 때문이다. 무엇보다도 하나님의 말씀을 정확히 다루는 것은 사역의 핵심 아니겠는가? 그날 내가 받은 가르침은 절대 잊지 못할 것이다. 그때 이후로 파인버그 박사님은 항상 내 어깨에 앉으셔서 속삭이고 계신다. "본문의 요지를 놓치지 말게, 맥아더!"

졸업식 날, 파인버그 박사님은 나를 사무실로 부르시더니 "자네에게 줄 선물이 있네."라고 말씀하시고는 큰 상자를 집어 올리셨다. 그 안에는 35권짜리 『카일 · 델리취 히브리어 구약 주석 전집』이 있었다. 교수님은 말씀하셨다. "내가 지난 세월 동안 사용했던 주석 전집이네. 여백에는 글을 써두기도 했지. 자네에게 선물로 주고 싶군." 이는 나에 대한 교수님의 사랑의 징표인 동시에 "이제 구약 성경 본문의 요지를 놓치고 나서는 핑계를 대지 말게."라는 말씀이나 마찬가지였다.

내 인생에서 가장 빛났던 순간 중 하나는 바로 파인버그 박사님의 가족이 박사님의 장례식에서 설교를 해달라고 나에게 부탁했을 때였다. 어느 순간 교수님은 내가 마침내 본문의 요점을 파악하게 된 수준에 올라섰다고 생각하신 것이 아니겠는가! 교수님은 이제 주님과 함께 계시지만, 나는 그분의 가르침을 벗어나고 싶은 생각이 전혀 없다. 나는 그저 신실한 선지자들, 사도들, 설교자들, 전도자들, 목회자들, 선교사들이 대대로 해온 그대로 똑같이 하고 싶을 뿐이다. 나는 오늘날 사람들이 무모하게도 하나님이 정하시고 영적으로 원하시는 설교 방법을 쉽게 버리고 자신만의 방법을 만들어 내는 모습에 경악한다. 얼마나 뻔뻔한 짓인가! 그들은 도대체 자신을 누구라고 생각하는 것인가!

그렇다. 당신보다 앞서 선배들이 헌신한 것을 보고 말씀을 전파하라. 줄에 맞춰서 서라. 그리고 바통을 받아 달리라.

성경의 능력 때문에 말씀을 전파해야 한다 (3:15-17)

우리가 말씀을 전하는 세 번째 이유는 성경의 능력 때문이다. 바울은 디모데에게 "또 어려서부터 성경을 알았나니"(딤후 3:15)라고 말했다. 디모데는 어머니의 품에 안겨 있었던 어린 시절부터 "성경"을 접했다. 여기서 말하는 성경이란 "히에라 그라마타"(*hiera grammata*)로, 그리스 유대인들이 구약 성경을 지칭할 때 쓴 용어다. 바울은 "너는 성경[구약]을 알고 있다. 이 성경은 그리스도 예수 안에 있는 믿음을 통하여 구원을 줄 것이다."라고 말한 것이다.

디모데의 부모님은 유대인과 이방인이었지만 디모데의 가정은 여전히 율법의 영향력 아래 있었다. 바울은 디모데가 어렸을 때부터 율법으로 인하여 복음에 준비되었다고 말한다. 유대인들은 자신들의 자녀는 모유와 함께 하나님의 법을 "마신다"고 말한다. 그리고 그렇게 하나님의 법이 마음과 정신에 각인되기 때문에 하나님의 법을 잊을 바에야 자신들의 이름을 잊겠다고 할 정도다.

이 법은 사람을 그리스도에게 인도하는 선생으로서, 디모데도 구약 성경을 기초로 양육되었다. 디모데는 자신에게 필요한 지혜를 이미 갖추고 있었고, 구약 성경의 법을 이해하여 복음에 준비되어 있었기 때문에 복음이 제시되었을 때 그것을 깨달을 수 있었던 것이다. 궁극적으로 바울은 다음과 같이 말한다. "너는 하나님의 말씀이 너를 구원으로 인도할 능력이 있다는 것을 알고 있다. 네가 다른 무엇을 전파하겠느냐?" 하나님의 말씀은 좌우에 날 선 어떤 검보다도 예리하기 때문이다(히 4:12). 베드로는 선포한다. "너희가 거듭난 것은 …… 항상 있는 하나님의 말씀으로 되었느니라"(벧전 1:23). 말씀의 능력만이 영혼을 회심시키고 구원을 이루어 낸다.

하나님의 말씀이 영혼을 회심시키는 능력이라는 사실을 온전히 이해할 때 하나님의 말씀을 전하는 일에 헌신하게 된다. 당신은 하나님의 말씀을 전파하지 않고 있는가? 그렇다면 어떠한 이유를 댄다 하더라도 당신은 하나님의 말씀이 구원과 성화를 이루게 하는 유일한 근원이라는 점을 믿지 않기 때문이다. 디모데후서 3장 16-17절은 다음과 같다. "모든 성경은 하나님의 감동으로 된 것으로 교훈과 책망과 바르게 함과 의로 교육하기에 유익하니 이는 하나님의 사람으로 온전하게 하며 모든 선한 일을 행할 능력을 갖추게 하려 함이라." 말씀의 능력만이 구원을 이루고 거룩하게 한다. 말씀만이 교리를 제공하고, 잘못과 죄를 책망하며, 바르게 하고, 의의 길로 훈련한다. 이것이 말씀의 결과다.

당신은 말씀을 전파함으로써 교리의 기초를 세우고 오류와 죄를 책망할 수 있다. 헬라어 본문을 보면 이는 넘어진 사람을 일으켜 세우는 것을 말한다. 책망하는 것은 그 사람을 다시 일으켜 세우는 것이며, 그의 잘못과 죄악을 고쳐 주는 것이다. 그리고 그를 의의 길로 다시 인도하는 것이다. 그가 순종하는 삶을 살도록 훈련하는 것이다. 하나님의 사람과 하나님의 본을 따르는 모든 사람을 온전하게 하는 것이 바로 말씀이다. 말씀은 사람을 영적으로 준비시킨다. 우리는 이를 성경의 충족성(sufficiency)이라고 한다. 하나님의 말씀은 우리를 완전하게 구원하고 완전하게 거룩하게 한다는 뜻이다. 당신은 도대체 다른 어떤 도구를 사용하려는 것인가? 사람들이 이렇게 구원을 이루고 거룩하게 하는 하나님의 말씀 말고 왜 다른 것을 사용하려고 하는지 나는 도무지 이해가 되지 않는다.

하나님이 명령하셨으므로 말씀을 전파해야 한다 (4:1-2)

다음으로 우리는 하나님이 명령하셨으므로 말씀을 전파해야 한다. 디모데후서 4장 1절은 거룩한 두려움을 일으키는 무서운 구절이다. 모든 설교자는 반드시 이 말씀에 전율해야 한다. 이 구절을 보면 우리는 왜 존 낙스가 설교단에 오르기 전에 얼굴을 땅에 대고 두려움으로 눈물을 터뜨렸는지 이해할 수 있다. 그는 하나님이 자신을 엄격하게 보고 계시다는 사실을 알았고, 자신이 진리를 잘못 이해할까 두려웠던 것이다. 바울은 "하나님 앞과 살아 있는 자와 죽은 자를 심판하실 그리스도 예수 앞에서 그가 나타나실 것과 그의 나라를 두고 엄히 명하노니 너는 말씀을 전파하라"(딤후 4:1-2)고 말한다. "엄히 명하노니"라는 말은 참으로 심각한 말씀이다. 바울은 디모데와 모든 설교자에게 참으로 엄하고 심각하게 명령하는 것이다.

바울은 말한다. "나의 벗이여, 하나님이 당신을 엄격하게 응시하고 계신다. 하나님은 모든 살아 있는 사람과 죽은 사람까지 심판하시는 분이다." 이 헬라어 본문은 "하나님 앞, 그리고 심지어 예수 그리스도 앞에서"라고 옮길 수 있다. 왜냐하면, 이 구절에서는 예수님이 심판주로 나타나기 때문이다. 우리는 모든 것을 아시는 거룩하신 심판주가 우리를 엄정하게 살펴보시는 가운데 설교를 하는 것이다.

나는 바울이 고린도전서 4장 3-4절에 기록한 말씀에 전적으로 동의한다. "너희에게나 다른 사람에게나 판단 받는 것이 내게는 매우 작은 일이라 …… 다만 나를 심판하실 이는 주시니라." 설교자는 청중들이 자신의 설교를 좋아하는지 그렇지 않은지에 따라서 자신의 신실함을 판단하지 말아야 한다. 설교자는 청중이 칭찬하면 감사히 여길 수도 있고 비판을 하면 이에 귀를 기울일 수도 있다. 하지만 종국에 설교자는 심판주이신 그 한 분만을 기리기 위해 설교해야 한다. 마음의 은밀한 것들을 드러내실 분은 바로 그리스도이시다. 그리스도는 상급 받을 만한 자에게 상급을 주실 것이다. 그리고 오직 그리스도의 심판만이 의미가 있다.

한 기자가 한번은 나에게 물었다. "목사님은 누구를 위해서 설교를 준비하십니까?"

나는 답했다. "솔직히 말하자면, 나는 하나님을 위해서 설교를 준비합니다. 내가 심판대 앞에 서서 만날 심판주는 하나님이십니다. 하나님만이 참으로 중요한 분이십니다. 나는 하나님 앞에서 바른 메시지를 전하고 싶습니다. 나는 살아계신 하나님의 말씀을 가져다 변질시킨다거나, 나만의 어리석은 사색으로 대체하고 싶지 않습니다."

히브리서 13장 17절은 말씀한다. "너희를 인도하는 자들에게 순종하고 복종하라 그들은 너희 영혼을 위하여 경성하기를 자신들이 청산할 자인 것같이 하느니라." 모든 목회자는 반드시 하나님 앞에서 청산하게 될 것이다. 나는 주님께 최선을 다하기 원하며 금이나 은이나 보석으로 터 위에 세우기 원한다(고전 3:12). 나는 하나님에 대한 나의 사랑을 증명해 줄 상급을 받기 원한다. 그리고 하나님께 영광과 찬양을 드리면서 그 발 앞에 받은 상급을 내려놓기 원한다. 언젠가 우리는 모두 심판대에 서서 우리의 수고에 대한 상급을 받게 될 것이다.

설교라는 문제는 나에게 매우 심각한 것이다. 때로 사람들은 나에게 말한다. "당신은 설교를 준비하는 데 지나치게 오랜 시간을 들입니다. 왜 그렇게 하십니까?" 답은 간단하다. 하나님의 말씀은 그렇게 해야 마땅하기 때문이다! 솔직하게 말하자면, 대다수 청중을 생각하면 좋은 이야기만 몇 개 풀어 놔도 그럭저럭 괜찮게 설교할 수 있다. 하지만 하나님을 생각하면 설교라는 과업은 전혀 다른 문제가 된다. 우리는 설교할 때 반드시 하나님을 마음에 두고 하나님의 진리를 기려야 한다.

육체는 우리를 속이므로 말씀을 전파해야 한다 (4:3-4)

우리가 하나님의 말씀을 전파해야 하는 또 다른 이유가 있다. 육체는 우리를 속이기 때문이다. 하나님의 말씀에 가장 큰 적은 하나님의 말씀이 아닌 것, 즉 사탄의 말, 악마의 말, 사람의 말이다. 우리는 유혹하는 영들과 위선적인 거짓말쟁이들이 만들어 낸 위험한 시기에 살고 있다. 디모데후서 4장 3절에서 바울은 거짓 교사들이 성공을 거둘 수 있는 이유를 보여 준다. 바로 "때가 이르리니 사람이 바른 교훈을 받지 아니하며 귀가 가려워서 자기의 사욕을 따를 스승을 많이 두기" 때문이다.

사람들은 건전하고 유익한 가르침을 듣고 싶어 하지 않는다. 그들은 말씀이 가르치는 타당하고 신뢰할 만한 교훈을 원하지 않는다. 그들은 자신의 귀를 즐겁게 하기만을 원한다. 그들은 진리나 신학에는 관심이 없다. 자신을 구원하고 거룩하게 할 위대한 진리를 원하지 않고, 귀를 즐겁게 하는 감각적인 것만을 원한다. 디모데후서 2장 16절에 따르면, 사람들은 점점 망령되고 헛된 말을 좋아하게 되며, 경건함을 떠나게 된다. 그들이 하는 말은 악성 종양처럼 퍼져 나간다.

우리는 지금 그러한 시기에 살고 있다. 사람들은 교리를 가르치고 하나님의 말씀을 분명히 하는 것을 두고 편을 가르는 짓이며, 사랑이 없으며, 오만한 행위라고 한다. 포스트모던 시대 서구 문화에서는 모든 사람이 스스로 진리를 결정하고, 모든 사람의 의견이 다른 모든 사람의 의견과 마찬가지로 정당하다고 보는 분위기가 지배적이다. 절대적이고 권위 있는 교리에 대한 여지는 전혀 없다. 당신은 위험한 사상을 규정하는 여러 가지 목록에 또 다른 "주의"를 덧붙여야 한다. 바로 상대주의다.

심지어 복음주의 교회들도 이러한 사상의 희생양이 되어 버렸다. 많은 그리스도인이 낙태, 동성애, 안락사에 대해서 반대하고 나서기 원한다. 그들은 미국 내 종교의 자유, 즉 학교에서 기도를 할 수 있도록 해야 한다고 주장하며 기꺼이 싸울 수도 있다. 하지만 가장 최고의 악은 하나님의 말씀을 왜곡하는 것이다. 즉, 잘못된 교리와 거짓 가르침이다. 오늘날 교회는 영적인 오류에 대해서는 마치 아무 해도 되지 않는다는 듯 무관심하게 대처한다. 그리고 성경을 바르게 해석하는 일은 불필요한 일처럼 취급한다. 많은 그리스도인이 지엽적인 문제를 두고 싸우지만, 신앙을 결정하는 필수적인 진리들은 내던져 버린다. 이는 자살행위다. **우리가 진리를 보전하지 않는다면, 교회 자체가 남아나지 않을 것이다.**

진리와 오류를 구분하는 능력은 절대적으로 중요하다. 당신이 진리를 이해하지 못한다면 진리를 말할 수도, 진리를 지킬 수도 없게 된다. 그러한 이유로 우리 교회는 마스터신학교를 시작하게 되었다. 진리를 옹호하고 지킬 수 있는 사람들을 길러 내기 위해서 말이다. 그들은 어떻게 하면 현대 문화와 접점을 이룰 수 있을지 생각하지 않는다. 그들은 하나님의 말씀을 가지고 전 세계를 다니며 문제들을 살펴보고, 하나님의 진리가 그들이 살아가는 사회에 임하도록 한다. 당신이 어떤 언어를 사용하든지, 어디에 살든지 상관없다. 당신 주위에 있는 모든 자는 똑같이 궁핍한 상황에 놓여 있고, 하나님 앞에서 영적으로 극빈하다. 그리고 하나님의 진리는 모든 문화를 초월한다.

거짓 교사들은 사람들에게 진리를 말하고 싶어 하지 않는다. 우리는 그러한 시대에 살고 있다. 그들은 오류를 "오류"라고 하지 않는다. "그들은 당신을 사랑하기" 때문에 죄에 맞서고 싶어 하지 않는다고 한다. 하지만 거짓 교사들은 그들의 청중들을 사랑하는 것이 아니다. 만약 그들이 실제로 사람들을 사랑한다면, 모든 사람에게 최대한 유익을 돌릴 방법을 찾고 하나님의 말씀의 진리를 선포할 것이다.

내가 만약 "사람들과 맞서는 것은 사랑이 아닌 것 같습니다."라고 말한다면, 나는 사람들을 사랑하는 것이 아니다. 오히려 나 자신을 사랑하는 것이다. 진리를 말하는 것보다 사람들이 나를 좋아하는가에 더 신경을 쓰는 것이기 때문이다. 사람들의 오류를 지적하고 진리를 가르치는 것이 사랑이다. 그 진리가 하나님의 위대한 선하심을 삶에 이루어 줄 축복과 행복으로 그들을 인도해 주기 때문이다. 그렇게 하지 않으면 우리는 진리를 잃고, 확신을 잃고, 분별력을 잃고, 거룩함을 잃고, 신령한 능력을 잃고, 축복을 잃게 된다. 이 모든 것이 사람들이 자신의 귀를 즐겁게 해주기 원해서 일어난 일이다. "성공에 대해서 좀 더 이야기해 주시오. 번영에 대해서 좀 더 이야기해 주시오. 나를 좀 신나게 해주시오. 행복감과 자존감을 높여 주고 감정적으로 황홀하게 해주시오." 디모데후서 4장 3절은 이 사람들이 "자기의 사욕을 따를 스승을 많이 두고"라고 말한다. 시장이 수요를 만들어 내는 것이다.

마빈 빈센트는 『신약 단어 연구』에서 "믿음이 정립되지 않은 시기에는 종교에 관한 회의주의 및 이상한 사유들이 등장하고, 온갖 종류의 선생들이 나타나 애굽의 파리 떼처럼 득실거리게 된다. 수요가 공급을 만들어 낸다. 청중들은 자신이 원하는 설교자들을 초청하고, 설교자들을 자신들이 원하는 모습으로 만들어 간다. 사람들이 예배를 드리며 송아지를 잡으려고 한다면, 곧 송아지를 공급하는 기독교 회사가 생겨날 것이다."[3]라고 말한다.

나는 플로리다에서 사람들이 부흥회라는 이름을 걸고 여기저기에서 뒤집히고, 주저앉고, 바닥으로 뛰어내리며, 빙빙 돌며, 괴이하고 이해할 수 없는 말로 지껄이는 행태를 벌일 때 바로 그곳에 있었다. 그들은 줄곧 말했다. "이것이 하나님의 역사입니다." 솔직하게 말해도 되겠는가? 그런 작태는 이성적이시며 진리를 계시하시는 우리 하나님께 대한 모욕이다. 하나님, 그리스도 또는 성령님의 이름을 들먹이면서 사람의 의식을 완전히 뒤집어 버리고, 분위기에 휩쓸리게 하고, 기대감을 고조시키고, 피암시성을 증가시키는 이러한 비이성적이고 육체를 따르는 미친 난행은 성령님의 진리의 역사를 모욕하는 짓이다. 이는 심리적으로 사람을 조종하는 행위이자 최면이다. 또한, 열심은 있지만 조심스럽게 절제하는 사람들에게 분명하고 강력하게 나타나는 하나님의 영광스러운 계시를 타락시키는 일이다.

육체의 소욕을 배불리는 일로는 절대로 하나님을 높일 수 없다. 당신은 지성을 향해 진리를 전파해야 한다. 지성이야말로 진정한 전투가 벌어지는 곳이다. 따라서 설교자인 우리는 사람들에게 하나님의 말씀을 통해서 하나님을 전해야 한다. 이것이 우리가 하나님을 전하는 유일한 방법이다. 사람들은 의식하지 못하고 있지만, 그들은 하나님을 아는 지식에 굶주려 있다. 하지만 우리가 진리를 전하기 시작한다면, 그들은 자신들이 굶주려 죽어 가고 있다는 사실을 깨닫게 될 것이다. 성경 주석가인 마틴 로이드 존스에 대해서 J. I. 패커는 말했다. "그는 다른 어떤 사람들보다도 하나님을 더욱 실감 나게 해주었다."[4] 이 얼마나 놀라운 칭찬인가!

PRAYER

아버지, 목회에서 방향을 잃고 혼미하여 헤매지 않게 하시니
참으로 감사합니다. 목회의 방향을 분명히 밝혀 주시니 감사합니다.
진리를 전할 자들을 일으켜 세우시니 감사합니다.
아버지, 이 명령을 성취하기 위해 헌신하고 전념하게 해주시니 감사합니다.

오, 주님, 당신을 섬기고 이 명령을 따르기 위해 노력할 때
능력과 신실함과 진실한 삶을 허락해 주소서.
이 위험한 시기에 직면하여 신실하게 살아간 신앙의 선배들처럼
계속 헌신하고, 말씀의 능력을 드러내며,
주권자이신 주님 앞에 책임을 다하고,
강력하고 합리적인 성경의 진리를 가지고
이 세상의 육체의 소욕에 맞서게 해주시니 감사합니다.
아버지, 저희를 계속 세워 주소서.
그리스도의 이름으로 모든 영광 돌려드립니다.
아멘.

2
Mark Dever

또 내게 이르시되 인자야 내가 네게 이를 모든 말을
너는 마음으로 받으며 귀로 듣고 _ 겔3:10

하나님의 부르심

마크 데버, 2002
에스겔 1:28-3:15

나는 워싱턴 D. C.에 있는 한 교회를 담임하고 있다. 등록 성도는 약 350명이며, 주일 예배에는 400-500명 정도가 출석한다. 우리 교회는 도심에 있어서 30여 개국 출신의 다양한 성도들이 있다. 방문하는 성도들도 의원부터 대사에 이르기까지 제각각이다. 언젠가는 중국 대사관의 고위 관료가 출석해서 2년 동안 우리 가족과 함께 추수감사절을 지내기도 했다. 그는 미국 의회를 방문하기 전에는 교회를 가본 적이 없는 사람이었다. 이런 상황에서 목회를 하기 때문에 복음을 전하는 놀라운 기회가 생기기도 한다.

나는 외교관들이 워싱턴에서 가장 매력적인 사람들이라는 사실도 알게 되었다. 역사가인 윌 듀랜트는 말했다. "의미 있는 말을 하지 않는 것, 특히 발언을 하면서도 의미 있는 말은 전혀 하지 않는 것이 외교술의 절반이다."[1] 외교관들은 듀랜트의 의견이 다소 가혹하다고 생각할지 모르겠지만, 나는 지난 수년간 듀랜트의 말을 입증하는 정치가들을 꽤 봐왔다. 미국 제25대 대통령인 매킨리의 예를 보자. 매킨리는 한 문제를 두고 자신과 접견하려고 하는 유럽의 여섯 개국 대사들을 어떻게 잘 돌려보내야 할지 국무차관보에게 물었다. 산전수전 다 겪은 외교관이었던 그 차관보는 즉시 봉투를 하나 집어 들더니 뒤에다가 다음과 같이 썼다.

> 미국 정부는 상기 열강들이 인도주의에 입각하여 사심 없이 대화를 나누려는 것에 백분 공감하는 바입니다. 미국 정부 역시 이 대화의 일원으로서 이 상황을 무기한 연장할 수 없습니다. 따라서 상황을 마무리함으로써 인도주의를 이루기 위한 의무를 다하고자 분명히 최선을 다해 노력할 것입니다.[2]

대통령은 이 내용을 각국 대사들에게 읽어 주었고, 그들은 만족하며 돌아갔다.

미국 제32대 대통령이었던 프랭클린 루스벨트 역시 정치가와 외교관들이란 상대방의 이야기를 듣지 않는 부류라는 사실을 잘 알고 있었다. 자신이 옳다는 사실을 증명하기 위해 루스벨트 대통령은 외교관들이 참여한 만찬회 자리에서 일렬로 서 있는 하객들에게 인사를 하면서 "제가 오늘 아침 할머니를 살해했습니다."[3]라고 말하기로 마음먹었다. 그랬더니 단 한 명을 제외하고는 모든 외교관이 그에게 아주 정중하게 답변했다고 한다.

사람들은 외교에 따르는 이러한 측면을 비웃기는 하지만, 사실 외교란 아주 중대한 문제다. 단지 워싱턴에서만 그런 것이 아니라 우리 모두에게 그렇다. 미국 사람들은 소위 "윌슨주의"(Wilsonianism)에 기울어 있다. 이는 사람들은 근본적으로 선하기 때문에 우리가 해야 할 일은 그러한 선함이 다시 드러나도록 회복시키는 것이라고 주장한 우드로 윌슨(미국 제28대 대통령)의 이름을 따라 만든 용어다. 헨리 키신저는 이 주제에 대하여 『외교』⁴라는 기념비적인 책을 저술했다. 이 책에서 저자는 이러한 이념에 반대한다. 키신저는 이 세계가 아무리 평화롭더라도 여전히 이해관계가 충돌을 빚기 마련이라고 생각하면서, 미국인들이 인간성에 대해서 더욱 현실적으로 바라보기를 촉구했다.

갈등은 언제나 존재하기 마련이다. 따라서 우리는 전문적으로 다른 사람들을 대변하여 때로는 단기적인 유익, 때로는 장기적인 이익을 위해 일하는 외교관이 필요하다. 에스겔서에 관심을 돌려 본다면, 바벨론 제국과 유다가 정치적으로 갈등을 빚고 있는 시대적 배경이 나타난다. 바벨론은 작은 나라인 유다를 흡수했고, 그 시민들을 유배 보내기 시작한다. 하지만 에스겔서는 단지 이스라엘과 바벨론의 갈등만을 그린 책이 아니다. 오히려 근본적으로는 이스라엘과 하나님의 갈등을 그린 책이라고 할 수 있다. 하나님의 백성이 반역을 꾀하며 계속 반란을 일으킨다면 하나님은 어떻게 반응하실 것인가?

어떤 사람들은 하나님도 종교적으로 일종의 외교 행위를 하신다고 생각한다. 즉, 하나님은 최근의 선거 정보를 가지고 있는 전문 종교인들을 소집하고, 포커스 그룹(focus group, 시장 조사나 여론 조사를 위해 각 계층을 대표하도록 뽑은 소수의 사람으로 이뤄진 집단)을 구성해서 종교 마케팅을 어떻게 펼칠지 결정하신다고 생각하는 것이다. 이러한 전문 종교인들은 보통 하나님을 대변해서 외교술을 발휘한다. 그래서 이 부분은 이렇게 조금 양보하고 저 부분은 저렇게 타협을 해서, 딱 떨어지지는 않지만 하나님을 위해 흥정을 벌이고 좋은 결과가 나오기를 바란다.

이러한 종류의 사고방식을 따르면 개개인은 하나님께 자신이 더 합리적이고 외교적 수완을 더 잘 발휘하는 것처럼 보이기 위해 노력해야 한다. 하나님과 하나님의 백성이 이렇게 상호작용한다고 생각하는가?

그렇다면 에스겔 연구에 굉장한 흥미를 느낄 것이다. 당신이 목회자라면 더욱 그럴 것이다.

에스겔 1장 28절-3장 15절을 읽고 시작하도록 하자.

그 사방 광채의 모양은 비 오는 날 구름에 있는 무지개 같으니 이는 여호와의 영광의 형상의 모양이라 내가 보고 엎드려 말씀하시는 이의 음성을 들으니라 그가 내게 이르시되 인자야 네 발로 일어서라 내가 네게 말하리라 하시며 그가 내게 말씀하실 때에 그 영이 내게 임하사 나를 일으켜 내 발로 세우시기로 내가 그 말씀하시는 자의 소리를 들으니 내게 이르시되 인자야 내가 너를 이스라엘 자손 곧 패역한 백성, 나를 배반하는 자에게 보내노라 그들과 그 조상들이 내게 범죄하여 오늘까지 이르렀나니 이 자손은 얼굴이 뻔뻔하고 마음이 굳은 자니라 내가 너를 그들에게 보내노니 너는 그들에게 이르기를 주 여호와의 말씀이 이러하시다 하라 그들은 패역한 족속이라 그들이 듣든지 아니 듣든지 그들 가운데에 선지자가 있음을 알지니라 인자야 너는 비록 가시와 찔레와 함께 있으며 전갈 가운데에 거주할지라도 그들을 두려워하지 말고 그들의 말을 두려워하지 말지어다 그들은 패역한 족속이라도 그 말을 두려워하지 말며 그 얼굴을 무서워하지 말지어다 그들은 심히 패역한 자라 그들이 듣든지 아니 듣든지 너는 내 말로 고할지어다 너 인자야 내가 네게 이르는 말을 듣고 그 패역한 족속같이 패역하지 말고 네 입을 벌리고 내가 네게 주는 것을 먹으라 하시기로 내가 보니 보라 한 손이 나를 향하여 펴지고 보라 그 안에 두루마리 책이 있더라 그가 그것을 내 앞에 펴니 그 안팎에 글이 있는데 그 위에 애가와 애곡과 재앙의 말이 기록되었더라 또 그가 내게 이르시되 인자야 너는 발견한 것을 먹으라 너는 이 두루마리를 먹고 가서 이스라엘 족속에게 말하라 하시기로 내가 입을 벌리니 그가 그 두루마리를 내게 먹이시며 내게 이르시되 인자야 내가 네게 주는 이 두루마리를 네 배에 넣으며 네 창자에 채우라 하시기에 내가 먹으니 그것이 내 입에서 달기가 꿀 같더라 그가 또 내게 이르시되 인자야 이스라엘 족속에게 가서 내 말로 그들에게 고하라 너를 언어가 다르거나 말이 어려운 백성에게 보내는 것이 아니요 이스라엘 족속에게 보내는 것이라 너를 언어가 다르거나 말이 어려워 네가 그들의 말을 알아듣지 못할 나라들에게 보내는 것이 아니니라 내가 너를 그들에게 보냈다면 그들은 정녕 네 말을 들었으리라 그러나 이스라엘 족속은 이마가 굳고 마음이 굳어 네 말을 듣고자 아니하리니 이는 내 말을 듣고자 아니함이니라 보라 내가 그들의 얼굴을 마주 보도록 네 얼굴을 굳게 하였고 그들의 이마를 마주 보도록 네 이마를 굳게 하였으되 네 이마를 화석보다 굳은 금강석같이 하였으니 그들이 비록 반역하는 족속이라도 두려워하지 말며 그들의 얼굴을 무서워하지 말라 하시니라 또 내게 이르시되 인자야 내가 네게 이를 모든 말을 너는 마음으로 받으며 귀로 듣고 사로잡힌 네 민족에게로 가서 그들이 듣든지 아니 듣든지 그들에게 고하여 이르기를 주 여호와의 말씀이 이러하시다 하라 때에 주의 영이 나를 들어 올리시는데 내가 내 뒤에서 크게 울리는 소리를 들으니 찬송할지어다 여호와의 영광이 그의 처소로부터 나오는도다 하니 이는 생물들의 날개가 서로 부딪치는 소리와 생물 곁의 바퀴 소리라 크게 울리는 소리더라 주의 영이 나를 들어 올려 데리고 가시는데 내가 근심하고 분한 마음으로 가니 여호와의 권능이 힘있게 나를 감동시키시더라 이에 내가 델아빕에 이르러 그 사로잡힌 백성 곧 그발 강가에 거주하는 자들에게 나아가 그중에서 두려워 떨며 칠 일을 지내니라.

연구를 시작하면서, 우리를 목회자로 부르신 하나님의 소명은 에스겔이 받은 소명과 정확히 일치하지는 않는다는 점을 인정해야 한다. 구약 성경에 등장하는 성경 인물과 우리 사이에서 직접 상관관계를 끌어내려고 하는 경우가 너무 많다. 하지만 그러한 상관관계가 꼭 정확한 것은 아니다. 물론 본보기를 삼기 위해 구약 성경을 보는 것은 괜찮다. 바울도 고린도에 보내는 편지에서 "이러한 일은 우리의 본보기가 되어"(고전 10:6)라고 기록하며 이러한 행위를 인정했기 때문이다. 그렇다고 에스겔이 받은 사명과 우리가 받은 사명이 정확히 상응한다고 생각하면 안 된다. 하지만 이 본문에 나타나는 몇몇 내용은 우리에게 교훈이 된다.

우리가 하나님의 말씀의 전달자, 하나님의 말씀을 가르치는 자, 목회자로 부르심을 받았다면 이 본문이 말하는 네 가지 사항을 반드시 고려해 봐야 할 것이다. 이는 우리 자신과 목회에 유익이 되어 우리가 목회하는 성도들도 그 혜택을 누리게 될 것이다.

우리가 전하는 메시지는 반드시 하나님의 말씀이어야 한다

첫째, 목회자로서 우리가 받은 소명에서 매우 중요한 점은 바로 우리가 전하는 메시지는 반드시 하나님의 말씀이어야 한다는 것이다. 말씀을 전하는 일을 섬기는 자는 독창성을 발휘하여 원하는 대로 말씀을 전하도록 부르심을 받은 것이 아니다. 오히려 그는 하나님의 말씀을 있는 그대로 전하도록 위임을 받은 것이다. 내가 청교도들을 좋아하는 이유 중 한 가지는 그들이 있는 그대로 보이는 것을 중요하게 생각했기 때문이다. 만약 당신이 청교도 목사에게 그가 너무 고되 보이고, 애처로워 보이고, 평범해 보인다고 한다면, 사실 그에게 엄청난 찬사를 한 것이다. 고되 보인다는 것은 사역에 따르는 고난을 감내한다는 의미다. 애처롭다는 것은 그가 양 떼에 대해서 그렇게 느낀다는 의미다. 평범하다는 것은 목회자가 자신이 관심을 받고자 하지 않고 다른 이의 영혼에만 신경을 쓴다는 뜻이다.

하나님이 에스겔에게 원하신 것도 이러한 종류의 평범함이었다. 말하자면, 에스겔은 그리스도가 예루살렘으로 입성하실 때 올라타셨던 당나귀가 되어야 했다. 이 선지자는 그저 하나님의 말씀을 견뎌야 했던 것이다. 에스겔 2장 9절에서 말하는 두루마리는 하나님의 말씀을 상징한다. 이 두루마리는 하나님의 말씀을 표현한 것으로, 사람들에게 전해지기 전 에스겔에게 먼저 임한다. 그렇다면 우리는 다음과 같이 묻게 된다. 에스겔은 과연 하나님의 말씀을 받을 것인가?

이스라엘의 패역한 자손과 달리 에스겔은 하나님의 명령에 순종했다. 그는 시험을 통과했다. 에스겔 1장 28절-2장 2절을 보면서 그가 어떻게 반응했는지 자세히 살펴보자.

> 내가 보고 엎드려 말씀하시는 이의 음성을 들으니라 그가 내게 이르시되 인자야 네 발로 일어서라 내가 네게 말하리라 하시며 그가 내게 말씀하실 때에 그 영이 내게 임하사 나를 일으켜 내 발로 세우시기로.

하나님은 에스겔을 일으켜 세우셨다. 하나님은 이 선지자가 이제 받게 될 메시지를 이해할 수 있도록 머리를 맑게 하고 집중하기를 원하셨다. 이방 종교의 체험에서 나타나는 것과 달리 에스겔은 명철한 지성을 지녀야 했다. 그는 무아지경이나 광란 상태에 있지 않았다. 오히려 고도로 각성한 상태에 있었다. 그 결과 선지자는 자리에서 일어서서 들어야 했다.

에스겔에게 전달된 말씀에는 애곡과 재앙의 말도 포함되어 있었다.

> 너 인자야 내가 네게 이르는 말을 듣고 그 패역한 족속같이 패역하지 말고 네 입을 벌리고 내가 네게 주는 것을 먹으라 하시기로 내가 보니 보라 한 손이 나를 향하여 펴지고 보라 그 안에 두루마리 책이 있더라 그가 그것을 내 앞에 펴시니 그 안팎에 글이 있는데 그 위에 애가와 애곡과 재앙의 말이 기록되었더라(겔 2:8-10).

때로 하나님이 자신의 백성에게 주시는 메시지가 참 어려울 때가 있다. 하지만 그 메시지가 하나님의 말씀이라면, 메시지를 꺼린다거나 그대로 하나님의 백성에게 전해 주지 않으면 오히려 그들에게 해를 끼치게 되는 것이다.

목회자이자 전도자인 A. B. 얼은 자신이 사역을 하면서 영혼을 회심시키는 데 사용하는 본문 중 하나님이 가장 축복하신 말씀은 바로 "누구든지 성령을 모독하는 자는 영원히 사하심을 얻지 못하고 영원한 죄가 되느니라 하시니"[5]라는 마가복음 3장 29절이라고 했다. 조나단 에드워즈는 로마서 3장 19절 "우리가 알거니와 무릇 율법이 말하는 바는 율법 아래에 있는 자들에게 말하는 것이니 이는 모든 입을 막고 온 세상으로 하나님의 심판 아래에 있게 하려 함이라"[6]라는 말씀이 자신의 사역을 통틀어 하나님이 영혼을 회심시키실 때 가장 많이 사용하신 말씀이라고 했다.

하나님의 백성은 온전한 진리를 알아야 한다. 하나님은 그 내용이 부담스러울지라도 우리가 전하는 그 말씀을 사용하실 것이다. 우리는 양육하는 사람들이 듣고 싶어 하지 않는 것들도 알도록 가르쳐야 한다. 설교자는 자신이 전하는 메시지가 하나님의 말씀이라는 사실만 확신하면 된다. 우리는 기꺼이 다음과 같이 말할 수 있어야 한다. "하나님, 하나님이 무슨 말씀을 하시든 저는 그대로 설교하겠습니다. 그것이 당신의 말씀이라면 저는 그것을 전하겠습니다. 그리고 절대로 하나님의 말씀이 아닌 것을 하나님의 말씀처럼 전하지 않겠습니다."

하나님은 에스겔에게 돌아다니면서 마음대로 원하는 주제에 대해서 종교 강의를 하라고 명하지 않으셨다. 에스겔은 하나님의 메시지를 전할 때만 하나님의 사자였다. 에스겔이 다른 것을 선포하기 시작하는 순간 그는 더 이상 하나님의 전령이 아닌 것이다. 다음 구절들에서 이 사실을 확인할 수 있다.

> 이 자손은 얼굴이 뻔뻔하고 마음이 굳은 자니라 내가 너를 그들에게 보내노니 너는 그들에게 이르기를 **주 여호와의 말씀이 이러하시다** 하라(겔 2:4).

> 그가 또 내게 이르시되 인자야 이스라엘 족속에게 가서 **내 말**로 그들에게 고하라(겔 3:4).

> 사로잡힌 네 민족에게로 가서 그들이 듣든지 아니 듣든지 그들에게 고하여 이르기를 **주 여호와의 말씀이 이러하시다** 하라(겔 3:11).

하나님은 에스겔에게 듣고, 먹고, 마음을 다잡고, 가서 말하라고 하셨다. 에스겔이 특별나게 통찰력이 뛰어났기 때문에 하나님이 그에게 여러 곳을 다니며 강연을 하도록 하신 것이 아니다. 전혀 그렇지 않다. 에스겔은 하나님의 법으로 훈련받은 제사장이었지만, 바벨론에 끌려간 포로에 불과했다. 하지만 하나님은 그를 불러 선지자가 되게 하셨다. 에스겔의 식견이 훌륭했기 때문에 이러한 부르심을 받은 것이 아니었다. 오직 하나님이 그렇게 뜻하셨기 때문이었다.

당신이 하나님의 말씀을 전하는 사역자라면, 지위를 오용하는 일이 얼마나 위험한지 분명히 깨달아야 한다. **사역에 부르심을 받은 자는 자신이 하나님의 메시지를 전할 때만 하나님의 사자라는 사실을 분명하게 알아야 한다.** 우리가 설교자로 부르심을 받았다고 해서 원하는 것을 다 설교할 수 있다는 것은 아니다. 그렇게 한다면 그것은 마치 편지를 배달하는 사람이 종이에 무언가를 끄적거리고서는 그것을 우리 우편함에 넣고 가는 것과 마찬가지라고 할 수 있다. 배달원은 다른 사람이 보낸 편지를 잘 전달할 때만 존재의 가치가 있는 것이다.

자기 생각을 끄적거리고는 하나님의 백성에게 그것이 하나님의 말씀인 것처럼 내세우지 않기를 바란다. 당신이 하나님의 백성 앞에 섰을 때 당신이 그들에게 전하는 말이 하나님의 말씀인지 분명하게 하라. 당신이 기독교에서 핵심이라고 규정한 것이 실제로는 그렇지 않을 수도 있음을 주의하라. 그리고 당신이 하나님의 말씀이라고 주장하는 것을 주의하라.

사자는 연민을 품어야 한다

한 프랑스 외교관이 새로운 대사직을 수락하기 위해 샤를 드골(프랑스

제5공화국 1대 대통령)을 방문해서 다음과 같이 말했다. "임명을 받게 되어서 참으로 기쁩니다." 그러자 드골 대통령은 눈살을 찌푸리며 답했다. "당신은 전문 외교관입니다. 기쁨은 당신 직업에서는 적절하지 않은 감정입니다."[7]

성경 본문을 보면 에스겔은 절대로 외교관이 아니었다. 그는 하나님과 반역하는 그의 백성 사이에서 어떻게든 협상을 끌어내도록 부름 받은 사람이 아니었다. 오히려 그는 사자로서 백성에게 연민을 품어야 했다. 이것이 우리가 목회자로서 반드시 고려해야 할 두 번째 사항이다.

이 본문에서 에스겔은 메시지를 받는 사람들에게 연민을 품는다. 에스겔은 하나님의 말씀이 "내 입에서 달기가 꿀 같더라"(겔 3:3)고 말하면서도 그다음에는 "내가 근심하고 분한 마음으로 가니"(14절)라고 말한다. 왜 그랬을까?

나는 에스겔이 백성을 생각할 때 마음이 아려 비통한 마음으로 가게 되었다고 생각한다. 적어도 처음에는 에스겔도 자신이 받은 메시지를 받아들이기 어려웠을 것이다. 에스겔은 "샤덴프로이데"(Schadenfreude, 남의 불행에서 느끼는 기쁨)를 느끼는 사람이 아니었다. 그는 다른 사람의 고통을 즐거워하지 않았다. 오히려 그에게는 연민이 생겼다. 당연히 그는 나쁜 소식을 전하는 자가 되기를 원하지 않았다. 이와 마찬가지로 죄를 비난하는 일은 전혀 즐겁지 않다. 당신이 어떻게 사역을 하고 있는지 생각해 보라. 형제자매가 죄에 사로잡힌 모습을 보면 죄를 꾸짖어야 한다는 생각에 즐거운가? 물론 하나님이 자신의 백성을 사랑하셔서 그들을 죄에서 자유롭게 하신다는 사실을 즐거워할 수 있다. 하지만 당신은 사자가 되어 꾸짖는 바로 그 행위 자체를 즐기고 있는 것은 아닌가?

에스겔은 완고하고 마음이 굳은 백성에게 하나님의 말씀을 전하는 사자가 된다는 것을 좋아하지 않았다. 하나님은 에스겔에게 이스라엘 백성에게 전할 중요한 메시지가 있다고 말씀하셨지만, 그 사람들은 듣지 않을 것이었다. 에스겔은 왜 자신이 이런 일을 해야 하는지 이해할 수 없었다. 하지만 하나님은 자신의 말씀이 추수를 기다리는 들판에만 임하도록 하시지 않는다. 하나님의 목적은 자신의 말씀이 모든 곳에 전해지는 것이다. 하나님은 심지어 세상에서 가장 어렵고 위험한 곳, 가장 냉담한 사람들에게도 하나님의 말씀이 전해지기를 원하신다.

우리는 반항하는 자녀와 함께 부모를 상담하거나 죄악에 사로잡힌 사람들을 대해야 할 때, 당연히 두려울 것이라고 생각해야 한다. 우리가 접하는 사람이 적대적이거나 반응을 전혀 하지 않을 것 같을 때는 참 마음이 어렵기 마련이다. 그러므로 우리는 이러한 면에서도 에스겔이 자신이 받은 임무에 대해서 비통해하고 압도당하는 느낌을 받았을 것이라고 생각할 수도 있다.

몇 년 전에 참석했던 콘퍼런스에서 한 연사가 지옥에 대해서 매우 분명하게 설명했다. 말씀이 끝나고 밖으로 나가는데, 사람들이 쾌활한 목소리로 "지옥에 대해서 저렇게 명료하게 표현할 수 있다니 대단하지 않아요?"라고 말하는 것을 들었다. 물론 그 사람들이 무슨 뜻으로 그렇게 이야기했는지는 알고 있었다. 요즘에는 지옥이라는 주제를 많이 논하지 않기 때문에 그러한 메시지가 유익했다는 의미였을 것이다. 하지만 그들의 목소리는 이와 전혀 걸맞지 않았다. 나는 속으로 생각했다. '분명히 이 사람들은 자신들이 방금 들은 지옥의 현실성에 대해서 생각해 보지 않았을 거야.' 분명히 말하지만 나는 그 연사의 이야기에 반대하는 것이 아니다. 그리고 나도 그런 메시지를 감사하게 생각했다. 하지만 도무지 그 사람들처럼 그렇게 쾌활하게 떠들 수 있을 것 같지는 않다. 지옥과 회개하지 않는 자들에게 미칠 일을 생각만 해도 연민이 생겨나야 한다.

조나단 에드워즈는 하나님이 죄인들을 유기하심으로써 영광을 받으신다고 말했고[8] 나도 이에 동의한다. 하지만 나는 아직 천국에 있지 않다. 나의 마음은 아직 완벽하게 거룩하지 않고, 나의 연민도 내가 마땅히 품어야 할 수준에 이를 정도로 완전하지 않다. 우리 주 예수님도 십자가에 달려 하나님의 영광스러운 공의와 자비를 보여 주시는 동안 우리의 슬픔을 대신하게 되었다고 기뻐하며 웃지 않으셨다. 오히려 예수님은 우리를 연민하셨다. 그리고 하나님의 사자인 우리도 반드시 우리가 선포하는 하나님의 말씀을 듣는 사람들에게 연민을 품어야 한다. 우리가 전하는 메시지가 호의적인 것이 아니라 할지라도 하나님의 말씀을 받는 자들을 매몰차게 대하지는 말아야 한다.

에스겔이 자신의 이야기를 듣는 자들에게 연민을 품게 된 또 다른 이유가 있었다. 바로 하나님의 연민 때문이었다. 사람들이 개인적으로 성경을 묵상할 때 그 이성과 마음은 하나님의 이성과 마음에 합치하게 된다. 마찬가지로 하나님이 심판하시리라는 메시지를 받았을 때, 에스겔은 하나님이 자신의 백성에게 품으신 감정에 동화되기 시작했다. 에스겔은 이 심판의 말씀을 내면화했고, 하나님이 백성의 불순종에 대해서 느끼셨던 것과 같은 감정을 느끼게 되었다. 하지만 에스겔은 감정 때문에 하나님의 냉엄한 진실이 왜곡되도록 하지 않았다. 에스겔은 하나님의 메시지에 충실했고, 우리도 그래야 한다. 우리는 우리가 맡은 사람들에게 신실해야 한다. 그리고 하나님께도 신실해야 한다.

당신은 목사로서 사람에게만 연민을 돌리고 하나님께는 연민을 느끼지 않는가? 당신은 어떤 성경 구절을 읽으면서 하나님이 너무 가혹하시다고 규탄하고 싶은 유혹을 느끼는가? 한 가지 제안을 하겠다. 하나님이 잘못하신 것 같다고 생각되는 어떤 점이 있다고 하자. 하나님께는 아무 죄가 없다고 하거나 하나님께는 아무런 책임이 없다고 하기 전에 잠시 멈춰 서 하나님께 연민을 품어 보려고 해보자. 하나님은 언제나 옳으시고, 무한히 거룩하시며, 우리의 모든 것을 정당하게 요구하실 수 있는 분이라는 사실을 잠시 생각하라. 그렇다면 이제 그 상황에 대해서 당신의 생각이 어떻게 달라지겠는가? 우리는 하나님의 사자로서 하나님께 연민을 품어야 한다. 하나님이 우리가 불쌍히 여기는 대상이 되어야 한다는 말이 아니다. 우리가 아버지의 관점을 공유해야 한다는 것이다. 우리는 반드시 하나님의 이름, 영광, 그리고 명예에 우선 관심을 가져야 한다.

누구를 책망해야 하는 상황이라면, 그 사람이 당신의 메시지에 상처를 받지는 않을까 하는 생각에 사로잡히지 말라. 그 대신, 하나님이 얼마나 아파하시고 상처받으셨을지를 생각하라. 결국, 죄는 개인이 하나님과 그의 주권에 반역한 행위다. 우리가 하나님의 사자라면 우리는 사람들뿐 아니라 우리의 창조주이자 구원자이신 하나님께도 연민을 느껴야 한다.

사자는 하나님이 공급하신다는 것을 알아야 한다

우리의 사역의 정수가 성경을 전파하는 것이라면, 우리는 말할 것이 없을까 걱정하지 말아야 한다. 하나님의 말씀은 고갈되지 않으며, 하나님은 필요한 모든 것을 충분하게 공급하시는 분이다. 앞서 살펴봤듯이 하나님은 에스겔에게 말씀을 공급하셨으며, 에스겔 3장 14절은 하나님이 어떻게 말씀을 공급하셨는지도 보여 준다. "주의 영이 나를 들어 올려 데리고 가시는데." 하나님은 선지자를 데리고 특별한 장소로 가셔서 그에게 자신의 임무를 완수할 수 있도록 능력을 주겠다고 약속하신다. 하나님은 강퍅하고 완고한 사람들에게 하나님의 말씀을 전할 수 있는 용기를 주신다.

> 그들은 패역한 족속이라 그들이 듣든지 아니 듣든지 그들 가운데에 선지자가 있음을 알지니라 인자야 너는 비록 가시와 찔레와 함께 있으며 전갈 가운데에 거주할지라도 그들을 두려워하지 말고 그들의 말을 두려워하지 말지어다 그들은 패역한 족속이라도 그 말을 두려워하지 말며 그 얼굴을 무서워하지 말지어다(겔 2:5-6).

하나님은 더 나아가 에스겔에게 말씀하신다. "그러나 이스라엘 족속은 이마가 굳고 마음이 굳어 네 말을 듣고자 아니하리니 이는 내 말을 듣고자 아니함이니라 보라 내가 그들의 얼굴을 마주 보도록 네 얼굴을 굳게 하였고 그들의 이마를 마주 보도록 네 이마를 굳게 하였으되 네 이마를 화석보다 굳은 금강석같이 하였으니 그들이 비록 반역하는 족속이라도 두려워하지 말며 그들의 얼굴을 무서워하지 말라 하시니라"(겔 3:7-9).

이스라엘은 패역한 족속이었기 때문에 하나님은 에스겔을 강하게 하셔서 자신이 맡은 일을 잘 수행할 수 있도록 하셨다. 하나님이 시작하신 일은 하나님이 마무리하신다. 하나님은 자신의 사자가 끝까지 버티도록 힘을 주신다. 하나님은 에스겔에게 말씀을 전하라고 하시면서 에스겔에게 할 말도 주셨다. 하나님은 에스겔에게 가라고 하시면서 에스겔을 그곳으로 데려다주셨다. 하나님은 에스겔에게 사람들이 강퍅하다고 하시면서 에스겔을 더욱 강하게 하시리라고 약속하셨다. 그 결과 하나님의 말씀을 전하겠다는 에스겔의 결의는 사람들이 듣지 않겠다고 거절하는 것보다 더욱 굳세게 되었다.

목사들은 자신의 능력에 의지할 수 없다. 오직 하나님의 능력에 의지할 뿐이다. 어거스틴은 기도했다. "당신이 명하신 대로 할 수 있도록 은혜를 주십시오. 그리고 당신이 원하시는 대로 행하도록 명령해 주십시오."[9] 우리의 기도도 마땅히 이와 같아야 한다.

목회 초기에 어떤 분과 나눈 대화가 생각난다. 교회에서 식사를 하는데 교회에 오래 다니셨던 한 성도님 옆에 앉았다. 그분은 나를 좋아하지 않는 것 같았다. 그분이 나를 향해 고개를 돌리더니 "저는 젊은 목회자들을 좋아하지 않습니다."라고 말하는 것이었다.

나는 차분하게 답했다. "그렇습니까?" 그리고 계속 밥을 먹었다.

그러자 그분은 또 말했다. "그렇지만 목사님은 예외인 것 같습니다."

나는 고개를 돌리고 말했다. "지금까지 꽤 많은 목사님이 오고 가는 것을 보셨겠습니다. 그러시죠?"

"그렇습니다." 그가 대답했다.

그때 나는 말했다. "글쎄요, 제 생각에는 성도님께서 지금까지 제대로 된 임자를 만나지 못하신 모양입니다." 그리고 다시 식사를 했다.

때로 하나님은 우리에게 바로 거룩한 결심을 요구하실 때가 있다. 물론 무례하고 가혹하게 굴라는 것은 아니다. 하지만 하나님이 당신을 강퍅하고 완고한 사람들에게 사자로 보내기로 하셨다면, 하나님은 당신을 어떻게든 더 강퍅하고 더 완고한 사람으로 만들어 주실 것이다. 맡은 일을 수행하면서 죄악 된 이기심, 교만함, 조급함, 미성숙함에 빠지라고 권면하는 것이 아니다. 그 길이 어렵기는 하지만 하나님이 당신에게 필요한 힘을 공급해 주신다는 사실을 알라는 것이다. 당신이 이겨 낼 수 있는 수준을 넘어서는 상황에 처했던 일도, 앞으로 처할 일도 없을 것이다. 하나님께 견딜 수 있게 해달라고 기도하라. 그리고 하나님은 공급하신다는 사실도 알라.

사자는 거절당할 것을 생각해야 한다

우리가 생각해야 할 마지막 사항은 하나님의 사자는 자신이 거절당할 것을 생각해야 한다는 것이다. 에스겔에서 흥미로운 점은 "인자"라는 용어가 빈번하게 등장한다는 것이다. 에스겔에서 "인자"라는 용어는 총 93회 나타나는데, 학자들은 이 용어와 관련된 모든 것을 따져 보면서 끝도 없이 글을 써대고 있다. "인자"라는 호칭은 불사의 존재가 아닌 죽음에 영향을 받는 존재라는 의미가 있는 것 같다. 그리고 사람들이 거절하는 상황과 연결되는 경향이 있다. 에스겔은 자신을 "인자"라고 칭한다. 왜냐하면, 그는 자신이 거절당한 왕의 거절당한 대사라는 사실을 알기 때문이다.

구약 성경에서 에스겔만 그러한 거절에 직면한 것은 아니었다. 이사야는 고난받는 종을 거절당한 한 사람으로 묘사한다. "그는 주 앞에서 자라나기를 연한 순 같고 마른 땅에서 나온 뿌리 같아서 고운 모양도 없고 풍채도 없은즉 우리가 보기에 흠모할 만한 아름다운 것이 없도다 그는 멸시를 받아 사람들에게 버림받았으며 간고를 많이 겪었으며 질고를 아는 자라 마치 사람들이 그에게서 얼굴을 가리는 것같이 멸시를 당하였고 우리도 그를 귀히 여기지 아니하였도다"(사 53:2-3). 이사야는 이렇게 메시아가 멸시를 받고 거절당할 것을 예언했다. 따라서 예수님이 종종 자신을 "인자"라는 호칭으로 부르신 것은 놀라운 일이 아니다. 예를 들어 마가복음 8장 31절을 보자. "인자가 많은 고난을 받고 장로들과 대제사장들과 서기관들에게 버린 바 되어 죽임을 당하고 사흘 만에 살아나야 할 것을 비로소 그들에게 가르치시되."

조금 지나서 마가복음 9장 31절에는 "이는 제자들을 가르치시며 또 인자가 사람들의 손에 넘겨져 죽임을 당하고 죽은 지 삼 일 만에 살아나리라는 것을 말씀하셨기 때문이더라"고 한다. 예수님은 마가복음 10장 33-34절에서 이 호칭을 또 사용하신다.

> 보라 우리가 예루살렘에 올라가노니 인자가 대제사장들과 서기관들에게 넘겨지매 그들이 죽이기로 결의하고 이방인들에게 넘겨주겠고 그들은 능욕하며 침 뱉으며 채찍질하고 죽일 것이나 그는 삼 일 만에 살아나리라 하시니라.

예수님은 "인자"라는 호칭을 사용하심으로써 사람들은 하나님을 거절한다는 성경의 오랜 전통을 확인하셨다. 그리고 예수님은 시편 22편 1절 말씀 "내 하나님이여 내 하나님이여 어찌 나를 버리셨나이까"와 시편 118편 22절 말씀 "건축자가 버린 돌이 집 모퉁이의 머릿돌이 되었나니"라는 말씀을 인용하여 이를 설명하신다. 당신이 사역에서 살아남기 원한다면, 예수님이 경험하셨던 그 거절을 당신도 체험해야 한다. 당신은 예수님의 사역을 되돌아봐야 한다. 당신은 예수님보다 더 성공적으로 사역을 하겠다는 육적인 생각이 당신의 마음에 들어오지 않도록 해야 한다.

성도들에게 고난은 흔한 일이다. 베드로전서는 그 전체가 그리스도인들이 시험을 당할 때 느끼는 혼란스러움을 해소하기 위해서 쓴 내용이다. 어떤 사람들은 하나님을 믿고 의지하면 시험이 아닌 축복을 받아야 마땅하다고 생각한다. 하지만 성경은 우리에게 1세기 교회도 고난을 겪었다고 말한다. 베드로는 이 사람들에게 베드로전서 2장 20-21절과 같이 말하며 격려한다. "선을 행함으로 고난을 받고 참으면 이는 하나님 앞에 아름다우니라 이를 위하여 너희가 부르심을 받았으니 그리스도도 너희를 위하여 고난을 받으사 너희에게 본을 끼쳐 그 자취를 따라오게 하려 하셨느니라."

다른 말로 하자면 이런 뜻이다. "고난을 받는 것 때문에 낙심하지 말라. 선을 행했는데 고난을 받는다면 좋은 것이다. 그 고난은 바른길을 걷고 있다는 징표다. 당신이 따라가는 그분을 바라보라. 그분에게는 어떤 일이 있었던가? 그분은 모든 사람에게 인정받고 칭송받으셨는가? 그렇지 않다. 그분은 거절과 고난이 무엇인지 아셨던 분이다."

베드로는 그리스도의 예에 호소하면서 다음과 같은 말로 동료 성도들에게 권고한다.

사랑하는 자들아 너희를 연단하려고 오는 불 시험을 이상한 일 당하는 것같이 이상히 여기지 말고 오히려 너희가 그리스도의 고난에 참여하는 것으로 즐거워하라 이는 그의 영광을 나타내실 때에 너희로 즐거워하고 기뻐하게 하려 함이라 (벧전 4:12-13).

물론 우리가 어리석어서 고난을 당하는 경우도 있다. 조나단 에드워즈와 같이 위대한 목회자도 목회를 하면서 어리석은 실수를 저지르기도 했다. 그는 하나님의 말씀을 신실하게 전했다는 이유만으로 노스햄턴 교회에서 해고를 당한 것은 아니었다. 그는 재력가의 아이들을 공개적으로 불러 한 사건에 어떻게 연루되어 있는지 이야기하도록 했는데, 의도하지 않게 그 아이들이 매우 극악한 죄를 저질렀다는 듯이 말하고 말았다. 에드워즈는 상대적으로 매우 사소한 실수를 했지만 심각한 결과가 발생한 것이다.

우리가 경험하는 고난 중 일부는 우리 자신이 초래한 것이다. 하지만 신실하게 사역을 하다가 고난을 만나게 되는 일이 더욱 많다. 하나님의 말씀을 전하는 사자들은 타락한 세상에서 거절을 당하는 것이 일반적인 일이다. **육적인 사람들이 매력적으로 느끼도록 복음을 전한다면, 당신은 그리스도를 따르는 것이 무엇인지 당신의 교회를 오해하게 만드는 것이다.** 하나님의 말씀을 신실하게 전파하면 사람들은 때로 거절하기 마련이다.

거절당하는 것이 일반적인 일이라고 해서 그것으로 끝은 아니다. 이러한 희망을 주신 하나님을 찬양하라! 함께 "인자"라는 호칭이 나타나는 다른 구절을 읽어 보자. 다니엘 7장 13-14절이다.

내가 또 밤 환상 중에 보니 인자 같은 이가 하늘 구름을 타고 와서 옛적부터 항상 계신 이에게 나아가 그 앞으로 인도되매 그에게 권세와 영광과 나라를 주고 모든 백성과 나라들과 다른 언어를 말하는 모든 자들이 그를 섬기게 하였으니 그의 권세는 소멸되지 아니하는 영원한 권세요 그의 나라는 멸망하지 아니할 것이니라.

신약 성경에서 우리는 이 "인자"가 누구인지 알게 된다. 예수님은 대제사장에게 자신이 메시아냐는 질문을 받았을 때 이렇게 말씀하셨다. "내가 그니라 인자가 권능자의 우편에 앉은 것과 하늘 구름을 타고 오는 것을 너희가 보리라 하시니"(막 14:62). 고난당하는 종은 또한 영광스러운 왕이시다. 당신이 예수님의 가르침에서, 사도행전에서, 베드로전서에서, 그리고 성경 곳곳에서 마주하게 될 일정한 모형이 있다. 바로 고난 뒤에 영광이 따른다는 것이다. 누군가가 영광만을 전한다면 주의하라. 하지만 고난만을 전하는 사람도 잘못된 것이다. 고난 뒤에는 영광이 따르기 때문이다.

사역 중에 당한 고난에 대해서는 한없는 보상을 받을 것이다. 우리는 천국 해변에서 과거를 돌아보며 이야기하게 될 것이다. "오, 고난은 몇천 배의 값어치를 하는군." 그렇기 때문에 우리는 예수님이 고난 주일에 예루살렘에 입성하시는 것을 보면서 승리의 입성이라고 하는 것이다. 우리는 예수님이 배신당하고 죽임당하실 것을 안다. 하지만 우리는 이야기가 그렇게 끝나지 않는다는 사실도 안다. 예수님은 죽은 자 가운데서 다시 살아나셔서 하늘에 오르셨고 그곳에서 다스리신다. 그리고 다시 돌아오셔서 온 우주가 그를 찬양하도록 하실 것이다.

따라서 당신이 예수님의 사자로서 섬기도록 부르심을 받았다면 다음 말씀을 기억하라. "믿음의 주요 또 온전하게 하시는 이인 예수를 바라보자 그는 그 앞에 있는 기쁨을 위하여 십자가를 참으사 부끄러움을 개의치 아니하시더니 하나님 보좌 우편에 앉으셨느니라 너희가 피곤하여 낙심하지 않기 위하여 죄인들이 이같이 자기에게 거역한 일을 참으신 이를 생각하라"(히 12:2-3).

PRAYER

하나님, 당신은 말씀을 전하는 사자들이 느끼게 될 괴로움,
육체의 수준을 훨씬 넘어서는 그 괴로움을 아십니다.
주님, 기도합니다.
죄악 된 사람들은 우리를 반대할 것이지만,
그러한 어려움을 이미 견뎌 내신 그분을 생각함으로써 이기게 하소서.
오, 하나님,
우리 마음이 당신의 말씀으로
주 예수 그리스도를 나타내는 일에 고정되게 하소서.
우리에게 그리스도를 묵상할 수 있도록
시간과 인내하는 마음을 주시고 훈련되게 하소서.
그리스도를 따르고 당신의 사자가 된다는 것이 무슨 의미인지
더욱 잘 깨닫게 하소서.
하나님은 말하는 자의 언변이나 글을 통해서가 아니라,
우리 마음 가운데 당신의 영으로 역사하시는 분입니다.
성령님, 우리 마음속에서 각자의 상황을 통해 역사하소서.
그리하여 모든 영광을 받아 주소서.
예수님의 이름으로 기도합니다.
아멘.

3
John MacArthur

나는 선한 싸움을 싸우고
나의 달려갈 길을 마치고 믿음을 지켰으니 _ 딤후 4:7

셰 퍼 드
+
라이브러리

THE SHEPHERD'S
LIBRARY

한 충성스러운 설교자의 묘비명

존 맥아더, 2003

디모데후서 4:6-8

죽어 가는 사람이 하는 말에는 위선을 찾아보기 어렵다. 죽음을 앞둔 사람들은 그 마음속 깊이 묻어 두었던 것을 밝히기 마련이다. 나폴레옹은 임종을 앞두고 이렇게 말했다. "나는 명을 채우지 못하고 죽는다. 나의 몸은 땅으로 돌아가 벌레들의 먹잇감이 될 것이다. 이것이야말로 저 위대한 나폴레옹이 곧 맞게 될 운명이다."[1] 마하트마 간디는 죽음 직전에 이렇게 말했다. "이제 살날이 얼마 남지 않았다. 50년 만에 처음으로 내가 절망의 구렁텅이(Slough of Despond)에 빠져 있음을 깨닫는다. 내 주위는 모두 어둠뿐이며 나는 빛을 달라고 기도한다."

"절망의 구렁텅이"라는 표현은 『천로역정』에 나온 말인데, 간디는 이 책을 읽기는 했으나 믿지는 않았다. 19세기 프랑스의 저명한 외교관이었던 샤를 모리스 드 탈레랑이 기록한 쪽지가 그가 죽은 뒤 발견되었는데, 거기에는 다음과 같이 쓰여 있었다. "얼마나 근심이 많았는가! 얼마나 고뇌했는가! 얼마나 염려했는가! 악의를 품었던 일은 얼마나 많았던가! 안타까운 일들도 얼마나 많았던가! 하지만 이 모든 것은 결국 정신과 육체에 엄청난 피로함만 남겼을 뿐이다. 미래를 생각하니 깊은 좌절뿐이며, 과거를 생각하자니 넌더리만 날 뿐이구나."[2] 이렇게 죽는다면 얼마나 비참할 것인가! 하지만 훨씬 좋은 죽음도 있다.

어렸을 때 필라델피아에 있는 그리스도 교회에 갔던 기억이 난다. 교회 마당을 돌아다니다가 벤저민 프랭클린의 묘비를 봤다. 나는 그가 참된 그리스도인이었는지 장담할 수는 없지만, 직접 작성했다는 묘비명이 마음에 들었다. 사실은 정말 마음에 들어서 암기하고 있다.

> 인쇄인 벤저민 프랭클린의 시신, 여기 묻히다.
> 낡은 책의 표지와 같이 그 목차는 찢겼고,
> 금박으로 새긴 글자는 닳아 없어져
> 여기 벌레의 먹이가 되었다.
> 하지만 그 작품은 사라지지 않으리니
> 그가 믿었던 대로
> 작가가 교정하고 개정하여
> 우아한 판본으로 새롭게 낼 것이기 때문이다.³

벤저민 프랭클린과 마찬가지로 사도 바울 또한 자신의 묘비명을 직접 기록했다. 사도 바울이 남긴 마지막 말을 보자.

> 전제와 같이 내가 벌써 부어지고 나의 떠날 시각이 가까웠도다 나는 선한 싸움을 싸우고 나의 달려갈 길을 마치고 믿음을 지켰으니 이제 후로는 나를 위하여 의의 면류관이 예비되었으므로 주 곧 의로우신 재판장이 그날에 내게 주실 것이며 내게만 아니라 주의 나타나심을 사모하는 모든 자에게도니라(딤후 4:6-8).

끝까지 충성하라

앞으로 몇 년간 어떻게 사역할 것인가가 아니라 당신의 생의 끝자락이 어떠할지를 생각해 보기 바란다. 당신의 묘비명이 어떨지 생각해 보라. 디모데후서 4장 6-8절은 사람 중 가장 위대했던 하나님의 종이 남긴 묘비명이다. 또한, 우리는 이 말씀에서 바울이 스스로 자신의 삶을 어떻게 평가했는지 볼 수 있다. 이 묘비명을 썼을 때 바울은 죽음의 갈림길에 서 있었다. 재판이 열렸고 사형 선고를 받았다. 그리고 처형이 임박했다. 바울은 이번 투옥이 자신의 마지막이 되리라는 사실을 알았으며, 순교를 당할 것도 알고 있었다.

인간적인 기준으로 보자면, 당시는 바울이 세상을 떠나기 적합한 때는 아니었다. 초대 교회의 많은 성도가 분명히 이 사도를 마음 깊이 사랑하고 깊은 애착심을 느끼고 있었을 것이다. 또한, 많은 이방인 성도가 자신들의 영적 혈통이 바울의 사역에 있다고 생각했다. 바울이 이방인들에게 구세주이신 그리스도를 소개했기 때문에 그들은 바울에게 큰 빚을 진 자들이었다. 누가 그를 대신할 수 있겠는가? 그는 마지막 사도였고 바울 이후에 사도직은 더 이상 계승되지 않을 것이었다. 바울은 여러 차례 다시 사신 예수님을 직접 체험했다. 그 처음은 다메섹 도상에서 회심한 경험이었다. 그와 같은 사람은 없었다. 하지만 이제 그러한 바울이 떠날 시간이 된 것이다.

교회 입장에서도 바울의 죽음은 적절치 않았다. 디모데가 목회하던 에베소 교회는 어려운 시기에 처해 있었다. 바울이 예전에 이 교회를 세웠지만, 사람들은 이제 진리를 떠나 더 이상 거룩한 것을 추구하지 않았고, 타락한 지도자들은 사람들을 잘못된 방향으로 이끌고 있었다.

그 결과 에베소 교회는 교리 및 행실에서도 문제가 발생하고 있었다. 그래서 바울은 디모데를 책임자로 두고 떠났다. 디모데가 교회 문제를 바로잡기 바랐던 것이다. 하지만 교회 내의 반대와 외부의 박해로 인해 디모데는 눈에 띄게 흔들리고 있었다.

바울의 묘비명이 포함된 이 서신의 서두를 보면 바울은 디모데에게 다음과 같이 쓰고 있다. "네 속에 거짓이 없는 믿음이 있음을 생각함이라"(딤후 1:5). 참 흥미로운 말씀이다. 이는 마치 누군가에게 편지를 쓰고서는 "사랑하는 친구여, 나는 자네가 그리스도인이라는 사실은 알고 있네. 하지만……."이라고 말을 덧붙이는 것 같다. 디모데의 믿음을 우려할 만한 상황이 벌어지지 않았다면 바울이 왜 디모데에게 믿음이 있음을 생각하라고 했겠는가?

바울은 더 나아가 자신이 왜 디모데의 "거짓이 없는 믿음"을 언급했는지 그 이유를 설명한다. "그러므로 내가 나의 안수함으로 네 속에 있는 하나님의 은사를 다시 불일듯 하게 하기 위하여 너로 생각하게 하노니"(1:6). 바울은 이렇게 말하고 있는 것이다. "디모데야, 너는 설교와 사역에 은사를 타고났고 교회 장로들도 이를 인정했다. 기운을 내라." 바울은 디모데가 자신의 은사를 제대로 사용하지 못하고 흔들리고 있음을 걱정한 것이다.

내부의 압력과 외부의 박해로 인해 디모데는 무너지고 있었다. 그래서 바로 다음 절에서 바울은 다음과 같이 권고한다. "하나님이 우리에게 주신 것은 두려워하는 마음이 아니요"(1:7). 바울이 말하는 "두려워하는 마음"이란 겁을 의미하는 말이다. 이는 매우 심각한 일이었다. 마지막 사도인 바울이 세상을 떠나게 되었기 때문이 아니라, 바울을 대신해야 할 디모데가 흔들리고 있었기 때문이다. 바울이 "겁쟁이처럼 굴지 마라. 은사 받은 일을 계속해라."라고 말할 지경까지 상황이 나빠진 것이다. 8절에서 바울은 덧붙인다. "너는 내가 우리 주를 증언함과 또는 주를 위하여 갇힌 자 된 나를 부끄러워하지 말고."

몇 절 지나지 않아 바울은 또 강권한다. "너는 그리스도 예수 안에 있는 믿음과 사랑으로써 내게 들은바 바른말을 본받아 지키고 우리 안에 거하시는 성령으로 말미암아 네게 부탁한 아름다운 것을 지키라"(1:13-14). 당신이 만약 외부의 박해를 받고 교회 내에서 반대 세력에 시달리게 된다면, 그 압박을 좀 덜고자 교리를 바꾸고 타협하고 싶은 유혹을 받을 것이다. 하지만 바울은 디모데에게 그러한 유혹과 맞서 싸우고 맡은 것을 보호하라고 말한다.

바울이 "아시아에 있는 모든 사람이 나를 버린 이 일을 네가 아나니"(1:15)라고 덧붙였을 정도면 상황이 얼마나 위중했는지 감이 올 것이다. 이 말에 함축된 의미는 이렇다. "디모데야, 너도 나를 버리려고 하느냐?"

이는 바울이 보내는 강력한 경고의 말씀이다. 그리고 디모데의 마음 상태와 에베소 교회의 건강 상태가 어떠했는지를 잘 보여 주는 말씀이기도 하다. 바울은 디모데에게 에베소 교회를 이끌면서 다른 교회들의 본이 되라는 책임을 맡겼다. 하지만 디모데는 나약함에 빠져들고 있었다. 그래서 디모데후서 2장 1절에서 바울이 "내 아들아 그러므로 너는 그리스도 예수 안에 있는 은혜 가운데서 강하고"라고 말한 것이다.

이어지는 구절에서 바울은 "병사가 되어라.", "경기하는 자가 되어라.", "수고하는 농부가 되어라.", "부지런한 일꾼이 되어라.", "귀히 쓰는 그릇이 되고 청년의 정욕을 피해라.", "주의 종이 되어라."라고 강권한다. 바울은 디모데에게 포기하거나 넘어지거나 타협하지 말라고 명령한다.

그리고 그다음 장에서 바울은 "배우고 확신한 일에 거하라"(3:14)고 말한다. 문맥상 보자면 디모데후서 3장 16절에서 바울이 디모데에게 모든 성경은 하나님의 감동으로 된 것으로 모든 선한 일에 유익하다는 사실을 일깨우는 것도 중요한 의미가 있다. 그리고 4장 2절에 가서야 바울은 이 젊은이에게 "말씀을 전파하라"고 권면한다. 디모데후서는 그 전체 내용이 사도 바울이 성령님의 영감을 받아 약해진 디모데에게 힘을 불어넣어 주기 위한 것이라고 볼 수 있다.

이렇게 인간적인 관점에서 보자면 사도 바울이 떠나기에는 최적의 시기가 아니었다는 사실에 당신도 동의할 것이다. 하지만 바울은 자신이 물러날 것을 준비하면서도 상당한 자신감을 드러낸다. 그리고 디모데에게 자신을 계승하도록 한다. 바울은 디모데를 과감하게 경책한 이후에 "나는 선한 싸움을 싸우고 나의 달려갈 길을 마치고 믿음을 지켰으니"(4:7)라고 쓴다. 바울은 이 말씀으로 자신의 삶을 정리하면서 의기양양한 승리자의 태도를 보여 준다. 바울은 실제로 이제 "나는 갈 준비가 되었다."라고 말하고 있는 것이다.

당신은 다음 세대를 어찌할 수 없다. 당신이 떠난 이후에 어떤 일이 일어날지 알 수도 없다. 나중에 드러나게 되지만, 에베소 교회에 대한 바울의 염려는 타당한 것이었다. 요한계시록이 쓰인 시기에 이르러서 이 교회는 그 첫사랑을 떠났기 때문이다. 예수님은 이 교회를 두고 "회개하지 아니하면 내가 네게 가서 네 촛대를 그 자리에서 옮기리라"(계 2:5)라고 말씀하신다.

하지만 걱정거리가 수없이 많았을 때도 바울은 당당하게 죽음을 맞이했다. 바울은 자신의 삶을 돌아보며 이렇게 말했을 것이다. "나는 최선을 다해서 주님이 하라고 하시는 일을 했다. 미래를 장담할 수 없고, 나를 이을 자를 보장할 수도 없다. 하지만 나는 오직 내게 주어진 일만 할 뿐이다."

바울의 묘비명

바울은 자신의 묘비명에서 자신의 삶을 과거, 현재, 미래의 세 가지 관점에서 살펴본다. 바울은 삶의 끝자락에서 자신이 어떠한 삶을 살았는지, 그리고 미래는 어떠할지에 대해서 생각한다. 바울은 단순히 디모데에게 정보를 제공하기 위해 그렇게 한 것이 아니라, 디모데를 격려하고 동기를 부여하기 위해서 그랬던 것이다. 바울이 흔들리고 있는 이 젊은이에게 쓴 내용에서 이해하기 어려운 점은 없다. 결국, "나는 계속 달렸고 끝까지 싸웠다. 나는 믿음을 계속 지킬 것이다."라는 말이다. 그리고 이러한 말은 디모데에게 강력한 격려가 되었다.

신약 성경은 바울이 신실하게 믿음을 지킨 결과 감옥에 갇히게 된다고 한다. 그런데 바울은 마무리를 제대로 했다는 점에서 디모데에게 훌륭한 본보기가 된다. 그리고 우리도 반드시 그 본을 따라야 한다. 나는 내 삶의 끝을 생각하지 않고서는 다음 주 또는 다음 달을 생각할 수가 없다. 끝까지 잘하고 싶다는 희망이 지금 내가 이 길을 계속 가게 만드는 원동력이 되고 있다.

바울이 디모데후서 2장에서 사용한 비유를 보면 이러한 생각은 더욱 확실해진다. **군사는 마침내 승리할 것을 알아야 지금 당장 싸울 의욕이 생긴다.** 운동선수가 경주 도중 최선을 다하려면 경주에서 승리했을 때 어떤 상이 있는지를 알아야 한다. 우리는 책임을 맡은 청지기로서 우리에게 주어진 것을 어떻게 지켰는지 마지막에 반드시 설명해야 한다는 사실을 기억하면 도움이 될 것이다. 현재 우리를 지탱하는 힘은 마지막에 대한 기대다.

목회자가 교리적으로나 도덕적으로 맡은 책임을 다하지 못할 때가 언제인가? 목회자가 소명을 떠나 방황할 때는 언제인가? 바로 마지막에 대한 시야를 놓쳤을 때 그렇게 되는 경우가 많다. 그만 최후의 승리, 최후의 상급, 최후의 판결을 바라보지 못하게 된 것이다.

끝까지 달려갈 그 길을 분명히 볼 수만 있다면, 어떻게 앞으로 나아가야 하는지도 알 수 있다. 승리하는 일에 관심을 쏟는다면, 어떻게 달려야 하는지도 알게 될 것이다. 이를 명심하고 마무리를 잘하는 것에 대해서 바울이 어떻게 바라보는지 그 세 가지 관점을 살펴보자.

■ 바울의 삶의 마지막 : 전제로 드려지다

바울은 묘비명에서 우선 자신의 삶의 현재 모습이 어떠한지 바라본다. "전제와 같이 내가 벌써 부어지고 나의 떠날 시각이 가까웠도다"(딤후 4:6). 여기에서 바울이 표출하는 자신감은 놀라울 정도다. 바울은 "이제 끝났다. 나는 부어졌다. 그리고 시간이 왔다."라고 말하고 있다. "시각"이라는 단어는 헬라어 본문에서 보면 "카이로스"(*kairos*)라고 한다. 이는 시계로 측정하는 시간이 아닌 한 시대나 시기를 말하는 것이다. 즉, 바울은 "내가 떠날 시기가 되었다."라고 말하는 것이다.

또 "전제와 같이 부어졌다"고 말한 것에 주의하라. 여기서 바울은 구약 성경에 나타나는 유대어를 사용했다. 이스라엘 자손이 가나안 땅에 들어서자 하나님은 그들에게 어떻게 예배를 드려야 하는지 지침을 주셨다. 여기에는 번제에 대한 지침도 있다(민수기 15장). 번제는 죄 때문에 드리는 제사다. 사람의 편에서 죄의 값은 사망이며, 죄를 갚기 위해서 희생을 드려야 한다는 사실을 인정하는 것이다. 이 제사는 유일하시고 참된 희생물이 되신 주 예수 그리스도를 가리키는 것이기도 하다. 하지만 그리스도가 십자가에서 죽으시기 전에는 번제란 동물을 죽여 제단에 두어서 하나님께 제물로 드리는 것을 의미했다.

하지만 제단에 단지 동물만을 두는 것은 아니었다. 제물 위에 기름과 섞은 밀가루를 부어 달콤한 향내가 나도록 했다. 그리고 여기에 포도주도 더했다. 바울은 이러한 심상을 마음에 두고 다음과 같이 말한 것이다. "나는 번제처럼 드려졌다. 다메섹으로 향하던 길에서부터 나의 일생을 모두 제단에 두었다. 지난 30년 동안 나는 제단에 놓인 바 되었고, 나는 내 생명을 제물로 드려 자신에 대해서는 조금도 생각하지 않았다. 나에게는 그리스도만이 사신 바 되었고 죽음은 오히려 유익이다. 나는 살아도 주를 위해 살고 죽어도 주를 위해 죽을 것이다. 어떤 일이 일어나도 나는 주님의 것이다."

이러한 심상은 참으로 아름답다. 번제는 바울의 삶을 형상화하고, 전제는 그의 죽음을 상징한다. 바울은 희생이 무엇인지를 아는 사람이었기에 그렇게 살 수 있었다. 그랬기 때문에 바울은 선한 싸움을 싸우고, 경주를 달리고, 끝까지 계속해서 청지기로 살 수 있었다. 그는 절대로 자신의 생명을 자기 것으로 여기지 않았다. 바울에게 삶은 성공이나 지위나 명망을 얻는 것이 아니었다. 삶은 희생이었다.

로마서 12장 1절에서 바울은 말한다. "너희 몸을 하나님이 기뻐하시는 거룩한 산 제물로 드리라 이는 너희가 드릴 영적 예배니라." 바울은 자신이 전한 대로 실천했고, 자신의 몸을 하나님이 온전히 기뻐하실 산 제물로 드렸다. 이렇게 삶을 바라본다면 계획대로 일이 돌아가지 않아도 실망하지 않게 된다. 오히려 안락함을 추구하기보다 어떻게 삶을 드려야 할지에 대해서 더욱 관심을 쏟게 된다. 그리고 그 결과, 힘에 부치면 어떻게 할까 하고 걱정하지 않게 된다.

이에 앞서 빌립보서 2장 17절에서 바울은 "내가 나를 전제로 드릴지라도"라고 가정을 하면서 말했다. 하지만 디모데후서 4장 6절에서는 가정하는 말이 아니라 실제로 그렇게 한다는 말이다. 바울이 편안한 상황에서 그렇게 말했다고 절대로 생각하지 말라. 바울은 감옥에 있었고, 겨울이 다가오고 있었기 때문에 곧 매우 추워질 것이었다. 그래서 디모데후서 4장 13절에서 바울은 "올 때에 내가 드로아 가보의 집에 둔 겉옷을 가지고 오고"라고 말한 것이다. 바울이 겨울을 지내고 사형을 당하게 된다면 이제 날씨도 추워질 뿐만 아니라 읽을거리도 없을 터였다. 그래서 바울은 옷과 함께 "책은 특별히 가죽 종이에 쓴 것을 가져오라"고 말한 것이다.

이것도 충분하지 않았던지 바울을 심각하게 반대하는 세력도 있었다. "구리 세공업자 알렉산더가 내게 해를 많이 입혔으매"(딤후 4:14). 디모데는 알렉산더를 조심해야 했다. 그가 격렬하게 성경의 가르침에 맞섰기 때문이다. 바울은 또 덧붙인다. "내가 처음 변명할 때에 나와 함께 한 자가 하나도 없고 다 나를 버렸으나 그들에게 허물을 돌리지 않기를 원하노라 주께서 내 곁에 서서"(4:16-17). 바울은 버림받았고 외로웠다. 이는 참으로 견디기 어려운 일이었을 것이다. 이 위대한 사도는 사역을 이렇게 끝내고 마는 것인가? 당시에는 그의 이름을 딴 성당도 없었다. 그는 외로웠다. 데마와 다른 사람들은 바울을 버렸다. 바울은 외로웠기 때문에 마가를 부르고 읽을거리를 부탁했다. 삶의 마지막 순간에서조차 바울은 제단에 드려진 제물이었다.

그리고 바울은 말한다. "나의 떠날 시각이 가까웠도다"(딤후 4:6). "가까웠도다"라는 표현은 헬라어 본문에서는 완료시제로 사용되었다. 이 말은 이미 왔거나 도착했다는 의미다. 죽음의 그림자가 이미 바울 위에 드리우고 있었던 것이다. 나는 "떠날"이라는 단어를 사용한 것이 참 마음에 와 닿는다. 이에 해당하는 헬라어 단어는 "아날뤼세오스"(*analyseos*)인데, 이는 죽음을 관조하는 위대한 방법을 말한다. 보통 죽음을 말할 때 "떠난다"라는 단어를 사용하지는 않는다. 이 단어는 한 장소를 떠나 다른 곳으로 이동한다는 의미로 사용하는 경우가 많다. 바울이 의도한 것도 바로 그렇다. 하지만 바울은 죽음을 염두에 두고 이렇게 표현했다. 흥미롭게도 신약 성경에 나타나는 "아날뤼세오스"의 의미는 바울이 말하고자 하는 바와 여러모로 부합한다.

우선 이 단어는 동물에게서 멍에를 벗긴다는 의미가 있다. 바울은 죽음이란 자신이 이 땅에서 감내한 모든 수고에서 벗어나는 것으로 바라봤다. 그는 곧 자신이 짊어진 무거운 사역의 짐을 내려놓을 수 있게 될 것이다.

두 번째로 이 단어는 죄인을 포박할 때 사용하는 사슬이나 족쇄, 또는 속박에서 풀어 주는 것을 말할 때 사용된다. 본질적으로 바울은 다음과 같이 말하는 것이다. "나는 내게 지워진 수고의 짐에서 벗어나게 될 뿐만이 아니라 나를 타락하게 하는 것, 박해하는 것, 그리고 나를 구속하는 모든 사슬에서 풀려날 것이다. 나는 육체와 로마의 감옥이라는 구속을 벗어나 천국의 영광스러운 자유에 들어설 것이다."

세 번째로 이 단어는 천막을 철수한다는 뜻이 있다. 성경에 나오는 유목 민족들을 보면 천막을 치고 그 장소에서 잠시 머물다가 다시 천막을 철수해서 다른 곳으로 떠난다. 바울은 "이제 이 장막을 철수하고 나면 다시는 천막을 세우지 않을 것이다. 나는 어떤 장막도 필요 없는 그곳에 가서 살 것이다. 나를 위하여 예비된 아버지의 집에 거주할 것이고 영원히 그곳에서 천국의 영광 가운데 살아갈 것이다."라고 말하고 있다.

네 번째로 이 단어는 배의 정박용 줄을 푸는 의미로도 사용된다. 바울은 지중해를 종횡하며 여러 차례 선교 여행을 다녔는데, 출항할 때 갑판에 서서 배를 묶었던 줄이 풀려 나가는 모습을 봤을 것이다. 그리고 이제 바울은 마지막 항해를 떠나게 된 것이다. 그는 그 어느 곳보다 가장 깊은 바다인 죽음의 물을 건너 하늘나라의 항구에 도착할 것이다.

그리스도인들에게 죽음이란 모든 짐과 수고를 내려놓고 영원한 안식을 향해 가는 것이다. 또한, 우리를 구속하고 얽매는 모든 죄와 어려움에서 벗어나는 것이다. 죽음은 천막을 철거하는 것이다. 이제 영원히 변함없는 장소, 영원한 집에서 거주지를 얻게 될 것이다. 죽음은 우리를 이 세상에 구속하는 밧줄들을 던져 버리고 하나님의 세상으로 항해를 떠나는 것으로, 우리는 그곳에서 영원히 하나님의 임재 가운데 살게 될 것이다. 그리고 여기 디모데후서 4장에서 바울은 선포한다. "나는 준비가 되었다!"

삶을 마무리하면서 다음과 같이 말할 수 있다면 참 대단하지 않겠는가? "주님, 저는 준비됐습니다. 얼마나 더 기다려야 합니까?" 라티스본 전투에서 승리를 거두자 한 젊은 병사가 그 소식을 전하기 위해 나폴레옹에게 쏜살같이 달려왔다. 그 젊은이를 그린 로버트 브라운의 시가 생각난다. 그 어린 병사는 부상을 당했음에도 불구하고 자신의 지휘관에게 좋은 소식을 전하겠다는 열망으로 가득했다. 나폴레옹은 그 병사의 상처를 보게 되는데, 이 시는 유명한 다음 구절로 마무리된다.

"너는 부상을 당했구나!"
"아닙니다."
그 병사의 자존심은 상처를 입었네. 병사는 말했다네.
"저는 죽음을 택한 것입니다, 폐하!"
그리고 지휘관의 곁에서 그 소년은 웃으며 죽어 넘어졌다네.[4]

이 병사가 말하는 것은 이렇다. "폐하, 아닙니다. 저는 부상을 당한 것이 아닙니다. 저는 당신을 위해 죽는 것이 자랑스럽습니다." 사도 바울도 비슷한 이야기를 한다. "나의 임무를 다했다. 이제 나는 생명을 내려놓는다."

■ 바울의 삶의 여정 : 전투에 전념하다

디모데후서 4장 7절에서 바울은 자신의 과거를 돌아보며 이렇게 말한다. "나는 선한 싸움을 싸우고 나의 달려갈 길을 마치고 믿음을 지켰으니." 헬라어 본문에서는 모든 동사가 과거 완료형으로 되어 있다. 사실 헬라어 본문에서 이 말씀의 어순은 다음과 같다. "선한 싸움을 나는 싸워 왔고, 달려갈 길을 나는 마쳐 왔고, 믿음을 나는 지켜 왔다." 문장마다 목적어가 동사 앞에 위치하여 목적어를 강조한다. 바울은 사역을 이렇게 바라봤다. 그는 사역이란 길이며, 믿음이며, 진리이며, 달려야 할 경주이며, 싸워야 할 전투로 본 것이다.

삶을 돌아보면서 후회가 남지 않는다면 참 멋지지 않겠는가? 애석한 것도 없고, 이루지 못한 것도 없고, 마무리하지 못한 채 떠난다는 느낌도 없다면 얼마나 훌륭하겠는가? 바울은 완전히 승리하고 완전히 만족한 채로 죽음을 맞이했다. 이보다 영광스럽게 이 세상을 떠나는 방법이 있을까? 당신이 죽음을 어떻게 바라보는지는 모르겠다. 하지만 사람들은 대부분 죽음을 육체의 영역에서만 생각한다. 사람들은 운동을 하고, 건강한 식습관을 유지하고, 심장과 신체를 보호하고, 젊어서 죽지 않기 위해 무슨 일이든 다 한다. 그들은 몸을 지키기 위해 무슨 일이든지 다 하는 것이다.

죽음에 관해서 말하자면, 나는 어떻게 죽을지 모른다. 이는 전적으로 하나님의 손에 달린 일이다. 하지만 죽음을 찬찬히 생각해 봐도 나는 육체적인 측면에 대해서는 그다지 많이 생각하지 않는 것 같다. 오히려 나는 영적인 측면에 관심이 많다. 내 시간이 다했을 때, 나는 얼마나 충성스러운 상태로 남아 있을 것인가? 나에게는 이것이 가장 큰 문제다. 내가 어떻게 죽을지에 대해서는 내가 어찌할 수 있는 것이 없다. 하지만 내가 떠날 때 영적으로 어떠한 상태일지에 대해서는 책임이 있다. 하나님은 나에게 은혜의 방편을 주셨고, 성령님의 능력을 베푸셨으며, 진리의 말씀을 주셔서 이 길을 계속 걷게 하셨다. 나는 바울이 자신의 삶을 돌아보듯이 나의 삶을 회고하고 싶다. 나는 영적으로 잘 마무리하고 싶다. 바울은 말했다. "내가 죽든 살든 전혀 상관없다. 중요한 것은 '내가 끝까지 충성스럽게 삶을 살아갈 것인가?'라는 문제다." 이러한 관점을 유지할 때 그 길에서 벗어나지 않을 수 있다.

선한 싸움을 싸우다

바울이 사역을 어떻게 묘사했는지에 특별히 주의하라. "나는 선한 싸움을 싸우고." 당신이 싸움을 하는 중이라는 사실을 깨닫는다면 잘 마무리하고 싶은 의욕이 생길 것이다. 헬라어 본문을 보면 "싸우고"는 "에고니스마이"(*egonismai*), "싸움"은 "아고나"(*agona*)로, 이는 극렬한 투쟁을 말한다. 따라서 이 말씀은 다음과 같이 옮길 수 있다. "나는 극도의 괴로움으로 고뇌했다." 바울은 이 삶이란 끝없이 고뇌해야 하는 전쟁으로 엄청난 에너지가 소요되는 것임을 알았다.

많은 그리스도인이 성도의 삶이 더 수월할 것이라고 생각한다. 하지만 실상은 그렇지 않다. 성도가 되려면 당신을 제사로 드려야 하고 제단 위에 바쳐야 한다. 이는 평생 계속되는 전투와 같다. 따라서 우리는 상황이 안 좋아져도 놀라지 말아야 한다. 사실 우리는 어려움을 겪지 않을 때 오히려 걱정해야 한다. 한순간의 평화가 좋은 것이기는 하지만 두려운 것이기도 하다. 왜냐하면, 평화란 기습 공격이 있을 것을 의미하기 때문이다. 전쟁이 언제라도 일어날 수 있다는 사실을 아는 편이 훨씬 낫다.

교회에서 목회하던 지난 세월 내내 사람들은 와서 말했다. "이런 이야기를 하고 싶지는 않지만 문제가 좀 생겼어요." 그러면 나는 항상 다음과 같이 답하곤 했다. "문제가 생겼다고 말하는 것보다 더 나쁜 일이 뭔지 아십니까? 문제가 존재한다는 사실조차 모르는 것입니다." 문제에 대해서 알면 문제를 해결하기 위해 무언가 할 수 있기 때문이다.

사탄이 활동하는 한 우리는 언제나 영적인 전투에 연루될 것이다. 그래서 우리는 사역이 힘든 것이라고 생각하고, 버티고 인내하기 위해서는 모든 노력을 기울여야 한다고 생각해야 한다. 당신은 모든 일이 원하는 대로 잘 흘러가리라고 생각하면서 편하게 살기를 바라서는 안 된다. 당신이 사역에 들어서면서 그렇게 생각했다면, 당신은 결국 사상자가 되고 말 것이다. 전쟁터에서 아무것도 모르고 행복하게 나다니면

총을 맞지 않을 도리가 없다.

바울은 성도가 되는 순간부터 전쟁터에 있었다. 바울은 사탄과 싸웠고, 권세와 영적인 죄악과 유대인과 이교도들의 공격에 맞서 싸웠다. 또한, 데살로니가인들 사이에서 나타난 열광주의와 싸웠고, 에베소인들과 골로새인들 사이에서 발생한 초기 영지주의와 맞서 싸웠다. 그리고 자신의 마음과 자신에 대한 실망감, 무엇보다도 원하지 않는 일을 하게 하는 자신의 육체에 맞서 전투를 벌였다. 그리스도인의 삶은 끝나지 않는 전투다. 당신은 절대로 쉴 수 없다. 당신은 조금도 긴장의 끈을 놓을 수 없다. 삶은 계속되는 영적인 투쟁으로 최고의 헌신과 노력을 요구한다. 이 모든 것을 거친 후에야 바울은 마침내 다음과 같이 선포할 수 있었다. "나는 끝까지 싸웠다."

바울이 이 싸움을 "선한 싸움"이라고 말했다는 사실에 주목하라. 우리는 대부분 자기 자신을 애국자라고 생각한다. 그리고 국가가 연주되면 기쁜 마음으로 듣는다. 우리는 국기가 상징하는 바에 감명받고 국기와 국가의 역사에 담긴 고상함을 느낀다. 그리스도인들은 성경을 볼 때마다 바로 이러한 감정을 느껴야 한다. 우리가 고상한 목적을 기뻐한다면, 하나님을 위한 우리의 수고는 모든 목적 중 최고의 목적을 위한 것이 된다.

디모데후서 4장 7절에서 "선한"으로 번역된 단어는 헬라어로 "칼론"(*kalon*)이다. 이는 그 싸움이 고귀하고, 아름답고, 유익하며, 탁월하고, 매우 기쁘고, 기품 있는 것이라는 의미다. 나는 특히 "고귀한"이라는 단어를 좋아한다. 바울은 "나는 고귀한 싸움을 싸웠다"고 말한다. 이 싸움은 모든 싸움 중에 가장 고귀한 싸움으로 예수 그리스도의 영광을 위한, 복음을 위한, 진실한 하나님의 말씀을 위한 싸움이다.

승리를 거두고 삶을 마무리하며 자신감 있게 주님과 대면할 수 있는 사람들은 하나님이 그들에게 명하신 사역에 충실했던 사람들이다. 그들은 자신들이 고귀한 전쟁을 수행했으며, 그 전투에 전적으로 헌신했음을 스스로 아는 자들이다.

달려갈 길을 마치고

바울은 이제 전쟁터에서 경주로 비유를 옮겨 간다. 디모데후서 4장 7절에서 바울은 "나의 달려갈 길을 마치고"라고 쓴다. "달려갈 길"로 번역된 헬라어 단어는 "드로몬"(*dromon*)으로, 운동 경주를 말한다. 바울은 말한다. "나는 경주를 시작했고, 달렸고, 경주로에서 벗어나지 않았으며, 마무리했다." 그는 목적 없이 달리지 않았다. 그는 경주로에서 벗어나지 않고 결승선을 목표로 삼은 채 계속 달렸다. 그는 집중했고 흔들리지 않았다.

바울이 말하는 길은 그가 회심한 순간부터 시작하여 영광으로 마무리된다. 그는 다메섹 도상에서 그 길에 들어서 이제 곧 결승선을 통과하게 된 것이다. 바울은 경주 도중에 하나님이 그에게 명하신 것을 시야에서 놓친 적이 없다. 바울이 그렇게 할 수 있었던 이유는 히브리서 12장 1-2절에 나타난다. "인내로써 우리 앞에 당한 경주를 하며 믿음의 주요 또 온전하게 하시는 이인 예수를 바라보자." 예수님은 본보기로 달리셨고, 바울은 예수님의 뒤를 따랐다.

달리기 경주에 참여해 본 적이 있는가? 나는 대학 시절에 단거리 달리기를 한 적이 있는데, 100m, 200m, 그리고 가끔 400m 경주에 나간 적도 있다. 물론 우승한 적은 거의 없지만 나는 최선을 다했고, 나의 목적은 누가 선두에 있건 최대한 선두와 가깝게 가는 것이었다. 마찬가지로 이 영적인 경주에서 우승한 분은 예수 그리스도이시며, 바로 그 뒤에는 바울이 있다. 나는 이 둘과 멀어지지 않기 위해 노력한다. 그들이 나의 목표다. 바울도 이 목적에 집중했던 것이다. 바울을 보면 러디어드 키플링의 시구가 생각난다.

> 만약 네가 군중 속에서도 미덕을 유지하고
> 왕의 곁에서도 평상심을 지킬 수 있다면,
> 만약 너를 미워하거나 좋아하는 사람 곁에서
> 모두를 사랑하되 치우치지 않을 수 있다면,
> 만약 그 누구도 용서하지 못할 것 같은 그 순간을
> 60초 동안 달리는 것으로 대신 채울 수 있다면,
> 아들아, 그러면 세상과 그 모든 것이 너의 것이 될 것이며,
> 너는 그야말로 진정한 사람이 될 것이다.[5]

목적에 사로잡힌 삶은 주위의 어떤 일에도 방해받지 않는다. 끝까지 경주를 잘 달리라.

사도 바울은 자신이 시간을 선용해야 한다는 사실을 알았다. 당신이 경주에 나섰고, 경주에서 승리하기 원한다면, 하나님이 주신 시간을 낭비하지 말라. 바울은 에베소서 5장 16절에서 "세월을 아끼라 때가 악하니라"라고 말했다. 바울은 마무리를 확실하게 하려고 맹렬하고 빠르게 달렸다. 바울의 묘비명을 당신의 것으로 만들기 위해서 무엇을 할 수 있는가? 그의 본을 따르라!

믿음을 지키다

바울이 삶을 전쟁과 경주로만 본 것은 아니다. 바울은 삶을 청지기직으로도 봤다. 그래서 "믿음을 지켰으니"(딤후 4:7)라고 말한 것이다. 주님은 바울을 전쟁터에 보내셨고, 경주로에 두어 달리게도 하셨으며, 지켜야 할 임무도 주셨다. 바울은 충성스럽게 그 임무를 다했다. 그런데 그 임무란 무엇이었는가? 바로 "믿음"을 지키는 것이었다. 이는 주관적인 믿음이 아니라 그리스도인의 믿음, 즉 "성도에게 단번에 주신 믿음의 도"(유 3)다. 바울은 흔들리지 않고 하나님의 말씀을 신실하게 지켰다.

이 또한 당신의 삶을 움직이는 열정이 되어야 한다. 당신은 하나님의 말씀을 전하는 사람일 뿐만 아니라, 말씀을 수호하는 자로서도 부르심을 받았다. 즉, **당신은 거룩한 임무를 받았다. 하나님의 진리를 받아들이고, 다음 세대의 손에 안전하고 확실하게 넘겨주는 임무를 말이다.** 당신은 이러한 수호자의 역할을 맡았으므로 이에 대해서 하나님께 설명해야 한다. 히브리서 13장 17절에 따르면, 하나님이 당신에게 맡기신 일에 대하여 하나님께 자초지종을 이야기해 드릴 날이 오게 된다. 그러므로 당신은 사람들이 성경을 아무렇게나 대할 때 깊이 슬퍼해야 한다. 그리고 하나님의 말씀을 지켜야 할 때마다 말씀을 지키기 위해 전쟁터로 뛰어나가야 하는 이유이기도 하다.

나는 설교 사역을 하면서 사람들이 하나님의 말씀을 진지하게 받아들이도록 하는 일에 관심이 많다. 나는 절대로 성경을 잘못 해석하는 일이 없기를 바랐고, 내 마음대로 하나님의 말씀을 사용하려고 하지 않았다. 사람들은 나에게 묻는다. "설교 준비를 할 때 왜 그렇게 연구를 많이 하십니까?" 나는 하나님이 아무 말씀도 안 하셨는데 "하나님이 이렇게 말씀하셨습니다."라고 말하고 싶지는 않다. 나는 하나님의 말씀이 잘못된 공격을 받을 때 하나님의 말씀을 지키기 원한다. 이것이 내가 청지기로서 맡은 임무다.

나의 삶은 무엇인가? 나의 삶은 제단에 올려놓은 희생 제물에 지나지 않는다. 그래서 나는 생명을 내어놓고 하나님의 전투를 하고, 하나님의 경주를 하고, 하나님의 진리를 지키는 것이다. 나는 그렇게 부르심을 받았다. 나는 이러한 소명을 실천하는 데 전혀 주저하는 마음이 없다. 그리고 나는 이에 대해서 극도로 감사한다. 왜냐하면, 이 소명이 모든 소명 중에 가장 고귀한 소명이기 때문이다.

■ 바울의 삶에 주어질 면류관 : 충성에 대한 상급

바울은 자기 삶의 과거와 현재에 대해서 기록한 뒤에 앞으로 올 것에 관해 관심을 돌린다. "이제 후로는 나를 위하여 의의 면류관이 예비되었으므로 주 곧 의로우신 재판장이 그날에 내게 주실 것이며 내게만 아니라 주의 나타나심을 사모하는 모든 자에게도니라"(딤후 4:8). 놀랍지 않은가? 우리가 하늘나라에 가면 하나님이 우리에게 상급을 베푸실 것이다.

우리는 받은 면류관을 어떻게 할 것인가? 우리는 그 면류관을 예수님의 발에 드릴 것이다! 우리가 한 모든 일은 우리 주님의 영광스러우신 선하심 때문에 가능했을 뿐이다. 우리의 의는 주님의 의에서 온 것이며, 예수 그리스도가 우리의 모든 죗값을 치러 주셨기 때문에 우리가 의롭게 될 수 있었던 것이다. 우리는 스스로 선한 싸움을 싸울 수 없고, 경주를 마무리할 수도 없으며, 믿음을 지킬 수도 없다. 모두 하나님이 하신 것이다.

바울이 "의의 면류관"이 "내게만 아니라 주의 나타나심을 사모하는 모든 자에게도니라"라고 한 것에 주목하라. 이 말은 무슨 뜻인가? 혹자는 이것이 예언과 관계가 있는 것으로 생각하기도 한다. 하지만 여기에서 바울은 예언에 대해서 말하고 있지 않다. 당신이 성경의 예언에 대해서 모든 종류의 책을 읽어 봤고, 앞으로 일어날 일을 세밀하게 다 알고 있다고 해서 주의 나타나심을 사모하는 것은 아니다. 종말에 대해서 연구하는 것은 절대로 잘못된 일이 아니다. 하지만 주의 나타나심을 사모한다는 것은 예수님의 재림을 마음 깊이 열망한다는 의미다. 주님이 다시 오시는 것을 기다리는 마음이 간절하여 "주 예수여, 오시옵소서."라고 한다면, 당신은 주님이 다시 오실 때까지 충성스럽게 있기를 열망하는 사람이다.

따라서 바울처럼 당신의 삶을 돌아보라. 끝까지 빨리 감기를 한 뒤에 스스로 물어보라. "나의 묘비명은 무엇이라고 할 것인가?" 이는 단지 목회자나 지도자들에게만 해당하는 것이 아니라, 모든 그리스도인에게 해당하는 질문이다. 당신의 묘비명이 사도 바울과 같길 원하는가?

당신은 그 길 어딘가에서 낙심하고 있을지 모른다. 당신은 아마도 선한 싸움을 싸우다가, 경주를 하다가 일을 그르치고 말았을지도 모른다. 당신은 빈틈을 보이고 말았거나, 경주로에서 이탈했거나, 하나님이 당신에게 맡기신 것들을 잘 관리하지 못하고 있을지도 모른다. 만약 그렇다고 하더라도 그것이 끝이라고는 생각하지 말라. 하나님은 은혜의 하나님이시다.

시편 103편 12절 말씀이다. "동이 서에서 먼 것같이 우리의 죄과를 우리에게서 멀리 옮기셨으며." 그러니 이렇게 생각하라. 오늘은 당신에게 남은 삶의 첫날이다. 지금부터 당신은 선한 싸움을 싸우고, 달리고, 하나님의 진리를 맡은 청지기로서 역할을 다하라. 그러면 당신이 삶을 마무리했을 때 주님이 이렇게 말씀하실 것이다. "잘하였도다 착하고 충성된 종아"(마 25:23). 그리고 당신은 하나님이 자신을 사랑하는 자들에게 예비해 두신 상급을 온전히 누리게 될 것이다.

PRAYER

아버지, 우리가 아버지를 실망하게 할 때도 우리를 위해서
영원한 상급을 예비해 두셨음을 알게 하시니 마음에 기쁨이 임합니다.
바울도 넘어질 때가 있었습니다.
하지만 아버지는 우리 죄를 용서하셨고,
하나님이 원하시는 것은 끝까지 충성하는 것임을 압니다.
아버지는 완전함이 아니라 충성에 대해서 말씀하십니다.
우리를 언제나 충성스러운 병사로,
언제나 분투하며 달리는 선수로,
언제나 당신의 진리의 보물을 잘 관리하는 자들로 삼아 주소서.
우리 모두 이러한 자들이 되어
당신이 자신을 사모하는 자에게 예비하신 모든 상급을
온전히 누리게 하소서.
예수님의 이름으로 기도합니다.
아멘.

4
Steven J. Lawson

에스라가 모든 백성 위에 서서 그들 목전에 책을 펴니
책을 펼 때에 모든 백성이 일어서니라 _ 느 8:5

그 책을 가져다주십시오

스티븐 J. 로슨, 2006
느헤미야 8:1-18

이스라엘 자손이 자기들의 성읍에 거주하였더니 일곱째 달에 이르러 모든 백성이 일제히 수문 앞 광장에 모여 학사 에스라에게 여호와께서 이스라엘에게 명령하신 모세의 율법책을 가져오기를 청하매 일곱째 달 초하루에 제사장 에스라가 율법책을 가지고 회중 앞 곧 남자나 여자나 알아들을 만한 모든 사람 앞에 이르러 수문 앞 광장에서 새벽부터 정오까지 남자나 여자나 알아들을 만한 모든 사람 앞에서 읽으매 뭇 백성이 그 율법책에 귀를 기울였는데 그때에 학사 에스라가 특별히 지은 나무 강단에 서고 그의 곁 오른쪽에 선 자는 맛디댜와 스마와 아나야와 우리야와 힐기야와 마아세야요 그의 왼쪽에 선 자는 브다야와 미사엘과 말기야와 하숨과 하스밧다나와 스가랴와 므술람이라 에스라가 모든 백성 위에 서서 그들 목전에 책을 펴니 책을 펼 때에 모든 백성이 일어서니라 에스라가 위대하신 하나님 여호와를 송축하매 모든 백성이 손을 들고 아멘 아멘 하고 응답하고 몸을 굽혀 얼굴을 땅에 대고 여호와께 경배하니라 예수아와 바니와 세레뱌와 야민과 악굽과 사브대와 호디야와 마아세야와 그리다와 아사랴와 요사밧과 하난과 블라야와 레위 사람들은 백성이 제자리에 서 있는 동안 그들에게 율법을 깨닫게 하였는데 하나님의 율법책을 낭독하고 그 뜻을 해석하여 백성에게 그 낭독하는 것을 다 깨닫게 하니 백성이 율법의 말씀을 듣고 다 우는지라 총독 느헤미야와 제사장 겸 학사 에스라와 백성을 가르치는 레위 사람들이 모든 백성에게 이르기를 오늘은 너희 하나님 여호와의 성일이니 슬퍼하지 말며 울지 말라 하고 느헤미야가 또 그들에게 이르기를 너희는 가서 살진 것을 먹고 단 것을 마시되 준비하지 못한 자에게는 나누어 주라 이날은 우리 주의 성일이니 근심하지 말라 여호와로 인하여 기뻐하는 것이 너희의 힘이니라 하고 레위 사람들도 모든 백성을 정숙하게 하여 이르기를 오늘은 성일이니 마땅히 조용하고 근심하지 말라 하니 모든 백성이 곧 가서 먹고 마시며 나누어 주고 크게 즐거워하니 이는 그들이 그 읽어 들려준 말을 밝히 앎이라 그 이튿날 뭇 백성의 족장들과 제사장들과 레위 사람들이 율법의 말씀을 밝히 알고자 하여 학사 에스라에게 모여서 율법에 기록된 바를 본즉 여호와께서 모세를 통하여 명령하시기를 이스라엘 자손은 일곱째 달 절기에 초막에서 거할지니라 하였고 또 일렀으되 모든 성읍과 예루살렘에 공포하여 이르기를 너희는 산에 가서 감람나무 가지와 들감람나무 가지와 화석류나무 가지와 종려나무 가지와 기타 무성한 나무 가지를 가져다가 기록한 바를 따라 초막을 지으라 하라 한지라 백성이 이에 나가서 나뭇가지를 가져다가 혹은 지붕 위에, 혹은 뜰 안에, 혹은 하나님의 전 뜰에, 혹은 수문 광장에, 혹은 에브라임 문 광장에 초막을 짓되 사로잡혔다가 돌아온 회중이 다 초막을 짓고 그 안에서 거하니 눈의 아들 여호수아 때로부터 그날까지 이스라엘 자손이 이같이 행한 일이 없었으므로 이에 크게 기뻐하며 에스라는 첫날부터 끝날까지 날마다 하나님의 율법책을 낭독하고 무리가 이레 동안 절기를 지키고 여덟째 날에 규례를 따라 성회를 열었느니라(느 8:1-18).

교회에 위대한 개혁이 있을 때마다, 영적인 각성이 일어났던 위대한 시기마다 먼저 성경의 가르침이 회복되었다. 제네바와 유럽의 종교 개혁 연구로 잘 알려진 역사가 J. H. 메를 도비네는 다음과 같이 말했다. "참된 종교 개혁은 오직 하나님의 말씀에서만 나온다."[1]

이러한 현상은 16세기 유럽의 종교 개혁 운동에서도 분명히 나타났다. 마르틴 루터, 존 칼빈, 존 낙스와 같은 사람들을 통해서 성경적 설교가 회복되었던 것이다. 이 종교 개혁가들은 강단에서 성경을 주해함으로써 유럽 대륙을 완전히 뒤집어 놓았다. 17세기 청교도들의 전성기에도 그랬다. 이때도 역시 스코틀랜드와 잉글랜드에서 존 오웬, 제레마이어 버로우스, 사무엘 러더포드, 토마스 왓슨을 비롯한 여러 성경 주해자들이 성경적 설교를 회복했다. 청교도 목사들은 담대하게 성경을 전함으로써 영국을 뒤흔들어 놓았다. 대각성 운동도 조나단 에드워즈, 조지 휫필드, 길버트 테넌트가 성경적 설교를 전함으로써 일어났다. 이 설교자들은 뉴잉글랜드 지역을 완전히 사로잡았고, 말씀을 전파하여 대서양 연안 지역을 열광시켰다. 위대한 종교 개혁, 위대한 영적 각성, 영적 부흥은 모두 성경적 설교가 회복됨으로 시작되었다. 저명한 교회사가인 필립 샤프는 다음과 같이 기록했다.

> 교회사에 참된 진보가 나타나기 위한 조건이 있다. 바로 성경을 새롭게 깊이 연구하는 것이다. 인문주의자들은 고전으로 돌아가 그리스의 신들과 로마의 이교도 신앙을 부활시켰다. 반면, 종교 개혁가들은 거룩한 성경으로 돌아갔다. 그들은 원어로 된 성경에서 근원으로 돌아가(*ad fontes*) 사도 시대 기독교의 정신을 부활시켰다. 그들은 바울의 시대 이후로 유래가 없을 정도로 복음에 대한 열정으로 뜨겁게 불타올랐다.[2]

오직 성경(Sola Scriptura)의 정신, 그리고 오직 성경을 설교함으로써 종교 개혁은 시작한다. 제임스 몽고메리 보이스는 이 시기를 다음과 같이 설명했다.

> 칼빈의 무기는 오로지 성경이었다. 칼빈은 처음부터 성경을 가르치는 데 중점을 두었다. 칼빈은 매일 성경으로 설교했으며, 설교의 능력으로 그 도시는 변화되기 시작했다. 제네바의 시민들이 하나님의 말씀에 대한 지식을 쌓아 가며 변화될수록 그 도시는 존 낙스의 말처럼 "'사도들 시대 이후로 가장 완벽한 그리스도의 무리"가 되었다.³

지금도 이러한 회복이 절실히 필요하다. 단지 설교를 회복하는 것만이 아니라 성경적 설교, 강해 설교, 참된 설교의 회복이 필요하다. 그래서 나는 느헤미야 8장을 사랑한다. 이 본문은 하나님이 당신과 나를 불러서 하라고 명하신 그 일과 뗄 수 없는 관계에 있다. 바로 하나님의 말씀을 주해하는 일이다.

우선 이 사건이 일어난 배경을 살펴보자. 연대는 BC 445년이며, 그 장소는 예루살렘이다. 하나님의 백성이 느헤미야의 영도 아래 예루살렘 도시를 두르는 성벽을 쌓은 지 한 주가 지났고, 온 나라가 함께 모여 장막절을 기념할 때였다. 성전이 재건되었고, 성벽이 건설되었으며, 사람들은 70년간 포로 생활을 한 뒤에 고국으로 돌아온 상황이었다. 하지만 그들은 건물 증축 계획 이상의 것이 필요했다. 바로 그들의 영혼에 불을 붙여 줄 하나님의 말씀이 필요했던 것이다. 그래서 하나님이 그들에게 명하신 대로 거룩함 가운데 자라나야 했다.

이 구절에서 우리는 성경적 설교의 실례를 자세히 살펴볼 것이다. 1절에서 느헤미야는 백성이 성경적 설교를 얼마나 애타게 부르짖는지 기록한다. 그리고 2-8절에는 성경적 설교의 특징을 기술한다. 마지막으로 9-18절에는 성경적 설교의 결과가 나타난다.

성경적 설교를 부르짖다

이 이야기는 모든 부흥 운동과 종교 개혁처럼 사람들이 하나님의 말씀에 굶주려 부르짖는 것에서 시작된다. 1절에서 화자는 "모든 백성이 일제히 수문 앞 광장에 모여"라고 기록한다. 기혼 샘 근처에 있는 예루살렘 동편의 수문에 4만2천 명이 넘는 사람이 운집한 것이다(스 2:64).

느헤미야 8장 1절은 그들이 "일제히" 모였다고 말한다. 이는 그들이 동일한 목적으로 함께했다는 의미다. 그들은 바른 목적을 가지고 모였다. 그리고 지도자들에게 하나님의 말씀을 가져다달라고 울부짖으며 간청한다. 1절은 다음과 같이 이어진다. "학사 에스라에게 여호와께서 이스라엘에게 명령하신 모세의 율법책을 가져오기를 청하매." 우리는 군중들이 이렇게 간구했다는 사실에 주목해야 한다. 즉, 넓은 의미에서 보자면 평신도들이 그렇게 요청한 것이다. 사람들은 부르짖는다. "그 책을 가져다주십시오. 그 책을 가져다주십시오!"

모세는 신명기 31장 10-13절에서 이스라엘 백성에게 7년마다 모여서 하나님의 말씀을 다 같이 읽으라고 명했다. 이스라엘 백성은 70년 동안 포로로 사로잡혀 있었기 때문에 이 거룩한 도시에서 이렇게 모여 본 것은 정말 오랜만이었다. 그래서 그들은 모세오경을 읽어 주고 그 뜻을 해석해 주길 간절히 바랐다. 이러한 강렬한 간절함이 있었기 때문에 그들은 "그 책을 가져다주십시오!"라고 부르짖었던 것이다. 에스라는 그들에게 그 책을 가지고 나서기에 가장 적합한 사람이었다. 이 사건은 에스라가 포로 생활을 하다가 예루살렘으로 돌아와 하나님의 말씀을 가르치는 사역을 시작한 지 14년이 지난 후였다. 하나님은 이 부흥을 위해 에스라를 14년간 준비시키셨다. 하나님은 시기에 맞게 사람을 준비하셨고, 사람에게 맞게 시기를 예비하셨다.

■ 단 한 가지에 집중하다

에스라 7장 10절 말씀은 꽤 친숙할 것이다. "에스라가 여호와의 율법을 연구하여 준행하며 율례와 규례를 이스라엘에게 가르치기로 결심하였었더라." 이것이 에스라의 목회 철학이었다. 에스라는 "결심하였다"고 말씀한다. 그는 굳게 다짐하고 집중하기로 한 것이다. 에스라는 단 한 가지에 사로잡힌 사람이었다. 그는 바로 성경의 사람이었다. 에스라가 "율법을 연구하기로 …… 결심하였다"고 한 사실에 주의하라. 이는 에스라가 주의를 기울여 깊이 연구하고 무언가를 찾아내려고 각오했다는 말이다. 이 단어에는 마치 광부가 표면 아래 있는 광물을 찾아 파 내려가는 것처럼 무엇을 파낸다는 의미가 함축되어 있다.

하나님은 이 사역을 위해 에스라를 부르셨다. 그는 말씀을 연구하는 사람이었다. 에스라는 이 부흥의 날까지 14년 동안 계속 그렇게 해왔다. **모든 의미 있는 사역은 진리를 연구하는 데서 시작한다.** 디모데후서 2장 15절에서 바울은 말한다. "너는 진리의 말씀을 옳게 분별하며 부끄러울 것이 없는 일꾼으로 인정된 자로 자신을 하나님 앞에 드리기를 힘쓰라." 에스라가 하나님의 말씀을 연구하면서 말씀이 기록된 양

피지를 폈을 때, 이미 부흥은 시작된 것이었다. 하나님이 부르셔서 말씀 전하는 사역을 주신 이 사람은 놀라울 정도로 하나님의 말씀을 연구하려는 채울 수 없는 열망에 사로잡힌 자였다.

나는 학자 집안에서 자랐다. 아버지는 의과대학 교수이신데, 굉장히 명석한 분이셨다. 매일 아침 내가 일어나기도 전에 아버지는 이미 집을 떠나 대학에 가 계셨다. 아버지는 연구실에서 계속 연구를 하셨다. 학술지에 논문을 기고하기도 하셨고, 수업도 하셨다. 형은 밴더빌트대학 의과대학 교수로 심장병 전문의인데, 역시 똑똑한 사람이다. 어머니는 졸업생 대표셨다. 누나는 훌륭한 선생님이다. 그런데 나는 학창 시절 내내 미식축구만 했다. 미식축구 시즌이 끝나면 농구부에서 활동했고, 농구 시즌이 끝나면 야구부에 가서 운동을 했다. 야구를 하면서는 육상부에도 들어가 운동을 했고, 축구부원들과는 함께 근육 운동을 했다. 여름에는 골프를 했고, 가을에는 자전거를 탔다. 그게 내 삶이었다. 나는 공부를 싫어했고, 책을 좋아하지 않는 사람이었다.

고등학교 마지막 학년 때, 나는 텍사스테크대학교 미식축구팀에 전액 장학생으로 합격했다. 나는 앞으로 절대로 공부할 일이 없으리라고 생각했다. 하지만 아버지는 학문이란 로슨가의 일원이 되기 위한 핵심적인 가치라고 생각하셨다. 아버지는 내가 고등학교를 졸업하기 직전에 나를 앉혀 놓으시고는 학문의 중요성에 대해 가르치셨다. 하지만 나는 공부와 조금도 얽히고 싶지 않았다. 나는 텍사스테크대학교에 진학해 재정학을 전공했다. 하지만 실제로는 미식축구를 하기 위해 대학에 간 것이라고 할 수 있었다. 나는 완전히 운동에 빠져 있었다. 유급되기는 싫어서 시험 전에 족보를 잠깐 살펴보긴 했지만, 책은 한 권도 사지 않았던 것 같다.

2년 전쯤이었다. 아버지는 교회에 있는 나의 서재를 방문하셨다. 사무실 벽면은 책으로 덮여 있었다. 아버지는 방 한가운데 서서 주위를 돌아보시더니 말씀하셨다. "이제 나는 하나님이 하늘에 계시다는 것을 알겠구나. 내 아들이 학자가 되다니……." 그리고 아버지는 내 곁으로 걸어오시더니 나를 안아 주셨다. 아버지는 이제 하나님을 믿으신다. 아버지는 하나님만이 나를 학자로 변화시키실 수 있다고 바르게 결론 내리신 것이다. 나는 원래 운동선수였지만, 하나님은 나를 사역자로 삼아 주시면서 본문을 연구하려는 채울 수 없는 열망도 주셨다. 이는 하나님만이 하실 수 있는 초자연적인 역사였다.

당신에게 이러한 경험이 없다면 당신은 부르심을 입은 것이 아니다. 하나님이 당신을 날게 하려고 하셨다면, 날개를 주실 것이다. 하나님이 당신을 설교하게 하려고 하셨다면, 하나님의 말씀에 대한 엄청난 굶주림과 열망도 주실 것이다. 하나님이 당신을 호출해 내셨다면, 당신은 말씀을 연구하는 사람이 될 것이다. 그래서 당신은 말씀을 파고 파고 또 팔 것이다. 정확 무오하고 하나님의 영감으로 된 그 깊은 말씀에 반드시 뛰어들어야 한다는 사실을 깨닫기 때문이다.

에스라는 찰스 스펄전이 존 번연에 대해서 말했던 것과 똑같은 사람이었다. "와, 이 사람은 걸어 다니는 성경이다! 그를 어디든지 찔러 보라. 그의 피는 성경 구절이다. 성경의 진수가 그에게서 흘러나온다."[4] 번연은 걸어 다니는 성경이었다. 에스라도 걸어 다니는 성경이었다. 당신과 나도 걸어 다니는 성경이 되어야 한다. 우리는 살아 있는 하나님의 말씀밖에 말할 것이 없다.

■ 불굴의 노력

에스라는 말씀을 연구하겠다고 작정했고, 이를 "준행"(스 7:10)하기로 결심했다. 그는 자신이 읽고 배운 내용을 직접 온몸으로 전하는 살아 있는 서신이었다. 에스라는 하나님의 말씀대로 살았고, 하나님의 말씀을 실천했다. "준행"이라는 단어는 구약 성경 다른 곳에서도 사용되는데, 그 뜻은 엄청난 정력을 쏟으며 어떤 대상을 추구한다는 의미다. 이 단어는 노아가 방주를 지을 때 불굴의 노력을 기울였다는 의미로 사용되었다. 에스라는 부지런히 노력하면서 하나님의 말씀을 자신의 삶으로 이루어 나갔다. 그는 자신이 성화되기를 수동적으로 기다린 사람이 아니었다. 그는 성경에 자신의 삶을 내놓은 사람이었다. 그는 자신이 읽은 그 책을 자신의 삶으로 성육신하기 위해 분투하는 사람이었다.

■ 강력한 열정

에스라는 하나님의 말씀을 연구하고 실천했을 뿐 아니라 "율례와 규례를 가르치는"(스 7:10) 일에도 전념했다. "가르치다"라는 단어는 주인이 황소를 막대기로 쿡쿡 찌르며 몰고 다니는 형상을 나타낸다. 에스라는 자신 앞에 선 사람들에게 정보만 늘어놓은 것이 아니었다. 그는 진리를 선포해야겠다는 목적도 품었다. 그는 사람들에게 진리를 가르치면서 사람들이 하나님의 뜻을 따라 나아가도록 독려했다.

하나님은 이 일을 위해 우리를 부르셨다. 바로 학자가 되는 것이다. 우리는 말씀을 파야 한다. 그리고 믿는 사람으로서 메시지대로 살아가야 한다. 더 나아가 우리는 가르치는 설교자가 되어야 한다. 수문에서 일어난 부흥은 14년 전에 이미 시작된 것이었다. 에스라가 하나님과 홀로 대면하여 성경 두루마리를 펴서 말씀을 연구하고, 본문을 파고,

그 의미를 파악하고, 천둥 같은 말씀에 사로잡혀 자신의 영혼에 말씀을 주입하고, 자신의 삶에 적용하고, 신실하게 가르쳤을 때 부흥은 이미 시작된 것이다. 사람들이 성경을 설교해 주기를 바라며 울부짖을 때 부흥이 일어났고, 에스라는 이때 준비되어 있었다.

이처럼 진정으로 하나님을 알고 사랑하는 당신의 성도들은 마음속으로 이렇게 당신에게 울부짖고 있다. "목사님, 그 책을 가져다주십시오!" 슬프게도 이 나라 곳곳에서 목사들은 사람들이 부르짖는 소리는 듣지 않고 "나가서 하나님을 믿지 않는 사람들을 조사하라. 그리고 그들이 원하는 것을 주라."라고 말하는 콘퍼런스에 참여한다. 잃어버린 사람들을 찾아가서 한번 조사해 보라. 아마도 "성경 강해를 더 해주시기 바랍니다."라고 말하는 사람은 절대 없을 것이다. 왜냐하면, "육에 속한 사람은 하나님의 성령의 일들을 받지 아니하나니 이는 그것들이 그에게는 어리석게 보임이요, 또 그는 그것들을 알 수도 없나니 그러한 일은 영적으로 분별되기 때문"(고전 2:14)이다. 믿지 않는 사람들은 그들을 즐겁게 해주는 것을 찾는다. 우리가 그들이 원하는 육적인 요구대로 해준다면, 우리는 전능하신 하나님 앞에 죄를 저지르는 것이다.

많지는 않지만 신실한 성도들은 여전히 성경적 설교를 부르짖는다. 성도들 가운데 이러한 목소리가 있는지 귀를 열고 들어 보라. 이는 종교 개혁, 대각성, 대부흥과 같은 하나님의 위대한 역사가 있을 때마다 일어났던 전조 증상이다. 하나님의 말씀으로 당신의 백성을 먹이기 원한다면, 에스라처럼 말씀을 연구하고 탐구하는 일에 헌신하라.

성경적 설교의 특징

성경적 설교를 해야 한다고 했으니 성경적 설교의 특징이 무엇인지 살펴보도록 하자. 마틴 로이드 존스는 다음과 같이 썼다. "종교 개혁이나 대부흥의 새벽이 밝는 것을 어떻게 알 수 있는가? 바로 설교가 새로워지는 것이다. 설교에 새롭게 관심을 갖게 되는 것뿐 아니라, 전혀 다른 종류의 새로운 설교에 관심을 갖게 되는 것이다."[5]

에스라의 설교는 특별한 종류의 설교였다. 이 설교를 살펴보면서 성경적 설교에 빠질 수 없는 다섯 가지 특징을 제시하려고 한다. 우리는 이러한 새로운 패러다임을 가지고 설교를 준비하고 전해야 한다.

■ 성경적 읽기

성경적 설교의 첫 번째 특징은 하나님의 말씀을 읽는 것이다. 느헤미야 8장 3절 "수문 앞 광장에서 …… 읽으매"라는 말씀은 에스라가 하나님의 백성에게 그 책을 선포할 때 어떻게 시작했는지 말해 준다. 에스라는 성경을 읽는 것으로 강해를 시작했다. 왜냐하면, 에스라는 성경이 살아 있고 활력이 있어 좌우에 날 선 어떤 검보다도 예리하다는 사실을 알았기 때문이다(히 4:12 참고).

에스라가 말씀을 읽었을 때, 그 목소리에는 열정이 있었다. 에스라는 단조로운 소리로 또는 중얼거리면서 말씀을 읽지 않았다. 히브리어 본문을 보면 "읽다"라는 단어는 "카라"(kara)인데, "울부짖다, 크게 부르다, 고함치다, 선포하다"라는 의미가 있다. 요나 3장 2절에도 이 단어가 나타난다. 하나님은 "일어나 저 큰 성읍 니느웨로 가서 내가 네게 명한 바를 그들에게 선포하라(kara)"고 명하신다. 그리고 요나는 그렇게 했다. "요나가 그 성읍에 들어가서 하루 동안 다니며 외쳐 이르되 (kara)"(4절).

바울은 디모데를 지시하며 말한다. "내가 이를 때까지 읽는 것과 권하는 것과 가르치는 것에 전념하라"(딤전 4:13). 당신도 이렇게 하나님의 말씀을 강해하기 시작해야 한다. 즉, 먼저 본문을 읽어야 한다. 성경을 사람들에게 낭독하며 읽는 것은 예수님이 하신 본을 따르는 것이다. 누가복음을 보면 예수님은 나사렛에 있는 회당에 들어서시고는 이사야의 책을 펴서 읽으셨다. 그리고 "이 글이 오늘 너희 귀에 응하였느니라"(눅 4:21)라고 말씀하셨다.

마찬가지로 바울은 골로새인들에게 성경을 크게 읽으라고 권한다. "이 편지를 너희에게서 읽은 후에 라오디게아인의 교회에서도 읽게 하고 또 라오디게아로부터 오는 편지를 너희도 읽으라"(골 4:16). 목사는 회중 앞에 서서 하나님의 말씀을 읽어야 한다. 데살로니가전서 5장 27절에서 바울은 말한다. "내가 주를 힘입어 너희를 명하노니 모든 형제에게 이 편지를 읽어 주라." 요한은 요한계시록 1장 3절에서 다음과 같이 기록했다. "이 예언의 말씀을 읽는 자와 듣는 자와 그 가운데에 기록한 것을 지키는 자는 복이 있나니."

성경 낭독이 예배 순서에서 빠져 버린 지 오래되었다. 하지만 성경 낭독이야말로 예배에서 유일하게 완벽한 시간이다. 성경을 낭독한다는 것은 당신이 하는 설교가 성경 본문에서 나온 것이라고 듣는 모든 이에게 선포하는 것이다. 하나님의 말씀은 사람의 말보다 훨씬 중요하다.

설교대에 올라선 순간 왕의 책을 가지고 온 왕의 대사가 되는 것이다. 당신은 하나님의 사람처럼 처신해야 한다. 당신은 에스라와 같이 성경을 펴고 본문을 읽어야 한다. 설교할 때 성경을 읽으면 당신은 앞아 있는 모든 이에게 당신은 오직 하나님의 말씀밖에 전할 것이 없음을 선포하는 것이다.

■ **충분하게 다루다**

참된 성경적 설교의 두 번째 특징은 본문을 충분하게 다루는 것이다. 느헤미야 8장 3절은 다음과 같이 이어진다. "새벽부터 정오까지 남자나 여자나 알아들을 만한 모든 사람 앞에서 읽으매 뭇 백성이 그 율법책에 귀를 기울였는데." 에스라는 해가 뜰 때부터 정오까지, 즉 아침 6시부터 오후 12시까지 하나님의 말씀을 충분하게 다루었다.

제대로 된 성경 주해를 하려면 본문을 소개하고, 주제로 넘어가서 설교의 요점을 전하고, 이를 설명하는 데 충분히 시간을 들여야 한다. 본래 설교에는 단어 연구, 관주, 역사 배경, 주제의 맥락, 저자의 목적 등을 설명하고 이를 적용, 예시, 권고하며, 확인 및 결론을 내리는 과정이 포함된다.

사역을 하던 초기에 교회 권사님 한 분이 나에게 오시더니 말씀하셨다. "목사님, 설교가 점점 길어져요."

나는 답했다. "권사님, 설교 분량은 권사님이 교회에 얼마나 큰 그릇을 가져오셨느냐에 달린 겁니다. 권사님이 작은 골무를 가져오시면 제가 얼마나 채울 수 있겠어요. 하나님 나라의 것들을 충분히 채울 수 있도록 마음을 넓혀 달라고 기도하세요."

간혹 신학교 예배 시간에 설교를 해달라는 요청을 받을 때가 있다. 그러면 꼭 학장님은 이렇게 말씀하신다. "성경 강해를 어떻게 해야 하는지 제대로 본을 보여 주시기 바랍니다. 그런데 설교 시간은 22분이라는 사실을 잊지 마세요." 나는 절대로 그렇게 짧은 시간에 성경 강해의 본을 보일 수가 없다. 아니, 적어도 참된 성경 주해는 불가능하다. 에스라는 성경을 충분히 다루었다. 물론 설교의 길이에 관해서는 고려해야 할 여러 가지 변수가 있을 것이다. 당신이 어떤 은사를 받았는지도 고려해야 하고, 성도들이 얼마나 영적으로 준비되어 있는지도 따져 봐야 할 사항이다. 하지만 당신은 진리를 온전하게 드러내야 할 책임이 있다.

■ 권위 있는 자세

성경적 설교의 세 번째 특징은 권위 있는 자세다. 느헤미야 8장 4절을 보면 "그때에 학사 에스라가 특별히 지은 나무 강단에 서고"라고 한다. 에스라는 볼품없는 의자에 올라가 편하게 서서 말씀을 전하지 않았다. 그는 쓸데없는 이야기를 하면서 이리저리 돌아다니지도 않았다. 그는 나무로 만든 강단에 섰다. 하나님의 말씀이 거기에 펼쳐져 있었기 때문이다. 나는 목사님들이 손에 성경을 쥐지 않고 강단을 왔다 갔다 하면 마음이 불편해진다. 설교자는 성경이 있는 곳에 있어야 하기 때문이다. 내 앞에서 설교단을 떠나 왔다 갔다 하면서 설교를 전한다면, 반드시 성경을 손에 쥐고 있어야 할 것이다. 왜냐하면, 나는 성경을 펴서 손에 들고 다니지 않는 설교자의 설교는 듣지 않을 것이기 때문이다.

4절을 보면 에스라가 서기 위해 특별히 지은 나무 강단은 14명이 올라설 수 있는 크기였다고 한다. 에스라는 사람들이 자신을 보면서 말씀을 들을 수 있도록 강단에 올라섰다. 그리고 한 쪽에 여섯 명, 또 다른 쪽에는 일곱 명을 세웠다. 이는 지도자 무리가 결속되어 있다는 사실을 보여 주는 것이었다.

느헤미야 8장 5절은 "에스라가 모든 백성 위에 서서 그들 목전에 책을 펴니 책을 펼 때에 모든 백성이 일어서니라"고 전한다. 에스라는 의도적으로 모든 백성 위에 섰다. 그 순간에는 무엇인가 초월적인 것이 있었다. 이는 하나님의 메시지는 그들이 범접할 수 있는 수준의 것이 아니라는 사실을 나타내는 한 가지 방법이었다. 메시지는 위에서 아래로 임한다. 에스라가 성경을 펼쳤을 때 사람들이 어떻게 반응했는지 보라. "모든 백성이 일어서니라"고 한다. **설교자가 하나님의 말씀을 진중하게 대하면 청중도 진지해진다.** 당신이 성경을 참으로 믿고 성경을 위해 죽을 각오가 되어 있다면 사람들도 그것을 안다. 에스라의 경우를 보면, 에스라가 백성 앞에서 성경을 펴자 백성이 모두 일어섰다. 설교자가 권위 있는 자세로 말씀을 전할 때 당연히 나타나는 반응이다.

예수님이 산상 수훈을 전하시고 사람들이 어떻게 반응했는지도 살펴보자. 마태는 "무리들이 그의 가르치심에 놀라니 이는 그 가르치시는 것이 권위 있는 자와 같고"(마 7:28-29)라고 기록했다. 오순절 첫날 설교했을 때 베드로도 이처럼 권위 있는 자세를 유지했다. "유대인들과 예루살렘에 사는 모든 사람들아 이 일을 너희로 알게 할 것이니 내 말에 귀를 기울이라"(행 2:14).

하나님의 말씀을 설교하는 곳에는 반드시 권위가 드러난다. 마르틴 루터는 다음과 같이 말했다. "설교단은 하나님의 말씀이 임하는 보좌다."[6] 설교단이라는 보좌에서 하나님의 말씀이 다스린다. 필립 브룩스는 예일대학교에서 설교에 관해 강의하면서 다음과 같이 말했다. "사람을 두려워하고 사람들의 의견에 노예가 되어 버리려면 차라리 나가서 다른 일을 하라. 가서 그들의 발에 맞도록 신발을 만들라. 아니면 나가서 형편없는 그림이라는 사실을 알면서도 사람들의 조악한 취향에 맞춰 그림을 그리라. 하지만 절대로 평생 하나님이 당신에게 전하라고 하지 않으신 것을 설교하지는 말라."[7] 하나님의 말씀을 설교하는 자는 참된 성경적 설교에는 반드시 권위가 드러난다는 사실을 알아야 한다.

■ 하나님을 높이려는 목적의식

성경적 설교의 네 번째 특징은 하나님을 높이려는 목적의식이다. 느헤미야 8장 6절을 보면 에스라가 "위대하신 하나님 여호와를 송축"하였다고 한다. 오늘날 교회에서 하나님의 영광은 많이 퇴색된 것 같다. 이에 비해 에스라가 성경을 가져와 주님을 송축했을 때 하나님의 영광이 드러났다. 그러자 사람들은 어떻게 반응했는가? 성경은 "모든 백성이 손을 들고 아멘 아멘 하고 응답하고"(6절)라고 전한다. 손을 드는 행위는 하늘에서 임하는 말씀을 받아들인다는 뜻이다. 하나님께 영광을 돌리자 백성은 "몸을 굽혀 얼굴을 땅에 대고 여호와께 경배"(6절)하며 반응했다.

주님이 찬미를 받으셨으면 그 반응은 예배로 나타난다. 강해 설교를 바르게 했다면 반드시 이러한 결과가 나타나야 한다. 당신이 하나님을 높일 때 사람을 낮추는 것이다. 동시에 그 거대한 심연을 가로지르는 하나님의 은혜를 더욱 높여드리는 것이다. 하나님을 낮출수록 사람을 높이고 하나님의 은혜를 사소한 것으로 만드는 것이 된다. 하지만 하나님을 제자리로 돌려드리면 하나님의 은혜를 드러내는 것이 된다.

■ 충실한 해석

성경적 설교의 다섯 번째 특징은 충실한 성경 해석이다. 에스라는 설교를 할 때 레위인들을 백성 가운데 함께 있도록 했다. 레위인들은 4만2천 명이나 되는 백성 사이에 흩어져서 성경을 설명해 주었다. 이는 마치 계주를 하는 것 같았다. 에스라가 하나님의 말씀을 읽으면 그들은 그 말씀을 받아서 설명했던 것이다. 성경적 설교를 제대로 하기 위해 특히 역점을 두어야 할 것이 있는데, 느헤미야 8장에서 이를 확인할 수 있다. 2절을 보면 "알아들을 만한", 3절에 "알아들을 만한", 7절에 "깨닫게 하다", 8절에 "깨닫게 하니", 12절에 "밝히 앎이라", 13절에 "밝히 알고자"라는 단어를 보게 된다. 성경 주해를 제대로 하기 위해서는 본문의 정확한 해석에 역점을 두어야 한다.

존 맥아더는 말했다. "나는 성경의 뜻은 성경이라는 말을 좋아한다. 당신이 성경 본문을 정확하게 해석하지 못한다면 당신은 하나님의 말씀을 소유하지 못한 것이다. 왜냐하면, 성경은 하나님의 말씀이기 때문이다."[8] 그는 계속해서 말한다.

> 참된 기독교는 …… 무엇보다도 우선 진리를 다룬다. 진리가 우리 마음에 영향을 미칠 때, 그 결과로 깊은 감정이 생기기는 하지만 기독교 신앙은 기본적으로 감정에 대한 것이 아니다. 기독교 신앙은 인간관계도 아니다. 오늘날 많은 복음주의자가 강단에서 인간관계를 주요하게 다루고 있기는 하지만 말이다. 기독교 신앙은 성공이나 세상적인 복도 아니다. 오늘날 종교 채널을 뒤덮고 있는 텔레비전 프로를 보면서 그렇게 생각하기 쉽겠지만 말이다. 성경적인 기독교는 오직 진리에 관한 것이다. 하나님이 객관적으로 계시하신 것(성경)을 이성적으로

> 해석하면 하나님의 진리가 완전하게 드러나게 되어 있다. …… 하나님은 단 하나의 책을 쓰셨다. 바로 성경이다. 성경에는 우리가 영적으로 하나님이 원하시는 대로 살아가는 데 필요한 모든 진리가 있다.[9]

이것이 성경 강해다. 설교자는 본문에서 저자가 말하고자 했던 본래 의도를 전달하고 본문을 설명해야 한다. 그리고 설교자는 본문을 가지고 성도들을 설득하고, 본문을 가지고 권면해야 한다. 그리고 나서야 다음 본문으로 넘어가는 것이다.

에스라가 본문을 설교할 때, 레위인들은 그 뜻을 설명했다. 느헤미야 8장 8절은 말씀한다. "하나님의 율법책을 낭독하고 그 뜻을 해석하여 백성에게 그 낭독하는 것을 다 깨닫게 하니." 이렇게 해석을 하고 깨닫도록 해야 했던 이유는 두 가지가 있다.

첫째, 이스라엘 백성은 오랜 세월 동안 바벨론에서 망명 생활을 했기 때문에 히브리어 본문을 이해하는 데 어려움이 있었다. 둘째, 바벨론의 이국적인 문화가 유대인의 삶의 방식에 영향을 미쳤기 때문에 하나님의 말씀이 뜻하는 바를 해석해 줘야 할 필요가 있었다. 레위인들은 단지 성경을 번역해 주는 차원을 넘어서 본문의 의미를 해석해 주었다. 이것이 강해 설교의 핵심이다. 본문을 통해 하나님이 직접 말씀하시도록 한다면서 본문을 해석하지 않는다면 당신은 강해 설교를 한 것이 아니다.

성경적 설교의 결과

하나님의 말씀이 성령님의 능력으로 선포되면 강력하게 역사가 나타난다. 물론 그 결과가 항상 즉각적으로 나타나는 것은 아니지만, 하나님의 말씀은 헛되이 돌아가지 않는다(사 55:11-12 참고). 때로 우리가 그 결과를 보기 전에 하나님은 우리를 부르셔서 많은 세월 동안 충실하게 일하도록 하신다. "여호와의 눈은 온 땅을 두루 감찰하사 전심으로 자기에게 향하는 자들을 위하여 능력을 베푸시나니"(대하 16:9)라는 말씀을 기억하기 바란다. 하나님은 하나님의 말씀이 바르게 전해지고 그 백성이 온전히 말씀에 헌신하는 회중들과 강단을 찾고 계신다.

■ 눈물로 회개함

느헤미야 8장을 보자. 하나님의 말씀이 전해지자 사람들은 충격을 받았다. "총독 느헤미야와 제사장 겸 학사 에스라와 백성을 가르치는 레위 사람들이 모든 백성에게 이르기를 오늘은 너희 하나님 여호와의 성일이니 슬퍼하지 말며 울지 말라 하고"(9절). 에스라는 왜 이런 말을 했던 것일까? 바로 "백성이 율법의 말씀을 듣고 다 울었기"(9절) 때문이다. 하나님의 말씀은 거울과 같아서 우리가 누구인지를 스스로 보게 한다. 또한, 하나님의 말씀은 하나님이 우리를 어떻게 보시는지 깨닫게 한다. 하나님의 말씀은 자기기만을 사라지게 하고 자신의 죄에 직면하여 은혜가 필요하다는 사실을 절실히 느끼게 한다. 이렇게 자신의 본모습이 드러나자 이스라엘 백성은 슬퍼하며 울었던 것이다.

조지 휫필드는 하나님이 대각성 운동 당시 강력하게 들어 쓰신 뛰어난 설교자였다. 한번은 휫필드가 스코틀랜드의 광부들에게 설교를 하고 있었다. 휫필드는 "여러분은 반드시 거듭나야 합니다."라고 외쳤다. 그러자 석탄가루가 덕지덕지 묻은 그들의 얼굴에서 눈물이 흘러내려 하얀 자국이 생기는 것이었다. 광부들은 거칠고 상스러운 사람들이었지만, 하나님의 말씀을 듣자 자신들의 죄를 뉘우치게 되었다. 하나님의 말씀을 전할 때 성령의 역사가 나타나 사람들의 마음을 찌른다. 하나님의 말씀은 사람들을 세우기 전에 우선 회개와 눈물을 만들어 낸다.

■ 회복의 기쁨

회개 뒤에는 기쁨이 임한다. 느헤미야 8장 10절에서 에스라는 사람들에게 말한다. "너희는 가서 살진 것을 먹고 단것을 마시되 준비하지 못한 자에게는 나누어 주라 이날은 우리 주의 성일이니 근심하지 말라." 에스라는 백성이 더 슬퍼하기를 바라지 않았다. 오히려 에스라는 그들이 주님이 그들의 힘이 되신다는 즐거움을 깨닫기 원했다. 그들의 마음이 하나님의 말씀으로 정결하게 되었기 때문에 에스라는 백성에게 하나님의 위대하심을 보여 주며 그들을 격려했던 것이다. 그리고 이렇게 하자 백성의 영혼에는 초자연적인 기쁨이 넘쳐흘렀다. 11절은 말씀한다. "레위 사람들도 모든 백성을 정숙하게 하여 이르기를 오늘은 성일이니 마땅히 조용하고 근심하지 말라 하니." 하나님의 말씀이 능력으로 선포되면 사람의 영혼에는 아주 특별한 영향을 미치게 된다.

우리는 이제 느헤미야 8장 12절에서 강해 설교의 절정을 보게 된다. "모든 백성이 곧 가서 먹고 마시며 나누어 주고 크게 즐거워하니 이는 그들이 그 읽어 들려준 말을 밝히 앎이라." 이 순간이 현실이 되기까지 에스라는 적어도 14년 전부터 예루살렘에서 하나님의 말씀에 헌신하며 살았다. 그리고 그 결과는 놀라웠다. 그는 쉬지 않고 열렬하게 하나님의 말씀을 연구하고 탐구했다. 그래서 에스라가 시편 119편의 저자라고 주장하는 사람들도 있다고 한다. 또 에스라는 구약 전체를 암송했다고도 한다.

우리가 분명히 알 수 있는 사실은 에스라가 말씀의 사람이었고, 걸어 다니는 성경이었다는 점이다. 그는 이스라엘 백성 앞에 서서 말씀을 바르게 가르쳤다. 그리고 그 결과 부흥이 일어났고 사람들은 변화되었다.

부르심

하나님은 당신도 이 일을 하라고 부르셨다. 사람들이 교회에서 부르짖는 소리가 들리는가? 하나님의 말씀으로 먹고, 영혼에 영양분을 공급받길 간절히 바라는 그들이 보이는가? 느헤미야 8장은 성경적 설교의 특징과 그 결과를 보여 준다. 그러니 당신의 백성에게 그 책을 가져가라.

1517년 마르틴 루터는 유럽 대륙으로 퍼지게 될 종교 개혁의 불을 지폈다. 그 불꽃은 곧 영국 해협을 넘어갔다. 스코틀랜드와 영국도 이 신교도 운동에 휩쓸렸다. 그리고 그렇게 해서 사람들은 성경의 근원으로 돌아왔다.

사람들은 루터에게 물었다. "어떻게 종교 개혁을 일으켰습니까? 어떻게 유럽을 이렇게 뒤집어 버렸습니까?"

그는 답했다. "저는 그저 하나님의 말씀을 가르치고, 전하고, 기록했을 뿐입니다. 그 외에는 아무 일도 하지 않았습니다. 어떠한 황제나 귀족도 감히 어찌하지 못하던 교황직이었지만, 제가 잠들었을 때 그 말씀이 교황직을 허물어 버렸습니다. 저는 한 것이 전혀 없습니다. 전부 말씀이 한 것입니다."[10]

우리는 모두 손에 같은 도구를 들고 있다. 하나님은 당신을 부르셔서 말씀을 강해하고, 설교하고, 선포하라고 하셨다. 당신이 말씀을 더 깊이 연구할수록 당신은 더욱더 말씀에 따라 살게 될 것이다. 또한, 당신이 말씀을 더 널리 선포할수록 이 세계가 더욱더 변화될 것이다.

PRAYER

하나님, 이 시간 이곳에서 기도합니다.
저들이 이 콘퍼런스를 마치고 돌아가면 성경적 설교에 전념하게 하소서.
그리하여 말 그대로 지옥의 문을 날려 버릴
하나님의 사람들이 되게 하소서.
저들이 건전한 교리를 굳게 붙잡고 본문을 깊게 연구하는 일에 헌신하여
거룩하고 정결한 사람이 되게 하시고, 선포한 그 메시지대로 살게 하소서.
저들이 강단에 올라설 때 하나님이 함께하셔서 저들을 강하게 해주시고,
말씀을 전할 때 힘을 주소서.
에스라의 시대에 그러셨듯이 또 다른 부흥을 주소서.
그래서 이 나라와 온 세계를 뒤흔들게 하소서.
우리를 위해 고난받으시고, 피 흘리시고,
십자가에서 죽으신 예수님의 영광이 나타나기를 기도드립니다.
예수님의 이름으로 기도합니다.
아멘.

5
R. C. Sproul

모세에게 이르시되 내가 긍휼히 여길 자를 긍휼히 여기고
불쌍히 여길 자를 불쌍히 여기리라 하셨으니 _ 롬 9:15

THE SHEPHERD'S
LIBRARY

설교와 하나님의 주권

R. C. 스프로울, 2004
로마서 9:10-16

그뿐 아니라 또한 리브가가 우리 조상 이삭 한 사람으로 말미암아 임신하였는데 그 자식들이 아직 나지도 아니하고 무슨 선이나 악을 행하지 아니한 때에 택하심을 따라 되는 하나님의 뜻이 행위로 말미암지 않고 오직 부르시는 이로 말미암아 서게 하려 하사 리브가에게 이르시되 큰 자가 어린 자를 섬기리라 하셨나니 기록된바 내가 야곱은 사랑하고 에서는 미워하였다 하심과 같으니라 그런즉 우리가 무슨 말을 하리요 하나님께 불의가 있느냐 그럴 수 없느니라 모세에게 이르시되 내가 긍휼히 여길 자를 긍휼히 여기고 불쌍히 여길 자를 불쌍히 여기리라 하셨으니 그런즉 원하는 자로 말미암음도 아니요 달음박질하는 자로 말미암음도 아니요 오직 긍휼히 여기시는 하나님으로 말미암음이니라(롬 9:10-16).

1960년대의 일이다. 친구인 존 게스트가 영국 리버풀에서 미국에 왔다. 그는 등에 기타를 걸친 채 미국에서 복음 전도에 헌신하기로 결심하고 온 것이었다. 미국에 온 지 처음 몇 주 동안 친구는 이 나라의 문화와 역사에 익숙해지기 위해서 노력했다. 독립 기념관을 방문하고, 자유의 종을 보러 가고, 필라델피아 저먼타운(Germantown)에 있는 골동

품 상점들도 찾아갔다.

그 상점들은 미국 독립 전쟁과 관련된 수집품들을 취급했다. 존은 가게들을 둘러보더니 18세기 것으로 보이는 현수막들을 주의 깊게 살펴봤다. 거기에는 "나를 밟지 말라(Don't tread on me).", "대표 없이 조세 없다(No taxation without representation)."라는 말이 쓰여 있었다. 친구는 한 가게에 있던 현수막이 특히 눈에 띄었다고 말해 주었다. 그것은 바로 "우리는 군주를 섬기지 않는다(We serve no sovereign here)."라는 글귀였다.

그는 말했다. "나는 이 글을 읽고 경악했다네. 다음 배를 타고 영국으로 돌아가고 싶은 지경이었지. '주권이라면 알레르기 반응을 일으키는 사람들에게 어떻게 하나님 나라를 선포할 수 있을까?'라는 생각이 들었기 때문이야." 우리 땅에 발을 디뎠던 이 이방인의 혜안을 잊을 수 없다. 왜냐하면, 그가 한 말은 우리 문화를 정확하게 평가한 것으로 복음주의 교회들에도 그대로 해당하는 것이었기 때문이다.

자신이 그리스도인이라고 고백하는 사람이 "하나님의 주권을 믿습니까?"라는 질문에 "아니요."라고 답하는 것을 본 적은 없다. 내가 이 질문을 했던 모든 그리스도인은 "그럼요, 저는 하나님의 주권을 믿습니다."라고 답했다. 그리스도인이라면 하나님의 주권을 인정하는 것보다 더 자명한 일이 있을까? 우리는 모두 하나님께 주권이 없다면 그분은 더 이상 하나님이 아니라는 사실을 알고 있다. 하나님의 주권을 인정하는 것은 하나님을 믿는 것과 전혀 다를 것이 없다.

하지만 망설이지 않고 "그럼요, 저는 하나님의 주권을 믿습니다."라고 답한 사람들조차 그 속마음을 조금만 들여다본다면, 즉 날카로운 질문을 두세 개 던져 어떻게 반응하는지 조금 살펴본다면, 그들이 말하는 하나님의 주권이라는 개념이 매우 허술하다는 것을 깨닫게 될 것이다.

당신이 하나님의 말씀을 전하는 자라면 하나님의 주권을 확실히 알기 바란다. 당신은 반드시 하나님의 주권을 확신하고 정확하게 알아야 한다. 그러기 위해서 주권의 세 가지 측면을 살펴보려고 한다. 하나님의 주권을 다 설명하기에는 부족하겠지만, 하나님의 주권을 이해하는 기초로 삼기에는 충분할 것이다.

창조물에 대한 하나님의 주권

우리가 논할 주권의 첫 번째 영역은 하나님이 자신의 창조물을 통치하신다는 것을 우리가 어떻게 받아들이고 있느냐는 것이다. 하나님은 자연과 역사를 다스리신다. 이는 초보적인 사항처럼 보이지만 하나님의 주권에 관해서 종종 간과되는 점이다.

우리는 목사지만 연약하며 때로는 생각에 오류가 있기도 하다. 나는 내 신앙에도 신학적으로 오류가 있을 수 있다는 사실을 항상 명심하고 있다. 그런데 이렇게 말하면 사람들은 보통 "그렇다면 왜 그러한 오류를 없애지 않습니까?"라는 질문을 한다. 만약 내가 어떤 것이 오류라는 점을 확실히 알았더라면, 나는 그러한 오류를 철회했을 것이다. 그럼에도 불구하고 나는 내가 믿는 것을 긍정한다. 왜냐하면, 나는 그것이 정확하다고 확신하기 때문이다. 하지만 그 신학 어딘가에는 분명히 오류가 섞여 있을 수도 있다.

나는 우리가 하나님에 대해서 생각할 때 오류를 그렇게 많이 범하는 이유는 일정 부분 우리가 비기독교 문화에서 자라났기 때문이라고 생각한다. 날마다 이 이교도 문화는 우리에게 포격을 퍼붓는다. 유치원 시절부터 어른이 되기까지 우리가 보는 영화, 소설, 텔레비전 프로그램들로 인해 우리 마음은 여러 가지 개념으로 무차별 공격을 당한다. 그리고 그러한 개념은 점차 우리 머릿속에 자리 잡게 된다. 왜냐하면, 우리는 그것들을 비판적으로 사고하면서 받아들이지 않기 때문이다.

종종 우리가 배운 것들이 기독교 신앙과 배치된다는 점을 깨달을 때가 있다. 우리는 중생하는 즉시 성화되는 것이 아니며, 갑작스럽게 그리스도의 마음을 품게 되는 것도 아니다. 오히려 우리는 그리스도인으로서 순례를 떠났으면서도 그 길 내내 불필요한 짐들을 주렁주렁 달고 다닌다. 그리고 이렇게 우리의 사고를 공격하는 가장 흔한 것은 비기독교적인 자연관이다.

예를 들어 설명해 보겠다. 내가 안경을 집어서 공중에 던진다고 생각해 보자. 이 안경이 공중으로 솟구치게 된 이유는 무엇인가? 그리고 왜 안경은 공중을 맴돌며 멈춰 있지 않은 것인가? 안경이 정점을 찍으면 왜 "올라간 것은 반드시 떨어진다"는 법칙을 따르게 되는 것인가? 비기독교적인 관점에서 자연을 바라본다면, 이 작은 실험을 통해서 안경이 우주의 변하지 않는 기계적인 법칙을 따랐다고 주장할 것이다. 즉, 우주는 내재한 힘과 법칙에 따라 움직인다고 보는 것이다. 이 안경이 솟구치게 된 것은 나의 손목과 팔에서 나온 힘으로 인한 결과이며, 안경이 다시 떨어진 것은 자연에 내재하는 힘인 중력 법칙에 따른 것이라고 보는 것이다. 당신이 이렇게 생각하고 있다면 당신은 비기독교인들과 똑같이 생각하는 것이다.

- **우주의 모든 힘을 공급하는 분은 하나님이시다**

사도 바울이 아덴의 아레오바고에서 선포한 내용은 하나님의 말씀에서도 가장 심오한 원리라고 할 수 있다. 바울은 아덴 사람들에게 "우리가 그를 힘입어 살며 기동하며 존재하느니라"(행 17:28)고 선포한다. 종교 개혁 이후 17세기 신학자들은 하나님이 우주 및 창조물과 어떠한 관계를 맺고 계시는지에 대해서 관심을 갖게 되었고, 신학적으로 아주 중요한 구분을 해낸다. 바로 제1원인과 제2원인을 구분한 것이었다. 제1원인이란 우주에 발생하는 모든 일의 궁극적인 원인이 되는 힘을 말한다. 성경은 일관적으로 살아 있고 기동하는 모든 존재를 움직이는 이 힘이 전능하신 하나님의 주권적인 능력이라고 말한다. 하나님 안에 존재하며 모든 것을 초래한 이 최초의 힘이 없다면 살아 있는 것도, 움직이는 것도 없었을 것이다. 즉, 존재 자체가 없었을 것이다.

종교 개혁가들은 동시에 자연에도 실제 존재하는 힘이 있다는 사실을 알고 있었다. 내가 안경을 들어 올리기 위해 힘을 썼다면, 나는 실제로 힘을 발휘하여 어떠한 결과를 이룬 것이다. 내가 바로 움직인 사람인 것이다. 하지만 중요한 점은 전능하신 하나님의 주권적인 능력이 없다면, 우리는 안경이 땅에 다시 떨어지리라고 기대하기는커녕 손을 움직일 수도 없고, 안경을 쥘 수도 없으며, 공중에 던질 수도 없다는 사실이다. 하지만 우리는 비기독교 문화에서 살아가기 때문에 자연이 하나님의 주권과 무관하게 독립적으로 작동한다고 보는 자연관을 받아들이게 된 것이다.

우리는 섭리의 교리를 제대로 이해해야 한다. 이 교리는 창세기에서 요셉이 형제들과 직면했을 때 생생하게 나타난다. 형제들은 요셉의 정체를 알고서 동생이 자신의 힘을 사용하여 그들에게 복수하지는 않을까 두려워한다. 하지만 형들과는 대조적으로 요셉은 다음과 같이 말한다. "두려워하지 마소서 내가 하나님을 대신하리이까 당신들은 나를 해하려 하였으나 하나님은 그것을 선으로 바꾸사 오늘과 같이 많은 백성의 생명을 구원하게 하시려 하셨나니"(창 50:19-20).

요셉은 역사가 만들어 내는 이 드라마에는 우리가 모르는 배우가 더 있다고 말하고 있다. 이 드라마를 보면 형제들은 저마다 의지를 가지고 나름대로 행동했고, 그에 상응하는 결과가 나타나기도 했다. 하지만 하나님은 그들의 의도를 초월하셔서 모든 것을 미리 다 생각하셨다. 성경은 그리스도의 고난에 대해서도 똑같이 이야기하지 않는가? 예수님은 하나님의 정하신 뜻과 미리 아신 대로 무리의 손에 넘겨지셨다(행 2:23).

그렇다고 인간의 행동이 아무 의미 없는 하찮은 것이라는 말은 아니다. 그저 인간의 행동은 부차적일 뿐이라는 의미다. 제2원인도 실재하기는 하지만, 우리는 제1원인이 없으면 제2원인도 없다는 사실을 분명하게 해야 한다. 당신과 나는 하나님의 능력 밖에서 아무것도 할 수 없다. 2001년 9월 11일 비극적인 사건이 발생한 후 나는 다음과 같은 질문을 많이 받았다. "9·11때 하나님은 어디 계셨습니까?" 그러면 나는 이렇게 답했다. "하나님은 9월 10일에도 9월 12일에도 항상 같은 자리에 계셨습니다. 하나님은 전능하신 주님이시며 자연의 모든 것을 손에 쥐고 계시는 분입니다. 그분은 나라를 일으키기도 하시고 멸망시키기도 하시며, 사람들뿐만 아니라 모든 자연을 통치하십니다."

■ 나의 자유의지는 얼마나 자유로운 것인가?

인간의 자유의지에 관한 비기독교적인 견해는 또 다른 신화로 우리 문화에 만연해 있다. 하나님의 주권과 인간의 자유, 또는 자유의지에 관해서 얼마나 많은 논란이 있었던가? 나는 사람들이, 심지어 그리스도인이라고 하는 사람들까지도 "하나님의 주권은 인간의 자유로 제약을 당한다."라고 말하는 것을 들었다. 당신도 이러한 소리를 들은 적이 있는가? 이 말은 내가 6학년 된 아들에게 "네가 네 의지를 발휘하게 되면 내 권위는 끝나고 만다."라고 말하는 것과 마찬가지다. 하지만 나는 아들에게 "아들아, 너도 자유의지가 있고 나도 자유의지가 있단다. 하지만 나의 자유가 너의 자유보다 더 자유로운 것이다."라고 말했다. 개인은 실제로 자유를 누린다. 하지만 언제 어디에서나 인간의 자유는 하나님의 자유로 인해 제약을 당한다. 이야말로 우리가 주권에 대해서 말할 때 실제로 뜻하는 것이다. 하나님만이 주권을 지니신 분이다. 우리는 그렇지 않다.

개혁주의 신학을 옹호하는 사람들도 인간의 자유의지를 부정하지 않는다. 심지어 타락 후에도 의지의 기능이 온전하게 남아 있어 우리는 여전히 선택할 수 있다고 한다. 나는 개혁주의 신학 역사를 통틀어 이 사실을 부인하는 사람을 단 한 명도 보지 못했다. 하지만 타락한 인간은 언제나 가장 끌리는 것을 선택하기 마련이다. 사람에게는 자신이 원하는 대로 선택할 수 있는 능력이 있다. 하지만 칼빈은 이렇게 말했다고 한다. "그것이 우리가 자유의지를 말할 때 뜻하는 전부라면 자유의지는 죽을 수밖에 없는 인간이 사용하기에는 너무나 거창한 용어다."

세상이 가르치는 자유의지에 따르면, 인간은 선을 행하는 능력과 악을 행하는 능력을 동일하게 지닌 창조물이다. 하지만 자유의지에 대한 이러한 비기독교적인 견해는 인간이 타락하여 죄의 노예가 되었다고 가르치는 성경의 가르침과 충돌할 수밖에 없다. 우리는 여전히 우리가 원하는 대로 행한다. 하지만 문제는 "원하는 대로"라는 말에 있다. 성경은 계속해서 우리의 생각으로는 우리가 하나님을 원할 수 없다고 말하고 있기 때문이다. 우리는 주권을 소유하기 원하고, 자율적으로 살아

가기 원하고, 지배하기 원하고, 통치하기 원하고, 악을 행하기 원한다.

성경은 그리스도 없이 우리는 아무것도 할 수 없다고 가르친다. 마르틴 루터는 "나를 떠나서는 너희가 아무것도 할 수 없음이라"(요 15:5)는 예수님의 말씀에 대해서 "아무것도 할 수 없다"는 말은 "사소한 것은 스스로 할 수 있다"는 말이 아니라고 했다. 예수님은 니고데모에게 성령으로 거듭나지 않으면 하나님 나라에 들어가기는커녕 볼 수도 없다고 하셨다(요 3:1-8). 하지만 세상에서뿐만 아니라 교회에서조차 하나님이 주권적으로 베푸시는 은혜의 역사와 전혀 상관없이, 중생하지 않은 사람들도 하나님 나라를 볼 수 있고, 하나님 나라를 선택할 수 있고, 하나님 나라에 들어갈 수 있다는 생각이 만연하다. 우리는 이러한 생각을 반드시 거부하고 하나님만이 만물의 제1원인이 되신다는 사실을 받아들여야 한다. 설교자로서 우리는 이 사실을 반드시 믿고 가르쳐야 한다.

선악을 결정하시는 하나님의 절대적인 권한

우리가 살펴봐야 할 주권의 두 번째 영역은 하나님께 자신이 지으신 피조물들의 선악을 결정하시는 절대적인 권위가 있다는 것이다. 하나님은 우리에게 의무를 지울 권리가 있으시다. 또 하나님은 피조물들에게 "이렇게 해라, 이렇게 하지 마라."라고 말씀하실 수 있다. 우리는 이 사실을 믿는다고 말은 하지만, 죄를 지을 때마다 이 명제에 반대한다. 우리가 순종하지 않을 때, 우리는 우리의 선악을 결정할 권리가 절대적으로 하나님께만 있다는 개념에 반박하는 것이다. 따라서 아주 사소한 죄를 저질러도 우리는 우주적인 반역을 하는 것이다. 죄는 인간의 의지를 높이고, 전능하신 주 하나님께 반대되는 것을 열망하며, 우리에게 교훈이 되는 하나님의 뜻을 거부하는 것이다.

구원의 문제에 대해서 그리스도인들이 얼마나 빠르게 하나님의 주권을 침범하고 있는지 놀라울 뿐이다. 하나님이 온 우주의 주권자이시며, 분자조차 하나님의 주권적인 통치 아래 움직인다는 사실에 동의한다면, 또한 하나님이 모든 사람과 행위를 주권적으로 통치하신다는 사실에 동의한다면, 당연히 구원도 하나님의 주권적인 은혜에 달린 것이라는 사실에 동의해야 한다. 하지만 사람들은 하나님이 피조물과 자연과 역사와 법에 주권적으로 역사하신다는 점에는 동의해도 구원에 대한 하나님의 주권은 부정한다. 이것이 이 장에서 마지막으로 다루고자 하는 하나님의 주권의 세 번째 영역이다.

구원에 대한 하나님의 주권

로마서 9장 10-16절에서 바울은 하나님의 의도에 대해서 기록한다. 바울은 복음을 설명하고 난 뒤, 10절에서 "그뿐 아니라 또한 리브가가 우리 조상 이삭 한 사람으로 말미암아 임신하였는데 그 자식들이 아직 나지도 아니하고 무슨 선이나 악을 행하지 아니한 때에"라고 말한다. 바울은 이 편지를 받는 사람들과 더불어 우리도 한 가지 사실을 제대로 이해하기를 바랐다. 바로 하나님의 의도에 따라 두 아이가 같은 부모 아래, 같은 환경에서, 같은 문화에서, 심지어 같은 어머니 배 속에서 태어났다는 것이었다. 바울은 그들이 태어나기도 전에, 그들이 어떠한 태도를 지니기도 전에, 그들이 어떠한 결정을 내리기도 전에, 그들이 어떤 행동을 하기도 전에, 선택에 따라 그 둘을 향한 하나님의 의도는 이미 결정되어 있었다는 사실을 자세하게 기술한다. 하나님은 큰 자가 어린 자를 섬기기로 결정하셨다(롬 9:12).

바울이 분명히 이렇게 단언했는데도, 우리 문화와 교회에 만연해 있는 선택에 대한 견해는 이 교리를 유연하게 만들려고 한다. 하지만 이 교리를 좋아하는지와 상관없이 당신이 성경을 믿는다면, 반드시 어떤 종류가 됐건 예정 교리를 믿어야 한다. 이 용어는 칼빈이나 루터나 어거스틴이 만들어 낸 것이 아니다. 사도 바울이 직접 선택, 선정, 예정이라는 단어를 사용했다. 에베소서 1장 3-6절을 보자.

> 찬송하리로다 하나님 곧 우리 주 예수 그리스도의 아버지께서 그리스도 안에서 하늘에 속한 모든 신령한 복을 우리에게 주시되 곧 창세 전에 그리스도 안에서 우리를 택하사 우리로 사랑 안에서 그 앞에 거룩하고 흠이 없게 하시려고 그 기쁘신 뜻대로 우리를 예정하사 예수 그리스도로 말미암아 자기의 아들들이 되게 하셨으니 이는 그가 사랑하시는 자 안에서 우리에게 거저 주시는바 그의 은혜의 영광을 찬송하게 하려는 것이라.

따라서 당신이 성경대로 하려면 어떤 식으로든 예정 교리를 받아들여야 하는 것이다.

■ 예지적 관점에서 본 예정론

선택 교리에 대해서 가장 인기 있는 견해는 하나님이 구원받을 자를 미리 아셨다는 예지 예정론이다. 이는 하나님이 시간의 흐름을 다 내려 보고 계시며, 누가 바른 결정을 할지 아시기 때문에 사람이 결정한 것을 근거로 하나님이 구원에 이를 자를 선택하신다는 견해다. 하지만 이러한 견해는 성경이 말하는 예정론을 전혀 설명하지 못할뿐더러 오히려 배척한다. 나는 이러한 견해를 고수하는 사람들은 도대체 바울이 로마서 9장에서 가르친 바를 제대로 읽어 보기나 했는지 모르겠다.

로마서 9장은 반펠라기우스주의자들이 모든 시대에 걸쳐 가장 무시하는 성경 본문이다. 그들은 로마서 9장을 전혀 다루고 싶어 하지 않는다. 사실은 나도 로마서 9장 때문에 어쩔 수 없이 개혁주의 예정론을 받아들이게 된 것이라고 할 수 있다. 조나단 에드워즈가 계속해서 내가 이 본문을 잘못 이해한 것이라고 지적했기 때문이다. 나도 예전에는 다음과 같은 논리로 예정론을 벗어나고 싶었다. "예지란 하나님이 야곱과 에서가 태어나기 전에 미리 아셨다고 하는 것이다. 그렇다면 나는 그들이 태어나기 전에 예정하셨다는 하나님의 뜻을 부인하는 것은 아니다. 따라서 나는 아르미니우스주의를 따르면서도 이 본문을 믿을 수 있다." 하지만 아래에서 보겠지만 이러한 논리는 잘못된 것이다.

로마서 9장 11-14절은 다음과 같이 말씀한다. "그 자식들이 아직 나지도 아니하고 무슨 선이나 악을 행하지 아니한 때에 택하심을 따라 되는 하나님의 뜻이 행위로 말미암지 않고 오직 부르시는 이로 말미암아 서게 하려 하사 리브가에게 이르시되 큰 자가 어린 자를 섬기리라 하셨나니 기록된바 내가 야곱은 사랑하고 에서는 미워하였다 하심과 같으니라 그런즉 우리가 무슨 말을 하리요 하나님께 불의가 있느냐 그럴 수 없느니라." 이 본문에서 바울은 귀류법(*reductio ad absurdum*)이라는 고대의 토론 기법을 사용한다. 기원전 5세기 그리스 철학자였던 엘레아의 제논(Zeno of Elea)이 이러한 기법을 사용했는데, 상대방의 입장을 받아들인 뒤에 그 논리에 따라서 결론을 추론하여 그 입장이 얼마나 터무니없는 것인지 보여 주는 방법이다. 그렇게 하면 당신은 반대되는 주장을 거부하고 그 견해가 모순된다는 사실을 밝힐 수 있다.

  사도 바울은 누구보다도 이 방법에 능숙한 사람이었다. 예를 들어 고린도전서 15장에서 바울은 부활을 부정하는 사람들에게 말한다. 그 말을 바꿔 보자면, "그러자. 부활이 없다고 치고 논리적으로 결론을 도출해 보자. 그리스도가 부활하지 않았다면 그것은 무슨 의미인가?" 바울은 그러고 나서 13-19절에서 그리스도가 부활하지 않았다고 하는 주장을 따르면 모순이 발생한다는 점을 밝힌다.

  나는 전도 폭발[1] 훈련을 하면서 똑같은 방법으로 목회자들과 평신도들을 가르쳤다. 복음을 제시할 때 상대방이 구원을 받아야 하는 필요를 느끼도록 하는 수준에 이르렀으면, "하나님은 거룩하시며 공의의 하나님이십니다."라고 말을 시작하지 말라고 했다. 하나님이 공의의 하나님이시라고 말하면, 사람들은 열이면 열 "하나님은 사랑의 하나님이시죠."라고 반박하기 때문이다. 그렇기 때문에 "하나님은 사랑의 하나님이십니다."라고 말을 꺼내서 하나님의 사랑이 얼마나 위대한지, 성경이 사랑의 하나님을 얼마나 기막히게 전하고 있는지에 대해서 이야기하라고 했다. 그 사람이 들어 본 것보다 훨씬 아름답게 하나님의 사랑을 전하는 것이다. 그렇게 해서 한고비를 넘기고 나면, 하나님의 사랑에 대해서 말하는 그 성경이 하나님의 공의에 대해서도 가르친다고 이야기할 수 있다. 그리고 하나님이 죄인을 인정하지 않으신다는 사실을 밝히는 것이다. 그러면 십자가를 논할 수 있게 된다. 이것이 사도 바울이 로마서 9장 14절에서 사용하는 기법이다.

  바울은 선택에 따르는 하나님의 의도를 소개한 후, 다음과 같이 질문한다. "그런즉 우리가 무슨 말을 하리요 하나님께 불의가 있느냐." 나는 40년 넘게 개혁주의 신앙을 신봉했다. 그동안 선택이라는 개혁주의 교리를 지지하는 주장을 얼마나 많이 했는지 모른다. 그리고 얼마나 많은 사람이 "그건 공평하지 않습니다!"라고 하며 이의를 제기했는지 모른다. 그들의 반론은 이렇다. "만약 이 교리가 참이라면 이는 공평하지 않은 것이고, 따라서 하나님도 공의롭지 않으신 분이 됩니다."

나는 인류 역사 이래로 아르미니우스주의자들은 이러한 반론에 대응해야만 한 적이 없다고 생각한다. 당신이 아르미니우스주의를 신봉한다면, 당신은 하나님의 공의를 가리는 것을 가르치는 것이다. 당신은 이러한 반론에 대해서 아르미니우스주의자들의 답변을 들은 적이 있는가? 당신이 아르미니우스주의를 따른다면, 구원을 결정하는 것이 궁극적으로 사람의 행위에 달렸다고 믿는다면, 이보다 더 공평한 것이 있겠는가? 아르미니우스주의에서는 사람이 복음을 거부해도 하나님을 비난한다는 개념 자체가 없다. 사람의 영원한 운명은 하나님께 달린 것이 아니라 그 사람의 선택에 따른 것이며, 따라서 그 사람의 잘못이기 때문이다.

바울은 자신이 로마서 9장에서 가르친 것에 대해서 몇몇 사람은 "공평하지 않다"며 반대할 것을 예상했다. 이 점에서 우리는 사도를 따르기로 한다. 선택에 대한 우리의 견해는 역시 마찬가지 반응을 불러일으키기 때문이다. 모든 반펠라기우스주의자들은 계속해서 어거스틴이 이해한 은혜에 대해 반기를 들었고, 바울은 정확하게 예상하고 있다. 즉, 하나님이 일부만 선택하신다면 하나님은 불의하시다는 잘못된 생각이다.

그렇다면 바울은 자신이 한 질문에 대해서 어떻게 대답하는가? 로마서 9장 14절에서 바울은 "우리가 무슨 말을 하리요 하나님께 불의가 있느냐 그럴 수 없느니라"라고 말한다. 바울이 "글쎄, 아마도 그렇지 않을까?" 또는 "확실히 이 점은 불의하신 것 같다."라고 말했는가? 그렇지 않다. 바울은 헬라어에서 수사학적으로 최대한 강력한 표현을 쓰며 부인한다. 어떤 번역자는 이 본문을 다음과 같이 옮겼다. "절대 그렇지 않다!" 또 어떤 사람은 "어림없는 소리!"라고도 했다. "하나님께도 불의가 있는가?"라고 묻는 것은 신성을 모독하는 것이다. 하나님께는 불의하심이 전혀 없기 때문이다.

바울은 이러한 가르침은 모세의 가르침까지 거슬러 올라가는 것이라는 사실을 보이며 자신의 논의를 자세하게 펼쳐 나간다. 로마서 9장 14-15절에서 바울은 다음과 같이 썼다. "그럴 수 없느니라 모세에게 이르시되 내가 긍휼히 여길 자를 긍휼히 여기고 불쌍히 여길 자를 불쌍히 여기리라 하셨으니." 바울은 모세를 지칭하여 독자들에게 하나님의 은혜는 언제나 주권적인 것이었음을 생각하도록 만든다. 전능하신 주 하나님은 하나님 자신을 제외한 어떠한 법칙에도 구속되지 않으시기 때문에 누구에게나 은혜를 베푸실 수 있다. 그리고 이 은혜를 한 사람에게만 주셨다고 해서 다른 사람에게도 동일한 은혜를 베풀어야만 하는 것은 아니다. 사면을 베푸시는 권리는 절대적으로 하나님께만 있기 때문이다. 구원에 관한 하나님의 주권은 신약에서 새로 만들어 낸 개념이 아니다. 오히려 이는 구약 성경의 개념이다.

▪ "그건 공평하지 않아요"

한 가지 예로 이 진리를 더욱 생생하게 보여 주고자 한다. 1960년대에 나는 뉴잉글랜드의 한 기독교 대학에서 구약을 가르쳤다. 내가 처음 맡은 수업은 신입생 250명이 함께하는 수업이었다. 이 많은 학생을 다 수용할 수 있는 강의실은 예배실밖에 없어서 우리는 그곳에서 수업을 했다.

수업 첫날 나는 강의안에 대해서 간략하게 훑어본 뒤 다음과 같이 이야기했다. "학기 중에 제출해야 할 숙제가 세 개 있습니다. 첫 번째 숙제는 9월 30일 정오까지 내 책상 위에 제출해야 합니다. 직계 가족이 돌아가시거나 병원에 입원해 있을 때만 예외를 인정합니다."

나는 분명하게 규칙을 정했다. 그리고 9월 30일이 되자 225명이 과제를 제출했다. 과제를 제출하지 못한 25명의 학생은 안절부절못하고 있었다. "스프로울 교수님, 과제를 마무리하지 못했습니다. 이번만 봐 주세요! 며칠만 더 주세요. 고등학교에서 대학에 막 오니까 적응하기 힘들어서 그랬어요. 그렇지만 다시는 이런 일이 없게 하겠습니다."

그래서 나는 말했다. "이틀을 더 주겠습니다. 하지만 그 이상은 안 됩니다. 다시는 이런 일이 없게 하세요."

10월 30일이 되었다. 이번에는 200명이 과제를 냈고, 50명은 제출하지 못했다. 나는 50명에게 말했다. "과제는 어디 있습니까?"

학생들은 말했다. "저희는 중간고사를 봤어요. 동창회도 있었어요. 그래서 준비할 시간이 부족했어요. 시간 계획을 제대로 세우지 못했어요. 제발 낙제시키지 말아 주세요, 교수님. 한 번만 더 기회를 주세요!"

나는 말했다. "좋아요. 하지만 이번이 마지막입니다."

학생들은 기쁨에 넘쳤다. 그러더니 갑자기 노래를 만들어서 불러 댔다. "스프로울 교수님, 사랑해요. 정말 사랑해요!"

나는 11월 30일 전까지는 학교에서 가장 인기 있는 교수였다. 11월 30일이 되자 150명만 과제를 제출했고, 100명은 제출하지 않았다. 나는 100명을 보며 말했다. "과제는 어디 있습니까?"

학생들이 대답했다. "에이, 교수님. 걱정하지 마세요. 이삼일이면 다

될 거예요."

나는 한 학생에게 물었다. "존슨, 과제는 어디 있습니까?"

그가 대답했다. "아직 마무리하지 못했지만 곧 제출하겠습니다."

그때 나는 학생들에게는 악몽이나 마찬가지인 성적 기록표를 꺼내 들며 다시 물었다. "존슨, 과제가 없다고요?"

"네, 없습니다."

"그렇군요. 그러면 F입니다. 해리슨, 과제는 어디 있습니까?"

그가 대답했다. "없습니다."

나는 성적표에 표시하면서 말했다. "F."

항의하는 소리가 이구동성으로 터져 나오더니 예배당에 울려 퍼졌다. 학생들이 뭐라고 했는지 아는가? "공평하지 않습니다!"라고 했다.

나는 말했다. "뭐라고 했습니까?"

학생들은 답했다. "공평하지 않습니다!"

나는 존슨을 보며 말했다. "'공평하지 않다'고 말했나요?"

"그렇습니다, 교수님."

"좋습니다. 그렇다면 학생은 정의를 원하는 건가요?"

"그렇습니다."

나는 계속해서 말했다. "그래요. 학생은 지난 과제도 늦었던 것으로 아는데, 그렇죠?"

"그랬습니다."

나는 말했다. "좋습니다. 그러면 지난번 성적도 지우고 F를 주죠."

갑자기 예배실은 잠잠해졌다. 아무도 입 밖으로 말을 꺼내지 못했다.

나는 외쳤다. "공평하지 못하면 절대로 안 될 일이죠. 아직도 정의를 원하는 사람이 있습니까?"

또 정적이 흘렀다. 나는 말했다. "우리 다 같이 노래라도 불러야 하겠는데요? '나는 그의 은혜에 익숙해졌네.' 라고 말입니다."

놀라우신 은혜

보다시피 하나님의 은혜를 처음 경험하면 우리는 감사해 하고, 두 번째로 은혜를 경험하면 조금 무덤덤해진다. 그리고 세 번째로 은혜를 경험하면 하나님의 은혜를 기대하는 것이 아니라 요구하기에 이른다. 우리 영혼 깊이 하나님이 우리를 선택하지 않으신다면 우리가 잘못된 것이 아니라 하나님이 잘못된 것이라는 생각이 자리 잡고 있다.

로마서 9장에서 바울은 누구를 용서하실지, 누구에게 공의를 행하실지에 대한 전적인 주권이 하나님께 있다는 사실을 생각하게 한다. 이 우주에서 하나님의 은혜를 받을 자격이 있는 사람은 단 한 명도 없다. **하나님이 당신에게 은혜를 베푸셔야만 한다는 생각을 하는 순간, 당신은 더 이상 은혜에 대해서 생각하는 것이 아니다.** 은혜는 그 정의 자체로 볼 때도 하나님이 우리에게 반드시 주셔야 할 것이 아니다. 이것은 선택의 신비다.

많은 학생이 나에게 물었다. "왜 하나님은 모든 사람에게 동일한 은혜를 베풀지 않으십니까? 왜 하나님은 같은 기회를 베푸시는 구속자가 되어 주지 않으십니까?" 이는 잘못된 질문이다. 기독교인이 해야 할 질문은 이것이다. "왜 나인가? 왜 하나님이 나를 어둠에서 빛으로 이끄셨는가?" 당신이 어떻게 변화 받았는지, 어떻게 하나님이 그의 은혜로, 그 주권적인 은혜를 통해 당신을 자비와 연민으로 구원하셨는지 생각해 보라. 당신은 그저 "할렐루야"만 외쳐야 할 뿐이다.

우리는 "나 같은 죄인 살리신"이라는 찬양을 부르면서 그 은혜에 놀라지는 않는다. 이는 참 슬픈 현실이다. 우리는 단지 은혜에 놀라고 마는 것이 아니라 끊임없이 그 은혜에 경탄해야 한다. 나는 하나님이 나를 선택하셨다는 사실에서 아직 헤어나지 못했다. 내가 아는 유일한 사실은 하나님이 내 안의 어떤 이유로 나를 선택하신 것이 아니라는 점이다. 하나님이 나를 선택하신 것은 아들에게 주신 선물로서, 아들이 자기 영혼의 수고한 것을 보고 만족하게 여기도록 하신 것이다(사 53:11).

우리는 그리스도의 고난에 관해서 반드시 이러한 메시지를 전해야 한다. 그리스도가 아무 효력도 없는 고난을 당하셨다는 것은 불가능한 일이다. 그리스도가 구원을 "가능"하게 하기 위하여 세상에 오셔서 십자가에 죽으셨다는 생각은 신성 모독이다. 그리스도는 하나님이 세상을 지으실 때부터 하나님이 그에게 주신 사람들이 받게 될 구원을 절대적으로 확실하게 하시기 위해 세상에 오신 것이다.

하나님의 주권적인 은혜는 측량할 수 없는 사랑이다. 그렇기 때문에 사도 바울은 은혜의 교리에 대해서 말하다가 영광송을 돌리게 된 것이다. 로마서 11장 33절에서 바울은 다음과 같이 쓴다. "깊도다 하나님의 지혜와 지식의 풍성함이여, 그의 판단은 헤아리지 못할 것이며 그의 길은 찾지 못할 것이로다."

우리는 설교자로서 반드시 하나님이 피조물과 역사와 우리의 삶과 우리의 죽음과 우리의 영혼 구원과 설교를 듣는 자들의 영혼 구원에 대해 주권을 가지고 계시다는 사실을 믿고, 가르치고, 이를 우리의 낙으로 삼아야 한다. 하나님이 주권적으로 구원하신다는 사실을 믿고 설교하기를 간절히 바란다!

PRAYER

아버지 하나님, 우리가 하나님의 은혜를 이용했음을 용서하소서.
우리는 은혜로, 믿음을 통하여 구원을 받았으며,
그 믿음도 우리에게서 난 것이 아니라
하나님이 주신 것임을 항상 기억하게 하소서.
그렇기에 구원은 구원받기로 결정하고,
구원을 위해 달리고,
구원을 받겠다고 뜻을 품은 사람을 위한 것이 아니라,
오직 당신이 은혜를 베푸신 사람을 위한 것입니다.
아멘.

6
Albert Mohler Jr.

그런즉 너는 오늘 위로 하늘에나
아래로 땅에 오직 여호와는 하나님이시요
다른 신이 없는 줄을 알아 명심하고 _ 신 4:39

THE SHEPHERD'S
LIBRARY

어떤 국민이 하나님의 음성을 너처럼 듣고 생존했느냐?

앨버트 몰러, 2008

신명기 4:32-40

여러분 앞에 서다니 참으로 영광이다. 맥아더 목사님의 강단에 서서 바로 이곳에서 선포된 메시지를 통해 지금까지 얼마나 많은 사람이 변화를 받았는지를 생각하니 정말 감격스럽다. 전 세계에서 날마다 목사님의 말씀이 선포되고 있을 정도로 맥아더 목사님은 말씀을 훌륭하게 선포하셨고, 이렇게 목사님은 우리에게 신실한 본이 되어 주셨다.

콘퍼런스에 와서 여러 목사님과 말씀을 나누면서 매년 여기에 다시 오실 것을 기대하며 일 년을 버틴다는 분이 많다는 이야기를 들었다. 목사님들을 만나 보니 다른 설교자들과 함께 있다는 사실만으로도 엄청난 힘을 얻을 수 있다는 사실을 깨달았다. 이 콘퍼런스에는 다른 곳에서는 전혀 찾아볼 수 없는, 소중하면서도 감미로운 무언가가 있다. 이곳에서 여러분은 무슨 일을 하는지 자초지종을 설명하지 않아도 된다. 또한, 이곳에서는 여러분이 반드시 설교를 옹호하지 않아도 된다. 그리고 이곳에서는 여러분이 설교자라고 해서 아무도 여러분을 특별하게 생각하지 않는다. 그리고 여기는 많은 동료 목회자를 친구로 삼을 수 있는 곳이기도 하다.

우리가 받은 임무

우리는 분명히 예전과는 다른 시대에 살고 있다. 설교가 위기에 처해 있다는 사실 역시 우리 세대의 특징이다. 만약 우리가 아무런 문제도 없다는 듯이 행동한다면 집단 망상에 불과할 것이다. 현재 시대를 진단할 수 있는 한 가지 질문을 하겠다. 복음주의 교회에서 자리에 앉아 있는 성도들이 강해 설교를 얼마나 듣고 싶어 한다고 생각하는가? 솔직히 말해서 대부분의 복음주의 교회들이 하나님 말씀을 강해하고 있다고 자신하지 못할 것이다.

시간이 흐르면 사람들이 강해 설교를 더 들으려고 할 것이라고 생각하는가, 아니면 그 반대가 될 것이라고 생각하는가? 기독교 출판업계에서 설교 관련 책자들이 얼마나 출판되는지 살펴보면 도움이 될 것이다. 인기 있는 콘퍼런스나 세미나에서 구할 수 있는 자료들도 보라. 그러면 강해 설교에 대한 자료가 매우 미약하다는 사실을 깨달을 것이다. 하지만 하나님의 은혜로 모두가 그런 것은 아니다. 우리도 그렇지 않다. 교회 전반적으로 그렇다는 것이다.

이렇게 위기가 실재하며 그 위기가 무엇인지 진단했으면, 우리는 왜 이런 일이 발생했는지 질문해야 한다. 강해 설교의 측면에서 보자면, 복음주의 교회는 어떠한 전략에서인지 모르겠지만 대대적인 군축을 강행해 버렸다고 할 수 있다. 하지만 성경 강해는 세상에서 가장 이해하기 쉬운 것이다. 우리는 느헤미야 8장 1-8절에서 강해 설교의 모든 것을 볼 수 있다.

이스라엘 자손이 자기들의 성읍에 거주하였더니 일곱째 달에 이르러 모든 백성이 일제히 수문 앞 광장에 모여 학사 에스라에게 여호와께서 이스라엘에게 명령하신 모세의 율법책을 가져오기를 청하매 일곱째 달 초하루에 제사장 에스라가 율법책을 가지고 회중 앞 곧 남자나 여자나 알아들을 만한 모든 사람 앞에 이르러 수문 앞 광장에서 새벽부터 정오까지 남자나 여자나 알아들을 만한 모든 사람 앞에서 읽으매 뭇 백성이 그 율법책에 귀를 기울였는데 그때에 학사 에스라가 특별히 지은 나무 강단에 서고 그의 곁 오른쪽에 선 자는 맛디댜와 스마와 아나야와 우리야와 힐기야와 마아세야요 그의 왼쪽에 선 자는 브다야와 미사엘과 말기야와 하숨과 하스밧다나와 스가랴와 므술람이라 에스라가 모든 백성 위에 서서 그들 목전에 책을 펴니 책을 펼 때에 모든 백성이 일어서니라 에스라가 위대하신 하나님 여호와를 송축하매 모든 백성이 손을 들고 아멘 아멘 하고 응답하고 몸을 굽혀 얼굴을 땅에 대고 여호와께 경배하니라 예수아와 바니와 세레뱌와 야민과 악굽과 사브대와 호디야와 마아세야와 그리다와 아사랴와 요사밧과 하난과 블라야와 레위 사람들은 백성이 제자리에 서 있는 동안 그들에게 율법을 깨닫게 하였는데 하나님의 율법책을 낭독하고 그 뜻을 해석하여 백성에게 그 낭독하는 것을 다 깨닫게 하니.

물론 성경 강해가 쉬운 임무라는 말은 아니다. 그렇지만 성경 강해는 복잡하지 않고 이해하기 쉽다. 성경 강해란 "하나님의 율법책을 낭독하고 그 뜻을 해석" 또는 번역하여 "낭독하는 것을 다 깨닫게"(느 8:8) 하는 것이다. 이 말씀을 잘못 이해할 수 있기는 한 것인가? 잘못 이해할 만한 내용이 도대체 무엇인가? 우리가 받은 임무는 간단하다. 성경을 읽고 설명하는 것이다.

간단한 지침들

강해 설교에는 틀이 있다는 사실에 주의하라. 그렇다고 딱히 "에스라 코드"라고 할 만한 것은 없다. 우리에게 숨겨진 것은 전혀 없기 때문이다. 당신이 성경을 강해하는 사람이라면, 성경을 읽고 성경을 설명하라는 부르심을 받은 것이다. 정말 간단하다. 그렇지 않은가? 며칠 전, 어떤 사람이 자신의 친구가 아직도 샤워실에 갇혀 있다고 농담하는 것을 들었다. 왜냐하면, 샴푸의 사용 설명서에 "거품을 내고 씻어 내기를 반복하십시오."라고 쓰여 있기 때문이란다. 마찬가지로 강해란 본문을 읽고, 본문을 해석하고, 집에 가고, 다시 돌아와서 본문을 읽고, 해석하는 것이다.

물론 이러한 지침들이 잘 맞지 않을 때도 있다. 나는 가게에서 자전거를 살 때 돈을 더 내고서라도 조립을 해달라고 부탁하는 부류의 사람이다. 나는 그저 잘못된 영어로 된 설명서를 보면서 씨름하기가 싫은 것이다. 첫아이를 기다리고 있는 한 친구 녀석은 아내와 함께 아기 침대를 하나 사러 나갔다. 이 친구는 쇠뿔도 단김에 빼랬다고, '오늘 밤 이 아기 침대를 다 조립하고 말겠어.'라고 결심했다. 그리고 그렇게 했다. 하지만 한 가지 문제가 있었다. 몇 시간 동안 조립을 다 하고 나서 보니 설명서에 중요한 정보가 한 가지 빠졌다는 사실을 깨달은 것이다. 바로 "사용할 방에서 조립하십시오."라는 말이 없었던 것이다. 결국, 친구는 아기 침대를 분해해서 아이 방에서 다시 조립해야 했다.

지침은 헷갈리거나 잘 맞지 않을 때도 있다. 하지만 강해 설교에 대한 지침은 매우 분명하다. 당신은 그저 책을 읽고 설명하면 된다.

물론 설교하는 행위에 대해서는 이보다 따져 볼 것이 더 많다. 성경은 말씀을 전하는 사자는 반드시 먼저 부르심을 받아야 한다고 말한다. 에스라 7장 6절은 이렇다. "이 에스라가 바벨론에서 올라왔으니 그는 이스라엘의 하나님 여호와께서 주신 모세의 율법에 익숙한 학자로서 그의 하나님 여호와의 도우심을 입음으로 왕에게 구하는 것은 다 받는 자이더니." 하나님이 아무나 지명하셔서 이러한 지침을 내리시고 그 명령에 순종하라고 하시는 것은 아니다. 설교하도록 부르심을 받은 몇몇 사람에게만 주님의 손이 임하신다. 따라서 우리는 이 소명이 굉장히 중요하고 소홀히 할 수 없는 것인지를 분명히 깨달아야 한다.

그렇다면 누가 이 일에 부르심을 받았는지 어떻게 알 수 있는가? 우리는 에스라 7장 10절에서 에스라가 이 작업을 위한 적임자라는 사실을 알 수 있다. 왜냐하면, "에스라가 여호와의 율법을 연구하여 준행하며 율례와 규례를 이스라엘에게 가르치기로 결심"했기 때문이다. 사명과 더불어 연구하는 자세도 에스라가 설교자임을 증명하는 중요한 요소였다. 에스라는 "여호와의 계명의 말씀과 이스라엘에게 주신 율례학자"(11절)로 나타난다. 설교자란 하나님이 부르셨고, 회중이 그 사람 위에 주님의 손이 임했음을 인정하는 사람이다. 그리고 이 사명을 받은 사람은 하나님의 말씀에 능숙해지기 위해 성경 연구에 전념하고 준비하는 모습으로 반응한다.

신약 성경에도 이러한 지침이 있다. 디모데후서 4장 1-2절에서 사도 바울은 디모데에게 마지막 전갈을 보내며 목회자의 소명 중 가장 우선해야 할 것을 당부한다. 그것은 바로 하나님의 말씀을 전하는 일이다. "하나님 앞과 살아 있는 자와 죽은 자를 심판하실 그리스도 예수 앞에서 그가 나타나실 것과 그의 나라를 두고 엄히 명하노니 너는 말씀을 전파하라 때를 얻든지 못 얻든지 항상 힘쓰라 범사에 오래 참음과 가르침으로 경책하며 경계하며 권하라."

여러분에게 다시 묻는다. 이 말씀을 이해하기 위해서 얼마나 똑똑해야 하는가? 바울은 이 말씀에서 뜻이 분명한 단어만을 사용했고, 구절을 복잡하게 쓰지도 않았다. 그저 때를 얻든지 못 얻든지 말씀을 전파하고, 경책하며, 경계하고, 권하고, 인내하며 가르치라는 명령일 뿐이다. 이것이 강해 설교의 틀이다.

왜 이런 설교가 나오지 않는가? 왜 성경 강해가 많은 교회에서 사라지고 있는가? 왜 성경 강해가 그 많은 설교단에서 없어지고 말았는가? 왜 성경 강해는 많은 설교자에게 낯선 것이 되었는가? 전 세계에서 지금도 설교를 하고 있다. 하지만 그것이 강해 설교인가? 성경에 따르면 강해는 곧 설교다. 성경대로 하자면, 강해가 아니면 설교가 아니다.

여러분은 그것을 설교라고 부를지 모른다. 그리고 사람들이 여러분을 설교자라고 할지도 모른다. 또한, 사람들이 당신이 하는 것을 설교한다고 할지도 모른다. 하지만 **본문을 읽지도 않고, 설명하지도 않고, 경책하지도 않고, 경계하지도 않고, 권하지도 않고, 인내하며 가르치지도 않는다면 당신은 설교를 하는 것이 아니다.** "나는 강해 설교를 선호하는 편이지."라는 말을 멈추라. 그리고 "나는 설교자다. 나는 본문을 읽고, 설명하고, 연구한다. 그리고 계속 그렇게 반복할 것이다."라고 말해야 한다. 정말 간단하다. 하지만 비극적일 정도로 결여되어 있다.

지침들 이면에 존재하는 신학

본질적인 문제는 잘못된 기법이 아니라 잘못된 신학이다. 이 문제는 철저히 신학적인 것이다. 나는 우리가 신명기 4장에 집중했으면 한다. 강해 설교의 신학에 대해서 함께 생각해 보기를 원한다. 그렇게 해서 중요한 것이 과연 무엇인지를 깨닫고, 이를 어떻게 회복해야 할지도 생각하기 원한다. 또한, 이 본문에 나타나는 그 절박함을 느끼고 하나님의 말씀을 강해하는 일에 적용하기를 바란다. 함께 신명기 4장 32-40절 말씀을 읽어 보자.

네가 있기 전 하나님이 사람을 세상에 창조하신 날부터 지금까지 지나간 날을 상고하여 보라 하늘 이 끝에서 저 끝까지 이런 큰일이 있었느냐 이런 일을 들은 적이 있었느냐 어떤 국민이 불 가운데에서 말씀하시는 하나님의 음성을 너처럼 듣고 생존하였느냐 어떤 신이 와서 시험과 이적과 기사와 전쟁과 강한 손과 편 팔과 크게 두려운 일로 한 민족을 다른 민족에게서 인도하여 낸 일이 있느냐 이는 다 너희의 하나님 여호와께서 애굽에서 너희를 위하여 너희의 목전에서 행하신 일이라 이것을 네게 나타내심은 여호와는 하나님이시요 그 외에는 다른 신이 없음을 네게 알게 하려 하심이니라 여호와께서 너를 교훈하시려고 하늘에서부터 그의 음성을 네게 듣게 하시며 땅에서는 그의 큰 불을 네게 보이시고 네가 불 가운데서 나오는 그의 말씀을 듣게 하셨느니라 여호와께서 네 조상들을 사랑하신 고로 그 후손인 너를 택하시고 큰 권능으로 친히 인도하여 애굽에서 나오게 하시며 너보다 강대한 여러 민족을 네 앞에서 쫓아내고 너를 그들의 땅으로 인도하여 들여서 그것을 네게 기업으로 주려 하심이 오늘과 같으니라 그런즉 너는 오늘 위로 하늘에나 아래로 땅에 오직 여호와는 하나님이시요 다른 신이 없는 줄을 알아 명심하고 오늘 내가 네게 명령하는 여호와의 규례와 명령을 지키라 너와 네 후손이 복을 받아 네 하나님 여호와께서 네게 주시는 땅에서 한없이 오래 살리라.

이 구절에서 말씀하는 분은 누구이신가? 이 본문은 우선 하나님이 모세를 통해서 말씀하신다. 그리고 나서 모세는 하나님이 하신 일과 하신 말씀을 주석하고 성찰한다. 신명기는 본래 신학적인 의도로 쓴 성경이기 때문에 구약 학자들도 신명기 신학이라는 개념을 인정한다. 신명기는 모세오경에서 예수님이 가장 많이 인용하신 성경이다. 또한, 신약 성경에서 시편과 이사야 다음으로 많이 인용된 성경이기도 하다.

신명기의 역사적 배경은 이스라엘 자손이 아직 광야에 머물던 시절이다. 모세는 그들이 약속의 땅으로 들어가도록 준비시켰다. 그들 뒤에는 출애굽, 시내 산, 가데스 바네아의 반역의 역사가 있었다. 그리고 그들 앞에는 요단 강과 강 저편의 약속의 땅이 있었다. 이 새로운 세대는 그 땅에 들어설 준비가 되었다. 하지만 모세는 그들과 함께 그 땅에 들어서지 못할 것이었다. 따라서 하나님은 이스라엘 백성이 앞으로 닥칠 문제들을 예비할 수 있도록 하시려고 모세를 통하여 말씀하신 것이다.

신명기는 율법을 두 번째로 주시는 책이다. 하나님은 자기 백성에게 신실하게 순종할 기회를 주셨다. 그들은 어떻게 준비하고 대비할 것인가? 신명기에서 하나님은 군사 작전을 브리핑하고, 인구를 조사하고, 지형을 설명하는 식으로 그 백성을 준비시키지 않으셨다. 오히려 이 책은 하나님의 말씀에 집중한다. 신명기는 하나님이 말씀하신 영광스러운 진리에 관한 책이다. 신명기는 하나님의 백성은 하나님의 음성을 규칙적으로 반드시 들어야 한다고 말한다. 신명기는 하나님의 말씀에 순종하라는 명령이다.

신명기 4장의 주제는 "호렙 산을 기억하라"는 것이다. 앞서 세 장에 걸쳐 신명기의 서두가 마무리되고, 4장 첫 구절은 "이스라엘아 이제"(1절)라고 말씀하면서 본문의 긴장감이 고조된다. 구약 성경, 특히 신명기에 나타나는 이 구절은 신약 성경에서 자주 사용하는 "그러므로"라는 단어와 유사하다. 이 단어는 예전에 가르친 것을 앞으로 나타날 정보와 연결할 때 사용한다. 즉, 앞선 세 장에서 말씀하신 것을 기초로 삼아 앞으로 이어질 말씀을 들을 준비를 하라는 것이다. 신명기 4장 1절에서 모세는 이스라엘 백성에게 "들으라"고 엄히 명한다. 왜 그러한가? 하나님의 말씀을 듣는 것은 성공과 실패의 문제가 아니라 생존과 생명과 죽음의 문제이기 때문에 모세는 이를 들으라고 엄정하게 말하는 것이다.

신명기 전체 신학은 하나님이 말씀하셨다는 한마디로 요약할 수 있다. 듣고 순종하면 생명이요, 순종하지 않으면 사망이다. 모세는 이스라엘 백성이 말씀을 듣고 어떻게 하느냐에 따라 생명과 죽음이 달려 있다는 사실을 깨닫기 바랐다. 이 책의 전체 틀은 다음과 같다. 하나님의 말씀을 듣고, 귀를 기울이고, 순종하라. 그러면 산다. 듣고 순종하지 않으면 멸망한다.

우리가 설교의 위기에 처하게 된 핵심적인 문제는 우리는 더 이상 이러한 법칙이 유효하다고 믿지 않기 때문이라고 생각한다. 우리는 광야에서는 하나님의 말씀이 생사(生死)를 결정하는 문제였지만, 현대 교회에는 그다지 중요하지 않은 문제라고 믿는다. 나는 강단에서 강해 설교가 위축되고 심지어 사라지는 이유는 단 한 가지라고 생각한다. 바로 하나님의 말씀이 생사의 문제라는 믿음이 사라졌기 때문이다. 그렇지만 하나님의 말씀은 언제나 죽느냐 사느냐를 결정하는 문제다. 그리고 이 진리를 잊은 설교자에게는 화가 있을 것이다.

이를 마음에 두고 신명기의 설교 모형에 나타나는 네 가지 특징을 살펴보겠다.

신명기의 설교 모형

▪ 말씀하시는 분은 하나님이시다

신명기 설교에 나타나는 첫 번째 특징은 참되시고 살아계신 하나님이 바로 말씀하시는 하나님이라는 것이다. 우리가 하나님이 누구이신지 깨달을 만큼 지혜롭기 때문에, 또는 하나님이 자신을 드러내고 싶으실 정도로 똑똑하시기 때문에 우리가 하나님이 어떤 분이신지 알게 된 것이 아니다. 오직 하나님이 자신의 사랑과 은혜와 자비로우심으로 우리에게 말씀하셨기 때문에 하나님을 알 수 있는 것이다. 참되시고 살아계신 우리 하나님은 말씀하시는 하나님이시다.

1970년대에 프란시스 쉐퍼는 『거기 계시며 말씀하시는 하나님』[1]이라는 책을 남겼다. 이 책은 내 삶에 큰 영향을 끼쳤다. 왜냐하면, 이 두 가지 명제는 실제로 모든 기독교 신학, 모든 기독교 세계관, 하나님에 대한 모든 이해, 그리고 하나님이 우리에게 무엇을 원하시는지를 깨닫는 출발점이 되기 때문이다.

우리는 하나님이 침묵하지 않으시기 때문에 설교할 수 있다. 우리가 자신 있게 설교를 할 수 있는 근거는 무엇인가? 바로 살아 있고 활력이 있어 좌우에 날 선 어떤 검보다도 예리한 말씀으로 하나님이 여전히 말씀하신다는 것을 신뢰하기 때문이다. 이것이 바로 계시의 기적이다. 우리가 교회에서 가르치고 설교할 때 이러한 진리에 제대로 관심을 기울이고 있는지 두렵다. 하나님은 우리에게 실제로 말씀하신다. 그리고 그렇게 우리에 대한 자신의 사랑을 확증하셨다. 신명기 4장 10-19절에서 모세는 이 점을 매우 분명하게 밝힌다.

네가 호렙 산에서 네 하나님 여호와 앞에 섰던 날에 여호와께서 내게 이르시기를 나에게 백성을 모으라 내가 그들에게 내 말을 들려주어 그들이 세상에 사는 날 동안 나를 경외함을 배우게 하며 그 자녀에게 가르치게 하리라 하시매 너희가 가까이 나아와서 산 아래에 서니 그 산에 불이 붙어 불길이 충천하고 어둠과 구름과 흑암이 덮였는데 여호와께서 불길 중에서 너희에게 말씀하시되 음성뿐이므로 너희가 그 말소리만 듣고 형상은 보지 못하였느니라 여호와께서 그의 언약을 너희에게 반포하시고 너희에게 지키라 명령하셨으니 곧 십계명이며 두 돌판에 친히 쓰신 것이라 그때에 여호와께서 내게 명령하사 너희에게 규례와 법도를 교훈하게 하셨나니 이는 너희가 거기로 건너가 받을 땅에서 행하게 하심이니라 여호와께서 호렙 산 불길 중에서 너희에게 말씀하시던 날에 너희가 어떤 형상도 보지 못하였은즉 너희는 깊이 삼가라 그리하여 스스로 부패하여 자기를 위해 어떤 형상대로든지 우상을 새겨 만들지 말라 남자의 형상이든지, 여자의 형상이든지, 땅 위에 있는 어떤 짐승의 형상이든지, 하늘을 나는 날개 가진 어떤 새의 형상이든지, 땅 위에 기는 어떤 곤충의 형상이든지, 땅 아래 물속에 있는 어떤 어족의 형상이든지 만들지 말라 또 그리하여 네가 하늘을 향하여 눈을 들어 해와 달과 별들, 하늘 위의 모든 천체 곧 너희의 하나님 여호와께서 천하 만민을 위하여 배정하신 것을 보고 미혹하여 그것에 경배하며 섬기지 말라.

모세는 선포한다. "너희들은 호렙 산에 있었을 때를 기억하느냐? 불길 중에서 말씀하신 하나님의 목소리를 기억하느냐?" 재미있는 사실은 지금 모세의 말을 듣고 있는 사람들은 당시 호렙 산에 없었다는 것이다. 하지만 모세는 그들이 하나님의 목소리를 들었다고 이야기한다. 태어나기도 전에 일어난 일이기 때문에 그들의 육체가 그곳에 있던 것이 아니지만, 모세가 이렇게 말하는 이유는 아버지와 그 조상이 그랬던 것처럼 그들도 하나님 말씀 아래에 있는 자들이 되었기 때문이다.

모세는 그들이 하나님의 음성을 들었다는 사실을 강조한다. 그리고 혼란을 주지 않기 위해 다음과 같이 말한다. "너희가 그 말소리만 듣고 형상은 보지 못하였느니라"(신 4:12). 맥락상 모세가 이렇게 말한 이유는 분명히 당시에 이스라엘 백성에게 닥친 가장 큰 위험이 우상 숭배였기 때문일 것이다. 하지만 지금 우리도 구약 시대에 우상을 숭배하는 행위에서 조금도 나아지지 않았다. 단지 조금 더 세련되었을 뿐이다.

모든 문제의 근원은 항상 우상 숭배다. 왜냐하면, 타락한 우리는 말보다 형상을 원하기 때문이다. 우리는 통제할 수 있는 어떤 형상을 원한다. 왜냐하면, 우상은 우리가 원하는 곳에 세우고, 원하는 대로 입히고, 원하는 대로 말을 걸 수 있기 때문이다. 이야말로 유일하신 참 하나님과 구약의 거짓 신들을 구분하는 중요한 특징이다. 하나님을 모르는 자들은 우상에게 자신들이 말하지만, 형체가 없으시며 참되시고 살아계신 하나님은 직접 하나님의 백성에게 말씀하신다.

엘리야는 갈멜 산에서 우상을 숭배하는 제사장들과 맞섰을 때 이야기를 예로 들어 이러한 차이를 설명한다. 열왕기상 18장 29절은 이렇게 말씀한다. "이같이 하여 정오가 지났고 그들이 미친 듯이 떠들어 저녁 소제 드릴 때까지 이르렀으나 아무 소리도 없고 응답하는 자나 돌아보는 자가 아무도 없더라." 이 두려운 말씀을 잠시 생각해 보자. 하나님이 말씀하지 않으신다면 우리는 도대체 어떤 존재인지를 깊이 숙고해 보라. 우리는 이교도 제사장들과 같은 곤경에 처하고 말 것이다. 어쩌면 우리는 원하는 것을 무엇이든 할 수 있을지 모른다. 우리는 원하는 어떤 불도 붙일 수 있고, 창조적인 메시지를 제시할 수도 있고,

군중을 모을 수도 있다. 그리고 심지어 그렇게 모인 사람들을 교회라고 칭할 수도 있다. 하지만 하나님이 우리에게 말씀하지 않으신다면 우리는 그저 이교도 제사장들처럼 저주받은 자요, 죽은 자요, 버림받은 자일 뿐이다.

예레미야 역시 엘리야와 마찬가지로 우상에 관해서 이야기한다. "그것들은 논에 세운 허수아비와 같아서, 말을 하지 못한다. 걸어 다닐 수도 없으니"(렘 10:5, 표준새번역). 이 말씀은 결국 한마디로 요약할 수 있다. 즉, 당신은 하나님의 말씀을 소유한 사람이거나 논에 세운 허수아비를 소유한 사람이거나 둘 중 하나다. 당신이 말씀하시는 하나님을 믿는 것이 아니면 당신은 우상을 믿는 것이다.

바울은 고린도전서 12장 2절에서 다음과 같이 썼다. "너희도 알거니와 너희가 이방인으로 있을 때에 말 못하는 우상에게로 끄는 그대로 끌려갔느니라." 바울이 기억하라고 강권하는 내용은 모세가 이스라엘 백성에게 기억하라고 강권하는 내용과는 매우 다르다. 바울은 고린도에 있는 이방인 그리스도인들에게 그들이 한때 우상에게로 끌려갔고, 말하지 못하는 우상을 섬겼다는 사실을 기억하라고 한다. 반면에 모세는 이스라엘 백성에게 하나님이 말씀하셨을 때를 떠올리고 기억하라고 한다. 그렇지만 두 경우 모두 말씀하시고 자신을 나타내시는 한 분 하나님께 중점을 두고 있다.

계시는 다음과 같이 정의할 수 있다. "계시란 하나님이 은혜로 자신을 드러내시는 것으로, 그렇게 함으로써 하나님은 자신의 신비함을 벗으시고 피조물이 자신을 알도록 하신다."[2] 무엇도 필요로 하지 않으시며, 장엄함으로 통치하시며, 무한히 완전하신 그 하나님이 자신의 신비로움을 벗으시고 우리로 하여금 자신을 알게 하신 것이다. 이러한 계시를 받은 사람이라면 당연히 그 계시에 따라 살고, 그 계시로 인해 풍성해지며, 그 계시에 매달리지 않겠는가? 그리고 하나님의 말씀을 읽고 설명하는 설교자로 부르심을 받은 사람들은 그렇게 하는 것이 더욱 자연스럽지 않겠는가?

바울이 로마서에 남긴 말도 이와 유사하다. 하나님은 일반 계시를 통해서 모든 사람에게, 모든 곳에서 자신을 드러내셨다. 전자 하나, 분자 하나까지 창조 세계에서 창조주의 위엄을 외치지 않는 존재는 하나도 없다. 사람은 하나님의 형상으로 만들어졌기 때문에 사람마다 창조주를 아는 지식을 부르짖는 양심이 있다. 그리고 그 양심을 넘어서게 되면 사람에게 있는 도덕적 감성 때문에 사람은 하나님이 정하신 신법(divine law)을 범했다는 사실을 깨닫게 된다. 또한, 바울은 로마서에서 인류의 문제는 끊임없이 우상을 숭배하는 것이라고 분명히 밝힌다. 타락의 결과, 사람은 일반 계시를 통해서는 주 예수 그리스도를 알고 구원에 이르지 못하게 되었다. 따라서 구원의 문제는 전적으로 일반 계시가 아닌, 하나님의 음성의 형태로 우리에게 임한 특별 계시에 의거한 것이다.

하지만 당신이 하나님은 과거에만 말씀하셨다고 생각한다면, 설교하는 자리에서 물러나야 할 것이다. 진심으로 말한다. 하나님이 성경을 통해서 지금도 말씀하신다는 사실을 믿지 않는다면, 당신은 도대체 무슨 일을 하는 것인가? 또한, 하나님이 당신을 통해서 말씀하신다는 확신이 없다면, 당신이 하나님의 말씀을 바르게 읽고 해석한다는 확신이 없다면, 목회직을 그만두라. 우리는 초자연적인 계시에 완전히 의지하는 자들이다. 과거에 하나님이 직접 말씀하셨던 것처럼 이제는 우리에게 성경이 있다. 우리는 이 성경이 영감으로 기록되었으며 하나님의 감동으로 된 책이라는 사실을 믿는다. 우리는, 비록 하나님이 과거에 자신의 백성에게 말씀하신 것이기는 하지만, 이 성경을 통해서 하나님이 자신의 백성에게 어떻게 말씀하셨는지 알 수 있다.

성경은 정확 무오한 하나님의 말씀이다. 따라서 성경에 조금이라도 완전하지 못한 점이 있다고 생각한다면, 당신은 하나님이 말씀하신다는 사실을 믿는다고 말은 하면서도 하나님이 망설이시면서 떠듬떠듬 말씀하신다고 생각하는 것과 같다. 당신은 성경 말씀 한 글자 한 글자에서 하나님의 음성을 들을 수 있는 것이 아니라, 하나님의 말씀은 저기 어딘가에 성경 말씀과 별개로 존재한다고 생각하는 것이다. 우리는 반드시 성경 모든 말씀에 하나님의 음성이 깃들여 있다는 사실을 인식해야 한다. 그리고 "옛적에 선지자들을 통하여 여러 부분과 여러 모양으로 우리 조상들에게 말씀하신 하나님이 이 모든 날 마지막에는 아들을 통하여 우리에게 말씀"(히 1:1-2)하신다는 사실을 알아야 한다. 하나님의 말씀이 있느냐 없느냐에 따라 참종교와 거짓 종교, 생명과 죽음이 완전히 나뉜다.

하나님이 말씀하지 않으셨다면? 하나님이 모세를 그 떨기나무에서 부르지 않으셨다면? 하나님이 호렙 산에서 자신의 백성을 모으시고 말씀하지 않으셨다면? 하나님이 율법을 통해 말씀하지 않으셨다면? 하나님이 선지자를 통하여 말씀하지 않으셨다면? 하나님이 이 말세에 아들을 통하여 우리에게 말씀하지 않으셨다면? 그렇다면 우리는 아무 목적도 없고 의미도 없으며 허무주의에 빠져 버린, 우주에서 갈 곳을 잃고 헤매는 존재에 불과하다. 하나님이 말씀하지 않으셨고, 지금도 말씀하지 않으신다면, 먹고 마시고 즐기라. 우리는 내일 죽고 말 것이기 때문이다. 하지만 하나님은 말씀하셨다. 따라서 그 말씀은 죽느냐 사느냐의 문제다. 이 메시지는 하나님의 말씀을 듣지 않는 자들에게는 죽음이 될 것이고, 하나님의 말씀을 듣는 자들에게는 생명이 될 것이다.

- 하나님의 백성은 하나님의 말씀을 듣고 순종한다

신명기에서 찾아보는 설교의 두 번째 특징은 하나님의 참된 백성이란 곧 하나님의 말씀을 듣는 자들이라는 것이다. 계시의 교리는 단지 인식론이나 권위의 관점에서만이 아니라 본질적으로 선택의 교리와 깊이 결부되어 있다. 우리는 누가 하나님의 백성인지 어떻게 알 수 있는가? 하나님은 자신의 백성에게 말씀하시기 때문에 우리는 알 수 있다. 하나님은 세상 모든 민족에게 말씀하지 않으셨다. 오직 이스라엘 민족에게만 말씀하셨다. 하나님은 민족 중에서 그들을 선택하셨고, 그들은 계시를 받음으로 자신들이 선택받았다는 것을 확증할 수 있었다. 모세는 이스라엘에게 몇 번이고 반복해서 말한다. "여호와 하나님이 모든 사람이 아니라 너희에게만 말씀하셨다는 사실을 기억하라." 모세는 이스라엘 백성이 교만하고 자부심 높은 민족이 되라는 뜻으로 이렇게 말하지 않았다. 하나님이 오직 은혜와 자비로 그들을 드러내기로 선택하셨다는 사실을 이스라엘 백성이 알기 원했다.

하나님의 소유로 선택받다

신명기 4장 32-34절을 보면 모세는 이스라엘이 하나님의 선택받은 백성이라는 진리를 확신하도록 네 가지 질문을 던진다. 첫 번째 질문은 출애굽 사건과 하나님이 율법을 주신 일, 그리고 이스라엘 전체 역사에 대한 것이었다. 모세는 묻는다. "과거에 이와 비슷하기라도 한 사건이 있었는가?" 그 대답은 물론 "그렇지 않다."이다.

모세는 두 번째 질문으로 넘어가서 다시 묻는다. "그렇다면 이와 유사한 이야기라도 들은 적이 있는가?" 다른 민족은 하나님이 자신들에게 말씀하셨고, 하나님이 자기 민족에게 기적을 베푸셨고, 하나님이 자신의 영광을 위해 자기 민족에게 하나님의 백성으로 세우셨다고 주장할 수 없다. 이러한 일이 일어난 유일한 민족은 이스라엘뿐이었기 때문이다. 다른 곳에서는 이와 비슷한 일이 있었다는 소문조차 없었다.

세 번째 질문은 신명기 4장 34절이다. 모세는 이스라엘 백성에게 묻는다. "어떤 신이 와서 시험과 이적과 기사와 전쟁과 강한 손과 편 팔과 크게 두려운 일로 한 민족을 다른 민족에게서 인도하여 낸 일이 있느냐 이는 다 너희의 하나님 여호와께서 애굽에서 너희를 위하여 너희의 목전에서 행하신 일이라." 온 세상은 이스라엘이 하나님의 선택을 받은 백성이며, 하나님이 자신의 손으로 그 백성을 노예 생활에서 해방해 주셨다는 사실을 알았다. 또한, 그들은 하나님이 이스라엘을 구원하셨기 때문에 이스라엘은 하나님의 선하신 뜻을 위해 존재하는 민족이라는 사실도 알았다. 이는 여호수아 4장 6절 "이 돌들은 무슨 뜻이냐"라는 말씀과도 유사하다. 이 질문에 대한 대답은 7절에 나온다. "이 돌들이 이스라엘 자손에게 영원히 기념이 되리라"는 것이다. 구약성경의 말씀은 끊임없이 하나님의 백성에게 그들이 한때 바로와 애굽의 노예였지만 전능하신 하나님의 강하신 팔로 구원을 받았다는 사실을 기억하게 한다.

모세는 마지막으로 신명기 4장 33절에서 질문한다. 이 질문은 우리가 논하는 내용의 핵심이다. 이 질문은 성경 어디에서도 찾아볼 수 없는 가장 감미로우면서도 가장 강력하고, 가장 놀라운 질문이다. 하나님은 모세를 통해 이스라엘 자손에게 물으신다. "어떤 국민이 불 가운데에서 말씀하시는 하나님의 음성을 너처럼 듣고 생존하였느냐." 이스라엘 자손들은 어떻게 그들이 하나님의 백성임을 알 수 있는가? 어떻게 그들은 자신들이 하나님의 선택을 받았고, 하나님의 소유가 되었음을 알았는가? 바로 이스라엘 민족은 다른 민족들과 다르게 초월자이시고, 주권자이시고, 전지전능하신 하나님이 불 가운데에서 말씀하시는 음성을 듣고도 생존했기 때문이다.

만약 하나님이 우리에게 자신의 음성을 있는 그대로 말씀하시면, 우리는 완전히 멸절하고 말 것이다. 하지만 하나님은 목소리를 낮추시고 자녀에게 아비가 말하듯 말씀하셨다. 이스라엘이 호렙 산에 있을 때, 전능하신 주 하나님이 자녀들에게 아비가 하듯 말씀하셨기 때문에 그들은 살 수 있었다. 이 질문들은 이스라엘이 자신의 특별한 지위와 소명을 깨달았고, 자신이 선택을 받았다는 사실과 하나님의 구원 계획에서 어떠한 위치에 있는지를 인식하게 되었다는 사실을 보여 준다.

하나님의 계시를 받는 특권이라는 주제가 구약에만 나타나는 것은 아니다. 신약에서도 마찬가지다. 마태복음 13장 11절에서 예수님은 제자들에게 말씀하신다. "천국의 비밀을 아는 것이 너희에게는 허락되었으나 그들에게는 아니되었나니." 제자들이 이러한 특권을 받은 이유는 그들이 똑똑해서도, 잘나서도, 성품이 좋아서도 아니었다. 오직 하나님이 자신의 주권으로 그들을 통해서 영광을 받으시기로 작정하셨기 때문이다. 예수님은 제자들에게 그들이 예수님의 소유가 되었다는 사실을 깨닫게 된 이유는 "천국의 비밀을 아는 것이 너희에게는 허락되었으나 그들에게는 아니되었"기 때문이라고 말씀하신다. 예수님은 계속 말씀하신다. "너희 눈은 봄으로, 너희 귀는 들음으로 복이 있도다 내가 진실로 너희에게 이르노니 많은 선지자와 의인이 너희가 보는 것들을 보고자 하여도 보지 못하였고 너희가 듣는 것들을 듣고자 하여도 듣지 못하였느니라"(마 13:16-17).

증인이 되도록 선택받다

독자들에게 묻겠다. 당신은 당신이 주 예수 그리스도를 믿는 자라는 사실을 어떻게 아는가? 조금 더 명확하게 답할 수 있도록 두 가지 질문을 하겠다. 당신은 왜 믿는 자가 되었는가? 그리고 왜 믿는 자가 되었는지 어떻게 설명하겠는가? 우리는 하나님의 놀라운 구원의 메시지를 들음으로써 은혜로 말미암아 구원을 받았다. "너희 눈은 봄으로, 너희 귀는 들음으로 복이 있도다", "천국의 비밀을 아는 것이 너희에게는 허락되었으나 그들에게는 아니되었나니"라고 성경은 말씀한다. 이는 하나님이 이스라엘에게 주신 말씀과 전혀 다를 것이 없다. "내가 선택한 백성인 너희에게 이야기한다. 모든 민족 중에서 내가 너희를 골랐다." 절대로 이스라엘 민족이 힘이 있거나, 영광이 있거나, 지혜가 있거나, 재능이 있거나, 잠재력이 있어서 선택하신 것이 아니었다. 오직 하나님은 약속을 신실하게 지키시는 하나님, 구원을 베푸시고 구속하시는 하나님의 영광을 보여 주시기 위해서 광야를 곧장 나아가지도 못하고 방황하던 이 작은 민족 집단을 선택하신 것이다.

하나님이 우리를 선택하시고 하나님의 계시를 들을 수 있게 하신 이유도 똑같다. 바울은 고린도인들에게 말한다. "하나님께서 세상의 미련한 것들을 택하사 지혜 있는 자들을 부끄럽게 하려 하시고 세상의 약한 것들을 택하사 강한 것들을 부끄럽게 하려 하시며"(고전 1:27). 이것이 하나님의 은혜와 자비다. 그렇기 때문에 우리는 교만할 수 없고 겸손해야 한다. 또한, 우리는 증인이 되어야 한다. 그래서 성경은 말한다. "너희는 지켜 행하라 이것이 여러 민족 앞에서 너희의 지혜요 너희의 지식이라 그들이 이 모든 규례를 듣고 이르기를 이 큰 나라 사람은 과연 지혜와 지식이 있는 백성이로다 하리라"(신 4:6). 하나님의 특별 계시는 단지 이스라엘만을 위한 것이 아니었다. 우리만을 위한 것은 더더욱 아니다.

이러한 증거를 보고 이스라엘 민족은 다음과 같이 질문할 것이다. "우리 하나님 여호와께서 우리가 그에게 기도할 때마다 우리에게 가까이하심과 같이 그 신이 가까이함을 얻은 큰 나라가 어디 있느냐"(신 4:7). 그리고 더 나아가서 "오늘 내가 너희에게 선포하는 이 율법과 같이 그 규례와 법도가 공의로운 큰 나라가 어디 있느냐"(신 4:8)라고 물을 것이다.

이 두 가지 질문에 하나님은 대답하신다. "이스라엘아, 내가 베푼 일은 너희만을 위한 것이 아니다. 너희를 통해서 이루려는 일이 있다. 내가 너희와 맺은 언약이 분명히 나타나고, 너희가 나를 순종하고, 나의 규례를 따르면, 다른 민족들은 다음처럼 묻게 될 것이다. '도대체 저기서 무슨 일이 벌어지는 것인가? 어떤 민족이기에 그렇게 공정한 법을 베푸실 만큼 은혜로우신 하나님을 섬기는가? 어떤 민족이기에 참되시고 살아계신 한 분 하나님의 음성을 듣고도 아직 생존한 것인가?'" 하나님이 이 모든 계시를 베푸신 목적은 아들의 피로 구원할 민족을 창조하셔서 영광을 받으시기 위함이었다. 우리는 이스라엘과 똑같은 자비를 입었다는 점에서 이스라엘과 다를 것이 없다. 우리는 하나님이 말씀하시는 것을 들었다.

■ 하나님의 백성은 하나님의 말씀을 들어야만 산다

신명기를 통해 얻을 수 있는 설교의 세 번째 특징이 있다. 바로 하나님의 백성은 하나님의 말씀을 들어야만 살 수 있다는 것이다. 왜냐하면, 하나님의 말씀에 죽음과 생명이 달려 있기 때문이다. 이러한 특징은 신명기의 결론 부분에서 나타난다.

> 내가 오늘 네게 명령한 이 명령은 네게 어려운 것도 아니요 먼 것도 아니라 하늘에 있는 것이 아니니 네가 이르기를 누가 우리를 위하여 하늘에 올라가 그의 명령을 우리에게로 가지고 와서 우리에게 들려 행하게 하랴 할 것이 아니요 이것이 바다 밖에 있는 것이 아니니 네가 이르기를 누가 우리를 위하여 바다를 건너가서 그의 명령을 우리에게로 가지고 와서 우리에게 들려 행하게 하랴 할 것도 아니라 오직 그 말씀이 네게 매우 가까워서 네 입에 있으며 네 마음에 있은즉 네가 이를 행할 수 있느니라(신 30:11-14).

모세는 하나님의 메시지를 전한다. 즉, 이스라엘이 하나님의 말씀을 찾으려고 애썼기 때문에 하나님의 말씀을 발견한 것이 아니라는 것이다. 하나님의 말씀은 이스라엘에게 임했고 이제는 매우 가까이에 있는 것이다. 마찬가지로 설교자는 하나님의 말씀에서 답을 찾아야 한다. 우리는 말씀을 받았다. 그리고 말씀에는 결과가 따른다.

> 보라 내가 오늘 생명과 복과 사망과 화를 네 앞에 두었나니 곧 내가 오늘 네게 명령하여 네 하나님 여호와를 사랑하고 그 모든 길로 행하며 그의 명령과 규례와 법도를 지키라 하는 것이라 그리하면 네가 생존하며 번성할 것이요 또 네 하나님 여호와께서 네가 가서 차지할 땅에서 네게 복을 주실 것임이니

라 그러나 네가 만일 마음을 돌이켜 듣지 아니하고 유혹을 받아 다른 신들에게 절하고 그를 섬기면 내가 오늘 너희에게 선언하노니 너희가 반드시 망할 것이라 너희가 요단을 건너가서 차지할 땅에서 너희의 날이 길지 못할 것이니라 내가 오늘 하늘과 땅을 불러 너희에게 증거를 삼노라 내가 생명과 사망과 복과 저주를 네 앞에 두었은즉 너와 네 자손이 살기 위하여 생명을 택하고 네 하나님 여호와를 사랑하고 그의 말씀을 청종하며 또 그를 의지하라 그는 네 생명이시요 네 장수이시니 여호와께서 네 조상 아브라함과 이삭과 야곱에게 주리라고 맹세하신 땅에 네가 거주하리라 (신 30:15-20).

이스라엘 자손에게 말씀은 만나와 같았다. 그들은 살아남기 위해서 매일 신선한 만나를 받아야만 했다. 그들은 하나님의 말씀으로 인해 하나님의 백성으로 살았다. 그렇게 하나님의 말씀은 그들에게 도움이자, 복이자, 정체성이 되었다.

디모데후서 3장 16-17절에서 바울은 유창한 말로 비슷하게 성경에 대해서 증언한다. 바울은 다음과 같이 썼다. "모든 성경은 하나님의 감동으로 된 것으로 교훈과 책망과 바르게 함과 의로 교육하기에 유익하니 이는 하나님의 사람으로 온전하게 하며 모든 선한 일을 행할 능력을 갖추게 하려 함이라." 기록된 하나님의 말씀보다 이러한 일에 더욱 알맞은 것은 없다. 바울은 하나님의 말씀에 권위가 있고, 완전하며, 정확 무오하다는 것과 더불어 하나님의 말씀만으로도 이 모든 것을 이룰 수 있다는 것, 즉 말씀의 충분성(sufficiency)에 대해서 말하는 것이다.

이스라엘이 말씀대로 살았던 것처럼 우리도 말씀대로 살아야 한다. 왜냐하면, 우리는 우리가 누구인지, 하나님이 어떤 분이신지 알기 때문이다. 우리가 그리스도의 증거를 발견하는 길도 바로 이 말씀이다.

그리스도는 마태복음 5장 17-18절에서 완전하고 변함없는 성경에 대해서 말씀하셨다. "내가 율법이나 선지자를 폐하러 온 줄로 생각하지 말라 폐하러 온 것이 아니요 완전하게 하려 함이라 진실로 너희에게 이르노니 천지가 없어지기 전에는 율법의 일점일획도 결코 없어지지 아니하고 다 이루리라."

우리가 누구인지 어떻게 알 수 있는가? 우리가 하나님의 소유임을 어떻게 알 수 있는가? 어떻게 살아야 하는지 어떻게 알 수 있는가? 순종과 불순종이 생사를 결정하는 문제라는 사실을 어떻게 알 수 있는가? 우리는 어떻게 은혜 가운데 자랄 수 있을 것인가? 이 모든 것은 말씀 사역을 통해서 가능하다.

■ 하나님을 경외하는 설교는 생사의 문제다

신명기에서 보는 설교의 마지막 네 번째 특징은 바로 설교가 생사를 결정하는 문제라는 점이다. 하나님의 백성은 하나님의 말씀을 들어야만 살 수 있기 때문에 설교는 반드시 성경을 강해해야 한다. 왜냐하면, 우리는 다른 것으로는 그렇게 할 수 없기 때문이다. 설교는 단지 교회를 자라게 하고, 성도들에게 감동을 주고, 성도들이 예전보다 더 신실한 모습으로 살아가도록 돕는 것이 아니다. 하나님을 경외하는 설교는 생사의 문제를 결정하는 문제다. 우리는 이를 믿든지 그렇지 않든지 둘 중 하나를 택할 수밖에 없다. 신명기 30장 19절은 말씀한다. "내가 생명과 사망과 복과 저주를 네 앞에 두었은즉 너와 네 자손이 살기 위하여 생명을 택하고."

그렇다면 누가 설교하는 것인가 – 설교자인가 하나님이신가?

우리에게는 성경이 있다. 성경이 완전하고 하나님의 감동으로 된 말씀이라는 사실을 알았다면, 이제 우리는 성경을 바른 관점에서 봐야 할 것이다. 그리고 이는 누가 말씀하시는 것이냐는 문제로 귀결된다. 설교자인가 하나님이신가? 정말 많은 설교자가 정말 많은 말씀을 전하고 있다. 하지만 **하나님의 말씀이 설교자를 통해서 선포될 때, 그것은 바로 하나님이 말씀하시는 것이다.** 이는 생사를 구별하는 결정적인 문제다. 우리는 구원받은 하나님의 백성이 우리의 말을 듣고도 살 수 있다고 교만한 생각을 하고 있는가? 아니면 생명이란 오직 하나님의 말씀에서만 나타난다는 사실을 깨닫고 겸손하게 설교하는가?

우리는 하나님이 거기 계시고, 침묵하지 않으시기 때문에 살 수 있는 것이다. 설교에 소명을 받은 사람은 본문을 연구하고, 하나님의 백성 앞에 서며, 본문을 읽고, 본문을 설명하고, 경책하며, 경계하고, 권하고, 오래 참으며 가르치는 일에 헌신한 자들이다. 우리는 예수님이 오실 때까지, 아니면 우리가 예수님께 갈 때까지 이 일을 계속하도록 부르심을 받은 자들이다. 이러한 수고를 하면서 우리가 바라고 기도하는 것은 무엇인가? 우리가 소망하는 것은 다른 것이 아니다. 오직 성도들이 교회 건물을 떠나가면서 서로를 바라보고 다음과 같이 말하기를 바랄 뿐이다. "우리가 정말로 불꽃 가운데서 말씀하시는 하나님의 음성을 듣고 생존한 것이 아니었는가?"

PRAYER

아버지, 때를 얻든지 못 얻든지 당신의 말씀을 전할
설교자들을 군대와 같이 일으켜 주시기를 기도합니다.
아버지, 우리가 이 일이 아니면 아무 일도 하지 않게 하소서.
아버지의 영광을 보게 하소서.
당신의 교회가 설교를 통해 회복되는 것을 보게 하소서.
당신이 말씀을 높일 때 당신의 이름에 영광이 임하는 것을 보게 하소서.
이 모든 것, 우리 주 예수 그리스도의 이름으로 기도합니다.
아멘.

7
Steven J. Lawson

누구든지 주의 이름을 부르는 자는
구원을 받으리라 하였느니라 _ 행 2:21

사도적 설교의 열정과 능력

스티븐 J. 로슨, 2007
사도행전 2:14-24

나는 여러분이 모두 강해 설교자가 되기를 권한다. 그렇다고 어떻게든 강해를 하기만 하면 된다는 말은 아니다. 옛적에 사도들이 살아계신 하나님의 말씀을 알리고 선포했을 때처럼 우리 모두 사도들과 같은 격정을 소유한 설교자가 되어야 한다는 뜻이다. 교회 설교단에는 더 이상 부드럽고 온유한 설교자가 필요하지 않다. 담대히 일어나서 소리를 높여 하나님이 권고하시는 바를 온전하게 전할 하나님의 사람들이 필요한 것이다. 우리 삶에도 사도들과 같은 설교의 열정과 능력이 임해야 한다.

두 가지 위험

21세기에 들어서면서 교회를 위협하는 두 가지 치명적인 위험이 나타났다. 나는 이러한 위험을 심각하게 우려하는 사람이다. 이 위험들은 오늘날 설교의 생명을 위협하고 있기 때문이다.

첫 번째 위험은 많은 교회가 설교의 가치를 평가 절하하고 있다는 점이다. 이렇게 패러다임이 급격히 변화하면서 교회가 성경적 설교를 대체하는 여러 가지 대안을 선호하게 되었고, 그 결과 성경적 설교가 사라지고 있다. 한때 강단에서 가장 중요한 요소였던 주해는 이제 사람들을 즐겁게 하는 방법으로 대치되었다. 신학은 '어떻게 하면 설교를 극적으로 보여 줄 것인가'라는 문제에 자리를 내주었다. 건전한 교리는 완벽한 음향 시설로 대치되었다. 구속의 비밀을 밝히던 위대한 드라마는 점차 통속적인 드라마로 바뀌고 있다. 하나님을 높이고 영혼을 깨우는 설교는 구닥다리가 되었고 일상적인 대화체가 대세가 되었다. 성경을 분명하게 주해하는 것은 부차적인 요소가 되었다.

나는 이러한 위협 때문에 걱정이 된다. 하지만 이러한 위험보다 더 우려되는 것이 있다. 이 위험은 설교의 스펙트럼을 볼 때 첫 번째 위험과 완전히 반대편에 있다고 할 수 있다. 하지만 이 위험은 아주 미묘하기 때문에 성경적 설교를 중요하게 여기는 사람들까지도 모두 위험하게 만든다. 이 위험은 건전하게 주해하고, 성경을 깊이 연구하고, 관련 구절을 면밀하게 파악하고, 본문을 제대로 준비하는 사람들까지도 잠식하고 있다. 문제는 그들이 하는 강해 설교는 강해이기만 할 뿐 설교가 아니라는 점이다. 그저 정보를 쏟아 내놓는 것에 불과한 정도다. 이는 생명력이 결여된 성경 강의다. 이러한 설교는 냉담하고, 열정도 생기도 없다. 빛은 비추는데 열이 없다. 정확하기는 하지만 능력이 없다. 이것이 내가 가장 걱정하는 두 번째 문제다. 위대한 청교도 목사였던 리처드 백스터는 다음과 같이 말했다. "살아 있는 하나님의 살아 있는 진리를 전하는 데 있어 죽어 있는 설교자가 죽어 있는 죄인들에게 설교하는 것보다 더 꼴사나운 일은 없다."[1]

R.C. 스프로울도 타당하게 지적했다. "열정 없는 설교는 거짓이며, 전

하는 내용 자체를 부정하는 행위다."[2] 월터 카이저도 이 문제에 대해서 다음과 같이 말했다. "살아계신 하나님의 능력의 말씀을 생명력 없고, 지루하고, 흐리멍덩하고, 시시한 것으로 만드는 설교자들은 다 사라져야 한다. 그 말씀이 설교자를 전율시키지 못하고, 그 말씀이 설교자의 마음을 하나님께 영광 돌리려는 강력한 열망으로 채우지 못한다면, 어떻게 설교자가 듣는 자들에게 영향을 끼칠 수 있겠는가?"[3] 마틴 로이드 존스는 설교란 하나님을 향해 불타는 사람을 통해서 신학이 임하는 것이라고 정의했다.[4] 나는 소명을 받은 우리가 모두 반드시 이를 회복해야 한다고 믿는다. 우리는 예배에서 설교단을 포기하고 사람을 즐겁게 하려는 사람들은 아니므로 그러한 위험에 처해 있지는 않다. 하지만 살아계신 하나님의 말씀의 권위를 믿는다고 하면서도, 우리가 성경을 강해할 때 하나님의 생명력이 나타나지 않는 경우가 너무나도 많다.

우리는 반드시 1세기에 혜성처럼 등장한 사도들의 설교를 주목해야 한다. 사도행전을 읽은 사람이라면 사도들이 전하는 탁월하면서도 강력하고 열정적인 설교에 감동을 받았을 것이다. 사도행전에는 19개의 설교 및 믿음의 변론이 있다. 사도행전은 어쩌면 "사도들의 설교집"이라고도 해도 무방할 것이다. 그중 베드로의 설교가 여덟 개, 스데반의 설교가 한 개, 야고보의 설교가 한 개, 바울의 설교가 아홉 개다. 바울의 설교 중 다섯 개는 말씀을 전하는 것이고, 네 개는 믿음을 변론하는 내용이다. 사도행전의 25%는 사도들이 초기 교회에서 설교한 내용을 그대로 기록한 것이다. 즉, 사도행전의 네 절 중 한 절은 설교이거나 믿음의 변론인 것이다. 이러한 사실은 사도들의 설교가 얼마나 중요한 것인지를 여실히 보여 준다. 또한, 우리가 어떤 설교를 따라 해야 하는지도 말해 준다. 이러한 설교들이 사도행전에 기록되어 있는 이유는 시간이 지나도 변함이 없는 그 설교의 틀을 우리도 따라야 하기 때문이다.

무엇이 필요한가

우리가 그저 강해 설교를 하기만 하면 되는 것은 아니다. 어떠한 어조와 의도로 강해 설교를 하느냐가 더 중요하다. 우리에게 필요한 것은 사도적인 강해 설교다. 우리는 설교단에 그 충격을 돌려놓아야 한다. 사도행전 2장을 보면서 사도적 설교의 네 가지 특징을 살펴보려고 한다. 이러한 특징은 하나님의 말씀을 전하는 모든 강해 설교자들에게 반드시 필요한 것이다.

첫째, 설교에는 반드시 권위가 있어야 한다. 둘째, 설교는 반드시 본문을 따라야 한다. 설교는 성경으로 시작해서 성경으로 계속 이어지며, 성경에 머물며, 성경으로 결론지어야 한다. 설교자는 절대로 하나님의 말씀이 의도한 내용에서 이탈하거나 벗어나서는 안 된다. 셋째, 설교는 그리스도를 그 중심에 두어야 한다. 설교는 예수 그리스도와 예수 그리스도가 하신 일을 드러냄으로써 예수님을 높이고 찬미하는 것이다. **설교자의 가장 큰 영광은 무엇인가? 바로 주 예수 그리스도의 위엄과 탁월하심을 제시하는 것이다.** 넷째, 설교는 반드시 듣는 자의 마음을 찔러야 한다.

오순절 날 베드로가 전한 설교에서 이 네 가지 특징이 그대로 나타난다. 우리 설교자들은 사도들의 어깨 위에 서서 그들이 설교한 것을 설교할 뿐만이 아니라, 그들이 설교한 대로 설교해야 한다. 그렇게 하기 위해서는 다음과 같은 것들이 수반되어야 한다.

■ 설교에는 반드시 권위가 있어야 한다

사도들의 설교에 나타나는 첫 번째 특징은 사도들이 권위 있게 설교했다는 것이다. 베드로는 설교하러 나서면서 듣는 자들에게 어떤 제안을 하지 않았다. 즉, 듣는 자들에게 무엇을 선택할 여지를 주지 않았다. 베드로는 오히려 일방적으로, 단호하게, 자신감에 찬 모습으로, 당당하게, 명령하듯이, 거침없이, 위엄 있게 말씀을 전했다. 사실 베드로는 이렇게 설교를 하는 바람에 투옥이 된다. 누가는 이 사건을 사도행전 2장 14-24절에서 다음과 같이 기록한다.

베드로가 열한 사도와 함께 서서 소리를 높여 이르되 유대인들과 예루살렘에 사는 모든 사람들아 이 일을 너희로 알게 할 것이니 내 말에 귀를 기울이라 때가 제 삼 시니 너희 생각과 같이 이 사람들이 취한 것이 아니라 이는 곧 선지자 요엘을 통하여 말씀하신 것이니 일렀으되 하나님이 말씀하시기를 말세에 내가 내 영을 모든 육체에 부어 주리니 너희의 자녀들은 예언할 것이요 너희의 젊은이들은 환상을 보고 너희의 늙은이들은 꿈을 꾸리라 그때에 내가 내 영을 내 남종과 여종들에게 부어 주리니 그들이 예언할 것이요 또 내가 위로 하늘에서는 기사를 아래로 땅에서는 징조를 베풀리니 곧 피와 불과 연기로다 주의 크고 영화로운 날이 이르기 전에 해가 변하여 어두워지고 달이 변하여 피가 되리라 누구든지 주의 이름을 부르는 자는 구원을 받으리라 하였느니라 이스라엘 사람들아 이 말을 들으라 너희도 아는 바와 같이 하나님께서 나사렛 예수로 큰 권능과 기사와 표적을 너희 가운데서 베푸사 너희 앞에서 그를 증언하셨느니라 그가 하나님께서 정하신 뜻과 미리 아신 대로 내준 바 되었거늘 너희가 법 없는 자들의 손을 빌려 못 박아 죽였으나 하나님께서 그를 사망의 고통에서 풀어 살리셨으니 이는 그가 사망에 매여 있을 수 없었음이라.

베드로의 말을 들은 자들은 그가 선포한 말을 듣고 나서 어떤 길을 택할 것인지 결정을 내려야 했다. 이 이야기가 어떻게 시작하는지 14절을 보라. "베드로가 열한 사도와 함께 서서……." 베드로는 설교하기 위해 섰다고 한다. "서서"로 번역된 단어에는 그저 앉아 있는 자리에서 일어나 섰다는 것보다 훨씬 깊은 의미가 있다. 여기에서 누가는 베드로가 자리를 박차고 일어나 굳게 선 모습을 묘사하고 있다. 존 칼빈은 누가가 묘사한 베드로의 모습에 대해서 다음과 같이 평했다. "베드로는 말할 것이 있었다. 그리고 그 내용은 매우 중요한 것이었기 때문에 사람들이 듣기를 원했다."[5] 베드로는 양편에 둘러선 다른 사도들과 함께 일어나면서 권위 있는 자세를 취한다. 이들이 함께함으로써 베드로가 하나님의 말씀을 선포할 때 그 권위가 더해졌다.

누가는 또한 14절에서 베드로가 "소리를 높였다"고 기록한다. 베드로는 열정적이었고, 단호했으며, 확신에 차 있었다. 베드로는 주 예수 그리스도께 직접 훈련을 받은 사람이었다. 요한복음 7장 37절을 보면 예수님은 초막절에 열정적으로 말씀을 전하신다. 요한은 그 순간을 다음과 같이 기록했다. "예수께서 서서 외쳐 이르시되 누구든지 목마르거든 내게로 와서 마시라." 베드로는 주님이 여러 차례 행하신 것처럼 나아가 소리를 높여 전한 것이다. 그렇다고 열정적으로 전하기 위해 반드시 소리를 크게 내야만 하는 것은 아니다. 하나님의 말씀을 선포할 때는 밀물과 썰물처럼 목소리의 강약을 조절해야 하기 때문이다. 하지만 그 목소리에는 긴장감이 있어야 한다.

달라스신학교에서 설교학 수업을 들었을 때 일이 기억난다. 설교에서 열정이 얼마나 중요한 것인지 잘 보여 주는 사건이었다. 설교 실습실에서 한 학생이 동료 학생들에게 웅얼거리는 목소리로 설교를 한 적이 있다. 그때 하워드 헨드릭스 교수님이 설교를 중단하며 말씀하셨다. "학생은 자신이 말한 것을 믿지 않는 모양이군."

그러자 학생은 답했다. "아닙니다. 저는 제가 말하는 것을 당연히 믿고 있습니다."

그러자 교수님은 다시 말씀하셨다. "아니야, 분명히 학생은 믿지 않고 있어."

상황이 이렇게 되자 학생은 화가 나고 좌절감을 느꼈다. 하지만 그는 깊은 확신을 품고 다시 말하기 시작했다.

그러자 교수님은 말씀하셨다. "좋아. 지금 한 것처럼 그 부분부터 다시 설교합니다. 학생이 말하는 것을 스스로 믿고 있다는 사실을 보여줘야 합니다. 학생이 전하는 그대로 믿고 있다는 사실을 확신할 수만 있다면, 아마 학생이 파는 것을 사줄지도 모르는 일입니다."

이는 모든 설교자에게 그대로 적용된다.

누가는 베드로가 어떻게 말씀을 전했는지 기록하며 베드로가 전한 설교를 계속 묘사한다. "베드로가 …… 이르되"(행 2:14). 여기에서 누가는 베드로의 메시지가 분명하고 이해할 수 있는 것이라는 의미로 "이르되"라는 단어를 사용한다. 누가는 베드로가 하는 말을 듣고 분명하게 이해할 수 있었다. 베드로의 말을 듣고 문제가 생겼다면 그것은 베드로를 잘못 이해해서가 아니라 베드로가 한 말을 제대로 들었기 때문이었다. "이르되"라는 단어에는 진지하게 진심으로 말한다는 뜻도 담겨 있다. 베드로가 설교하기 위해 앞으로 나아갈 때 베드로는 진지하면서도 엄숙했다. 베드로는 설교에 생명이 달린 것처럼 설교했다. 베드로는 영혼들이 위기에 처해 있는 것처럼 설교했다.

베드로는 담대했고 확신에 차 있었다. 그래서 조금도 망설이거나 모호하게 말하지 않았다. 베드로는 "유대인들과 예루살렘에 사는 모든 사람들아 이 일을 너희로 알게 할 것이니"(14절)라고 말한다. 베드로는 하나님께 명령을 받은 사람처럼, 주님의 대사로서 이 땅에 대변인으로 온 사람처럼 말했다. 베드로는 턱을 만지면서 "그러니까 저는 ……인 것 같습니다."라고 자신 없는 모습으로 말하지 않았다. 당신도 그렇게 이야기하는 사람의 말을 믿지 못할 것이다. 당신도 "이 일을 너희로 알게 할 것이니"라고 말하는 설교자가 전하는 말씀을 듣고 싶을 것이다.

그리고 베드로는 말한다. "내 말에 귀를 기울이라"(14절). 베드로는 자신의 말에 귀를 기울이라고 명령하고 있다. "똑바로 들어라, 집중해라, 내가 하는 말을 우습게 여기지 마라."라고 말하는 것이다. 우리도 이렇게 일어나서 하나님의 말씀을 전해야 한다. 베드로는 또한 청중들에게 "때가 제 삼 시니 너희 생각과 같이 이 사람들이 취한 것이 아니라"(15절)라고 말하면서 사실 관계를 바로잡아 준다. 베드로는 사도들이 취했다고 생각하는 군중들을 꾸짖은 것이다.

베드로는 설교 내내 권위 있는 모습을 유지한다. 22절에서 베드로는 "이 말을 들으라"고 말한다. 그리고 29절에서는 다시 한 번 강변하면서 "내가 …… 담대히 말할 수 있노니"라고 말한다. 그리고 마지막으로 36절에서는 자신의 메시지가 확실하다고 주장한다. "그런즉 이스라엘 온 집은 확실히 알지니." 베드로는 설교 내내 권위와 확신에 가득 찬 어조로 말씀을 전했다.

복음을 전하는 모든 설교자와 참된 주석가들은 반드시 베드로처럼 권위를 가지고 담대하게 설교해야 한다. 물론 우리는 사랑으로 반드시 진리를 말해야 한다. 예수님도 그렇게 가르치시고 설교하셨다. 그리고 산상 수훈 말미에는 "예수께서 이 말씀을 마치시매 무리들이 그의 가르치심에 놀라니 이는 그 가르치시는 것이 권위 있는 자와 같고 그들의 서기관들과 같지 아니함일러라"(마 7:28-29)라고 한다. 살아계신 하나님의 말씀을 전할 때 그 권위가 드러나는 자들은 어디에 있는가?

바울이 디도에게 설교를 가르칠 때도 마찬가지다. 바울은 말한다. "너는 이것을 말하고 권면하며 모든 권위로 책망하여 누구에게서든지 업신여김을 받지 말라"(딛 2:15, 저자 강조). 이렇게 하기 위해 우리는 당당하고 권위 있는 모습으로 설교해야 한다. 그렇다. 우리는 반드시 친절하고, 사랑하고, 인내하고, 오래 참아야 한다. 하지만 하나님의 말씀을 손에 들고 섰을 때는 베드로와 같아야 한다. 담대하게 소리를 높이고, 청중들에게 선포하고, 청중들을 심판해야 한다. 고린도전서 16장 13절에서 바울은 말한다. "깨어 믿음에 굳게 서서 남자답게 강건하라." 오늘날 강단이 여성화되면서 너무나 많은 사람이 강단에서 치맛자락에 걸려 넘어지고 있다.

오늘날 설교자들의 문제는 아무도 설교자들을 죽이고 싶어 하지 않는다는 점에 있다. 베드로는 십자가에서 죽었다. 야고보는 참수당했다. 스데반은 돌에 맞아 죽었다. 바울은 투옥되어 참수당했다. 사도로서 설교했던 사람들은 다들 순교자로 죽었다. 요한만 밧모 섬에 유배되었을 뿐이다. 사도들은 자신들이 믿은 것을 담대히 전했다는 이유로 박해를 받았다. 교회에서 당신의 귀에 대고 목소리를 낮추라고 하는 사람이 있다면 성령님의 은혜로 그들이 하는 이야기를 듣지 말라. 오히려 하나님이 권고하시고 확신하게 하시는 것을 온전히 전하라. 하나님은 그 일을 위해 당신을 부르셨다. 우리의 설교는 반드시 담대하고 권위 있어야 한다.

- ■ 반드시 본문 중심으로 설교하라

사도들의 설교에 나타나는 두 번째 특징은 본문 중심으로 설교했다는 점이다. 성경 본문 자체가 설교자와 설교자가 전하는 설교의 참된 권위다. 사도들은 살아계신 하나님의 말씀을 중심으로 설교했다. 설교는 반드시 철저하게 성경에 근거한 내용으로 이루어져야 하며, 성경을 온전하게 주해해야 한다. 베드로의 설교는 구약 성경의 다섯 구절을 인용하여 엮은 것이라고 볼 수 있다. 사도행전 2장 17-21절 말씀은 요엘 2장 28-32절 말씀을 그대로 옮긴 것에 불과하다. 또한, 사도행전 2장 25-28절은 시편 16편 8-11절 말씀이다. 베드로는 사도행전 2장 30절에서 시편 132편 11절을 그대로 인용한다. 또 사도행전 2장 31절은 다시 시편 16편 10절로 돌아간다. 마지막으로 사도행전 2장 34-35절에서는 시편 110편 1절을 언급한다. 베드로의 메시지는 전부 자신이 알고 있는 성경에 근거한 것이었다. 그러면 이제 본문 중심 설교의 다섯 가지 특징을 고찰해 보겠다.

본문을 읽으라

본문 중심 설교의 첫 번째 특징은 본문을 읽는 것이다. 사도행전 2장 16절이 "이는 곧 선지자 요엘을 통하여 말씀하신 것이니 일렀으되"라는 말씀으로 시작한다는 사실에 주의하라. 강해 설교를 할 때 교회에 오면서 어떤 일이 있었는지 이야기하면서 사람들의 주의를 끌고 시작해서는 안 된다. 설교자는 처음부터 사람들이 하나님의 말씀에 주의를 기울이게 해야 한다. 설교자는 하나님의 말씀과 동떨어진 것은 말할 것이 없다. 왜냐하면, 설교자는 말씀의 앵무새가 되어야 하기 때문이다. 우리는 하나님이 말씀을 하시는 동굴이 되어 하나님의 계시를 울려 보내는 일만 하면 된다.

에스라도 느헤미야 8장에서 말씀을 읽고 설교를 시작한다. "에스라가 율법책을 가지고 회중 앞 곧 남자나 여자나 알아들을 만한 모든 사람 앞에 이르러 …… 읽으매"(2-3절). 우리 주님도 나사렛의 회당에서 이처럼 하셨다. "선지자 이사야의 글을 드리거늘 책을 펴서 이렇게 기록된 데를 찾으시니"(눅 4:17). 바울도 디모데전서 4장 13절에서 똑같이 명한다. "읽는 것과 권하는 것과 가르치는 것에 전념하라." 베드로는 에스라가 한 그대로, 그리스도가 하신 그대로, 바울이 모든 설교자에게 명한 그대로 행한 것이다.

모든 설교자는 반드시 하나님의 말씀을 읽고 설교를 시작해야 한다. 왜냐하면, 설교자가 이제 말하는 모든 것은 그 성경 본문에서 나온 것이어야만 하기 때문이다. 사도행전 2장 16절에서 베드로는 말한다. "이는 곧 선지자 요엘을 통하여 말씀하신 것이니." 베드로는 오순절 날 성령님이 임하신 사건을 언급하면서, 자신들에게 일어난 일을 하나님의 말씀으로 설명하고 성경으로 뒷받침하려고 한다. 베드로는 일어나서 본문을 읽고 말한다. "하나님이 말씀하시기를 말세에"(행 2:17). 참고로 여기에서 나타나는 이중 저자성(dual authorship)에 주의하라. 베드로는 16절에서 요엘을 통하여 말씀하신 것이라고 하더니 17절에서는 하나님이 말씀하셨다고 한다. 성경의 영감론에 따르면 원저자가 있고 제2의 저자가 있다. 요엘은 제2의 저자였다. 그는 하나님이 메시지를 기록하기 위해 사용하신 도구였다. 베드로는 17절에서 요엘의 말은 하나님이 말씀하신 것임을 분명히 밝힌다. 즉, 오순절 날 말씀을 하신 참 설교자는 요엘도 베드로도 아닌 하나님 자신이었던 것이다.

이 본문에서 말씀하시는 분은 하나님이시다. 그리고 그 증거는 이 말씀에서 사용된 인칭 대명사다. 그 예로 17절에서 하나님은 "내가 내 영을 모든 육체에 부어 주리니"라고 말씀하신다. 19절에서는 "내가 위로 하늘에서는 기사를 …… 베풀리니"라고 하신다. 여기에서 인칭 대명사 "내가"는 하나님을 말한다. 요엘과 베드로는 하나님에 비하면 부차적인 존재일 뿐이다. 18절에서는 "내가 내 영을 내 남종과 여종들에게 부어 주리니 그들이 예언할 것이요"라고 한다. 여기에서 "내가"라는 인칭 대명사도 하나님을 의미한다. 따라서 이 본문에서는 하나님만이 참된 설교자이신 것이다. 오순절 날 설교하신 분은 바로 하나님이셨다. 베드로는 요엘이 기록한 것, 요엘이 하나님의 감동을 받아 기록한 것을 전하는 대변인이었을 뿐이다.

본문을 설명하라

본문을 읽었으면 본문을 설명해야 한다. 사도행전 본문을 계속 보면 베드로는 성경을 읽고 나서 성경을 설명한다. 베드로는 "누구든지 주의 이름을 부르는 자는 구원을 받으리라 하였느니라"(행 2:21)라고 선포한다. 그리고 22절에서 베드로는 이 구절을 설명한다. 이 두 구절 사이에는 불가분한 관계가 있다. 베드로는 주의 이름을 부르라고 청중들에게 도전하고 나서 그들이 영원한 구원을 얻기 위하여 반드시 불러야 할 그분의 이름을 제시한다. 22절에서 베드로는 구원자의 이름이 "나사렛 예수"라고 천명한다. 그리고 이 구세주가 하신 사역을 설명한다. "너희도 아는 바와 같이 하나님께서 나사렛 예수로 큰 권능과 기사와 표적을 너희 가운데서 베푸사 너희 앞에서 그를 증언하셨느니라."

베드로는 다음과 같이 구세주에 대한 설명을 마무리한다. "그가 하나님께서 정하신 뜻과 미리 아신 대로 내준 바 되었거늘 너희가 법 없는 자들의 손을 빌려 못 박아 죽였으나 하나님께서 그를 사망의 고통에서 풀어 살리셨으니 이는 그가 사망에 매여 있을 수 없었음이라"(23-24절). 누가의 기록에 따르면, 이 구절은 그저 요엘 2장 32절 말씀을 설명한 것에 불과하다. 이것이 바로 강해 설교다. 본문을 읽고 설명하는 것이다. 당신은 본문의 의도대로 본문을 설명하고, 본 저자가 원하는 의미를 전달하고, 이 말씀이 기록된 역사적 상황을 이야기하고, 말씀이 문법적으로 어떠한 의미가 있는지 그대로 전달하면 된다.

본문을 뒷받침하라

본문을 읽고 설명했으면 설교자는 다른 구절로 그 본문을 뒷받침해야 한다. 베드로는 자신의 주장을 뒷받침하는 구절들을 구약 성경 곳곳에서 밝혀내어 자신이 논하고자 하는 핵심 주제를 강화한다. 베드로는 네 가지 관련 구절을 제시하여 구세주가 누구이신지에 대한 자신의 설명을 보강한다. 이 사도가 이렇게 할 수 있었던 이유는 하나님의 뜻에 따라 모든 말씀이 통일성 있고 분명하게 작성되었기 때문이다. 베드로는 25절을 시작하면서 말한다. "다윗이 그를 가리켜 이르되……." 그리고 베드로는 시편 16편 8-11절 말씀을 인용한다.

내가 여호와를 항상 내 앞에 모심이여 그가 나의 오른쪽에 계시므로 내가 흔들리지 아니하리로다 이러므로 나의 마음이 기쁘고 나의 영도 즐거워하며 내 육체도 안전히 살리니 이는 주께서 내 영혼을 스올에 버리지 아니하시며 주의 거룩한 자를 멸망시키지 않으실 것임이니이다 주께서 생명의 길을 내게 보이시리니 주의 앞에는 충만한 기쁨이 있고 주의 오른쪽에는 영원한 즐거움이 있나이다.

베드로는 성경을 사용하여 성경을 뒷받침하고 자신의 말을 보강한다. 베드로는 "하나님께서 그를 사망의 고통에서 풀어 살리셨으니"라는 24절 말씀으로 주 예수 그리스도의 부활을 옹호한다. 그리고 베드로는 말한다. "다윗이 그를 가리켜 이르되 내가 항상 내 앞에 계신 주를 뵈었음이여"(25절). 베드로는 청중들에게, 그리고 더불어 우리에게 다윗이 자신에 대해서 말한 것이 아니라 미래에 대해서 말했음을 밝힌다. 그렇게 베드로는 다윗이 메시아의 계보를 따라오실 다윗의 위대한 후손, 즉 예수 그리스도에 대해서 말했다는 사실을 일깨우려고 한 것이다. 시편 16편에서 다윗은 자신 이후에, 그리고 자신의 시대 이후에 메시아가 오실 것을 바라본다.

사도행전 2장 25절에서 베드로는 말한다. "다윗이 그를 가리켜 이르되 내가 항상 내 앞에 계신 주를 뵈었음이여 나로 요동하지 않게 하기 위하여 그가 내 우편에 계시도다." 베드로는 이 본문을 예수님이 십자가에 달리실 때 성부 하나님을 신뢰하셨다는 말씀으로 본다. 예수님은 아버지가 자신과 함께하셨음을 아셨고, 하나님이 해를 가리시고 예수님이 "나의 하나님, 나의 하나님, 어찌하여 나를 버리셨나이까"(마 27:46)라고 외치신 정오까지도 자신과 함께하신다는 사실을 아셨다.

십자가에 달리신 첫 세 시간 동안 예수님은 아버지가 자신과 함께하심을 알았다. 그래서 사도행전 2장 26절에서 메시아는 "그러므로 내 마음이 기뻐하였고 내 혀도 즐거워하였으며 육체도 희망에 거하리니"라고 선포하신 것이다. 여기에서 말하는 희망이란 예수님이 십자가를 참으시고 그 앞에 놓일 기쁨을 바라보셨다는 뜻이다(히 12:1-3). 다시 말해, 예수님은 자신이 헛되이 죽는 것이 아니라 사람들의 영원한 구원을 확실하게 하시려고 죽는 것임을 아셨다.

베드로는 삼위일체 하나님께서 서로에게 무슨 말씀을 하셨는지도 드러내며 계속해서 27절에서 자신의 주장을 뒷받침한다. 누가는 성자 하나님이 성부 하나님께 하신 말씀을 기록한다. "이는 내 영혼을 음부에 버리지 아니하시며 주의 거룩한 자로 썩음을 당하지 않게 하실 것임이로다 주께서 생명의 길을 내게 보이셨으니 주 앞에서 내게 기쁨이 충만하게 하시리로다." 예수님은 죽음 저편에서 아버지가 자신을 죽은 자 가운데서 다시 살려 내실 것을 아셨다. 부활이 있을 것이고, 부활하면 아버지의 임재 가운데 기쁨과 감사함이 충만할 것이다.

우리는 베드로가 다윗이 아닌 예수님에 대해서 말하고 있음을 29절에서 알 수 있다. 왜냐하면, 베드로는 "형제들아 내가 조상 다윗에 대하여 담대히 말할 수 있노니 다윗이 죽어 장사되어 그 묘가 오늘까지 우리 중에 있도다"라고 이야기하기 때문이다. 베드로는 깊이 확신한 채로 다윗이 자신에 대해서 말한 것이 아니라고 말씀을 전한다. 다윗은 여전히 무덤에 있지만, 다윗의 자손이지만 그보다 더 위대한 주 예수 그리스도의 무덤은 비어 있기 때문이다.

베드로가 설교에서 두 번째로 참고한 구절은 시편 132편 11절이다. 베드로는 "그는 선지자라 하나님이 이미 맹세하사 그 자손 중에서 한 사람을 그 위에 앉게 하리라 하심을 알고"(행 2:30)라고 말한다. 베드로는 24절에 나온 예수 그리스도의 부활에 관해 이야기를 다시 강조한다. 그리고 33-34절에서 계속해서 말한다. "하나님이 오른손으로 예수를 높이시매 그가 약속하신 성령을 아버지께 받아서 너희가 보고 듣는 이것을 부어 주셨느니라 다윗은 하늘에 올라가지 못하였으나 친히 말하여 이르되." 그러고 나서 베드로는 시편 110편 1절 말씀을 인용하여 말한다. "주께서 내 주에게 말씀하시기를." 첫 번째 "주"는 성부 하나님을 말하고, "내 주"는 성자 하나님을 말한다. 베드로는 사도행전 2장 21절에서 이야기한 "누구든지 주의 이름을 부르는 자는 구원을 받으리라"는 주제를 강조하기 위해서 이렇게 성경 말씀을 인용하는 것이다. 베드로는 자신의 설교를 그리스도 안에서 나타나는 구원, 즉 그리스도의 부활과 승귀(exaltation)에 나타나는 구원과 매우 밀접하게 연결하려는 목적을 가지고 이렇게 전한다.

본문을 통합하라

본문 중심 설교의 네 번째 특징은 본문을 통합하는 것이다. 사도행전 2장 36절에 이르러 베드로는 메시지의 결론을 내린다. "그런즉 이스라엘 온 집은 확실히 알지니 너희가 십자가에 못 박은 이 예수를 하나님이 주와 그리스도가 되게 하셨느니라 하니라." 이 사도의 강해 설교는 관련 없는 구절들을 엮어서 아무 상관없는 신학 사상을 모아 놓은 것이 아니다. 이 메시지는 논리적이고 질서 있는 사고의 흐름이 나타난다. 21절에서 말한 사람들이 반드시 불러야 하는 주님이 바로 23절에서 말한 십자가에 못 박은 주님이시다. 또한, 이분이 바로 24절에서 말한 하나님이 죽은 자 가운데서 살리신 주님이시며, 36절에서 성부 하나님께서 주님이자 그리스도로 삼으신 바로 그 주님이신 것이다.

본문을 적용하라

본문 중심 설교의 마지막 특징은 적용이다. 베드로가 말씀을 마치기도 전에 그 말씀을 듣던 사람들은 성령님의 조명 사역으로 인해 자신들의 손으로 직접 생명의 주를 죽였다는 사실을 뼈저리게 통감한다. "그들이 이 말을 듣고 마음에 찔려 베드로와 다른 사도들에게 물어 이르되 형제들아 우리가 어찌할꼬 하거늘"(37절). 베드로가 설교를 아직 마치지도 않았는데 그 말씀이 사람들의 마음에 어찌나 사무쳤는지 죄인들은 다음과 같이 묻기 시작한 것이다. "형제들아 우리가 어찌할꼬." 사람들은 이미 하나님의 말씀에 깊은 찔림을 받았기 때문에 베드로의 설교를 막고 나선 것이다. 그러자 베드로는 38절에서 2인칭 복수 대명사 "너희"를 사용하여 다음과 같이 말한다. "너희가 회개하여 각각 예수 그리스도의 이름으로 세례를 받고 죄 사함을 받으라 그리하면 성령의 선물을 받으리니."

베드로가 선포한 것처럼 우리도 개인적이고 직접적인 설교를 해야 한다. 우리는 반드시 죄인들과 성도들 모두가 반드시 실천해야 할 것을 적용으로 제시해야 한다. 강해 설교에는 설득, 호소, 초청, 하소연, 간청, 경고, 권고가 포함된다. 베드로는 이 설교에서 청중들의 의지에 권고한다. 베드로는 판결을 내리고 나서 그들에게 결정을 내리라고 발언한다.

사람들은 하나님이 조나단 에드워즈의 위대한 설교를 사용하셔서 대각성의 불꽃을 일으키셨다고 말한다. 에드워즈의 설교에는 언제나 교리와 적용이 함께 나타난다. 왜냐하면, 보통 청교도들은 설교를 두 가지 주요한 부분, 즉 교리와 적용으로 구성했기 때문이다. 조나단 에드워즈의 설교를 들으면 교리를 제시하는 부분에서는 대포를 가져와 화약을 가득 채우는 것 같았고, 적용 부분에서는 대포를 발사하는 것 같았다고 한다. 하지만 우리는 성경에 나타나는 교리를 제시하여 화약을 채우기는 하지만 대포를 발사하는 데 실패할 때가 얼마나 많은가. 설교에는 반드시 명령하는 부분이 있어야 한다. 설교는 반드시 반응을 요구하는 "너희" 부분이 포함되어야 한다. 본문 중심 설교에는 하나님이 듣는 자들에게 요구하시는 것을 제시하는 적용 부분이 포함되어야 한다.

■ 설교는 반드시 그리스도 중심이어야 한다

사도들의 설교에 나타나는 세 번째 특징은 그리스도를 중심에 둔다는 것이다. 베드로의 설교는 예수님과 예수님의 사역에 고정되어 있었다. 베드로는 22절에서 예수님을 그리스도로 선포한다. "이스라엘 사람들아 이 말을 들으라 너희도 아는 바와 같이 하나님께서 나사렛 예수로 큰 권능과 기사와 표적을 너희 가운데서 베푸사 너희 앞에서 그를 증언하셨느니라." 예수님이 모든 권능과 기사와 표적을 행하실 때마다 하나님의 손이 하늘에서 예수님을 가리키며 "이는 나의 사랑하는 아들이라, 그의 말을 들으라"라고 한 것이라는 뜻이다.

베드로는 예수님이 메시아시라는 것을 강조하고, 그 죽음도 미리 정하신 것이라고 가르친다. 베드로는 예수님이 "그가 하나님께서 정하신 뜻과 미리 아신 대로 내준 바"(행 2:23) 되었다고 말한다. 하나님의 어린 양 되신 예수 그리스도는 세상의 기초가 세워지기도 전에 죽으시기로 결정되셨다. 예수님은 하나님의 미리 아신 바 되었고, 하나님은 예수 그리스도가 하나님을 믿지 않는 자들의 손에 의해 십자가에 못 박히사 하나님의 백성의 죄를 지게 될 것을 영원 전에 정하셨다.

베드로는 청중들의 양심에 대고 죄 없으신 하나님의 아들을 죽인 일급 살인 사건, 즉 인류 역사상 가장 흉악한 죄를 고발하고 그들이 하나님께 직접 책임을 져야 한다고 주장한다. 그리고 베드로는 "하나님께서 …… 풀어 살리셨으니"라고 하며 24절로 넘어가면서 부활을 다룬다. 다른 말로 하자면, 베드로는 그들에게 "너희는 그를 죽였다고 생각한다. 너희는 그와 더 이상 아무 관계가 없으리라 생각한다. 너희는 그 문제에 대해서 손을 씻었다고 생각한다. 너희는 그를 묻었고 모든 것이 끝났다고 생각한다. 하지만 하나님은 죽은 자 가운데서 그를 살리셨다."라고 선포한 것이다.

그리고 베드로는 이제 예수님의 승귀로 넘어간다. 33절에서 베드로는 "하나님이 오른손으로 예수를 높이시매"라고 말한다. 그리스도는 최고의 영광을 지니는 자리, 천국과 지옥을 통치하는 그 비할 데 없는 자리로 오르셨다. 이렇게 해서 예수님은 성령님을 보내실 권한을 지니게 되셨다. 예수님에게는 자신의 원수들도 회심시킬 권한이 있으시다. 예수님에게는 상황을 이겨 낼 권한이 있으시다. 예수님에게는 눈과 귀와 마음을 열게 할 권한이 있으시다. 예수님에게는 회개하게 할 권한이 있으시다. 예수님에게는 구원에 이르는 믿음을 줄 권한이 있으시다. 예수님에게는 자신의 교회를 세울 권한이 있으시다.

베드로는 오순절 날 예수님과 예수님이 하신 일을 선포했다. 이것이야말로 바로 바울이 우리에게 "예수 그리스도와 그가 십자가에 못 박히신 것"(고전 2:2)을 전하라고 한 의미다. 베드로도 그렇게 했다. "그런즉 이스라엘 온 집은 확실히 알지니 너희가 십자가에 못 박은 이 예수를 하나님이 주와 그리스도가 되게 하셨느니라 하니라"(행 2:36).

교회 역사에서 베드로만 유일하게 예수 그리스도의 중심성을 설교한 것은 아니다. 이안 머레이는 『잊힌 스펄전』[6]이라는 탁월한 책을 통해서 C. H. 스펄전 목사의 사역은 주 예수 그리스도를 전하는 데 완전히 초점을 맞추고 있었다고 기록한다. 머레이는 스펄전이 주 중에 런

던의 수정궁 건물에서 설교를 준비할 때 있었던 한 일화를 전한다.

하루는 그곳에서 일하던 사람이 스펄전에게 부탁을 했다. "음향 조절 때문에 그러니 아무 말이라도 해주시겠습니까?"

그러자 스펄전은 자신이 가장 소중히 여기는 말씀을 전했다. "보라 세상 죄를 지고 가는 하나님의 어린 양이로다."

그때 천장에서 일하던 다른 사람이 이 목소리를 듣고는 하나님이 자신에게 하신 말씀이라고 생각했다. 그는 깜짝 놀라 건물로 들어와서는 스펄전에게 말했다. "제가 구원을 받아야 하겠습니다. 하나님의 음성을 들었습니다."

스펄전이 그에게 물었다. "하나님이 뭐라고 말씀하셨습니까?"

그가 답했다. "'보라 세상 죄를 지고 가는 하나님의 어린 양이로다.'라는 음성이었습니다."

스펄전이 예수 그리스도를 중심에 두고 설교했다는 사실을 보여 주는 또 다른 예가 있다. 1855년에 스펄전은 "영원한 이름"이라는 제목으로 말씀을 전했다. 설교 중에 스펄전은 예수님의 이름이 이 세상에서 사라지면 세상이 어떻게 될 것인지 묘사하고 있었다. 스펄전은 감정을 억제할 수 없어 다음과 같이 외쳤다. "나의 주님 없이는 이곳에 한순간도 머물기를 바라지 않습니다. 또한, 복음이 진리가 아니라면, 하나님께서 즉시 저를 사라지게 해주시면 감사할 것입니다. 예수 그리스도의 이름이 파괴된다면 더 이상 살 이유가 없기 때문입니다."[7]

많은 세월이 지난 후, 스펄전의 사모님은 젊었을 적 남편이 이 설교를 했던 밤을 회상했다. 사모님은 남편이 주 예수 그리스도의 이름을 전할 때 가장 기뻐했다고 기억했다. 사모님은 스펄전이 얼마나 열렬하게 예수 그리스도의 탁월하신 주 되심을 찬양하고, 높이고, 영광을 돌렸는지, 설교 막바지에 이르러서는 목이 쉬어 버리는 바람에 목소리를 가다듬기 위해 애를 썼다고 기억했다.

그때도 사모님이 들었던 소리는 "제 이름은 사라지고 그리스도의 이름만이 영원히 남게 하소서. 예수님, 만유의 주가 되소서. 이 외에는 제가 다른 말을 할 것이 없습니다."[8]라는 속삭이는 듯한 목소리뿐이었다. 그리고 스펄전은 완전히 지쳐 버린 나머지 강단 뒤에 있는 의자에 쓰러지듯 주저앉고 말았다. 스펄전은 주 예수 그리스도의 이름과 주 예수 그리스도와 그의 사역을 전하는 것을 가장 큰 영광으로 알았다. **사도적 설교는 예수 그리스도의 영광을 높이기 위해 마음에 표적을 두고 발사한 레이저와 같다.**

- 설교는 반드시 듣는 자의 마음을 찔러야 한다

사도들의 설교에 나타나는 네 번째이자 마지막 특징은 설교는 반드시 듣는 자의 마음을 찔러야 한다는 것이다. 사도행전 2장 37절에서 누가는 사람들이 베드로의 설교에 어떻게 반응했는지 기록한다. "그들이 이 말을 듣고 마음에 찔려." 다른 말로 하자면 청중들은 자신들이 칼에 찔린 것처럼 느꼈던 것이다. 마음을 꿰뚫는 이러한 설교만이 영혼을 찢어 놓는 결과를 낳는다. 아무리 인상적인 연극이나 동영상을 보여 줘도 이러한 반응을 낳지는 못한다. 휴가를 즐겁게 보내는 법과 같이 인간 중심적인 설교도 그렇게 하지 못한다. 오직 담대하고 권위 있는 설교, 본문 중심, 그리스도 중심 설교만이 죄인들의 마음에 이러한 효과를 불러일으키는 것이다. 사람들은 베드로의 설교를 듣고 "마음에 찔려" 울부짖는다. "형제들아 우리가 어찌할꼬"(행 2:37)라고 외친다. 베드로는 설교를 통해 회개하라고 답한다. 베드로는 사람들에게 죄를 인정하고, 죄에서 돌아서서 자아를 포기하며, 자기 의를 내려놓고 주 예수 그리스도의 자비하심에 몸을 던지라고 말한다. 설교 초반에 베드로는 이미 "누구든지 주의 이름을 부르는 자는 구원을 받으리라"(21절)고 약속했다. 그리고 설교 말미에 이 약속을 다시 한 번 선포한다. "이 약속은 너희와 너희 자녀와 모든 먼 데 사람 곧 주 우리 하나님이 얼마든지 부르시는 자들에게 하신 것이라"(39절).

베드로는 하나님의 주권적인 선택에 의지하여 창세 전에 이미 선택 받은 죄인들을 부른다. 베드로는 하나님의 말씀과 성령님이 그리스도와 자신이 전한 바를 충분히 지지한다고 믿었다. 그렇기 때문에 하나님이 죄인들을 기꺼이 부르시리라고 믿은 것이다.

하나님이 인정하시는 설교

우리는 다음과 같이 질문해야 한다. "하나님이 이 설교를 인정하셨는가?" 그 해답은 사도행전 2장 41절에 있다. "그 말을 받은 사람들은 세례를 받으매 이날에 신도의 수가 삼천이나 더하더라." 하나님은 아들의 이름을 높이는 설교를 기쁘게 인정하신다. 리처드 백스터는 말했다. "나는 다시는 설교할 수 없으리라는 마음으로 설교한다. 마치 죽어 가는 사람이 죽어 가는 사람들에게 하는 것처럼."[9] 설교단에 올라갈 때마다 당신이 선포하는 마지막 설교인 것처럼 설교하라.

이것이 사도들의 설교에 담긴 열정이자 능력이다. 그러한 설교는 담대하며, 본문 중심적, 그리스도 중심적이다. 그리고 마음을 찌른다. 하나님의 말씀을 널리 알리는 설교자들을 세워 주시길 바란다!

PRAYER

아버지, 그리스도의 영광과 위엄에 감사를 드립니다.
태초 전부터 우리에게 구세주를 허락하시고
이 세상에 보내기로 작정하심을 감사합니다.
때가 차매 율법의 모든 요구와 조건에 맞도록
구세주를 율법 아래 나게 하셨음을 감사합니다.
예수님이 예루살렘을 향하여 얼굴을 부싯돌같이 굳게 하셔서
우리를 위해 그 십자가에 달리게 하셨음을 감사합니다.

우리 죄를 맡으시고, 그리스도에게 전가하시고,
예수님이 우리 죄를 자신의 죄로 삼아 주게 하시니 감사합니다.
그리스도로 우리의 죄를 지게 하시고, 당신의 분노를 다 받게 하시고,
영광 중에 일으키시니 감사합니다.
우리를 이 땅에 보내 구원의 위대한 소식을 선포하게 하셨으니
우리도 오순절 날 베드로처럼 설교하게 하소서.
영원한 우리 주 예수 그리스도의 이름을 높이 올려 드릴 때
열정과 긴박함으로 하게 하소서.
예수님의 이름으로 기도합니다.
아멘.

8
Tom Pennington

내가 너희 중에서 예수 그리스도와 그가
십자가에 못 박히신 것 외에는
아무것도 알지 아니하기로 작정하였음이라 _고전 2:2

성령님의 능력으로 하는 설교

톰 페닝턴, 2010
고린도전서 2:1-5

우리는 모두 설교자로서 자신이 너무나 부족하다는 사실을 뼈저리게 느낀다. 나는 주일마다 설교단에 오르기 전 마르틴 루터가 설교하기 전에 드렸다는 기도를 따라서 기도하게 된다. "주 하나님, 하나님께 영광 돌리는 설교를 하게 하소서. …… 비록 제가 잘 전하지 못하더라도 주님께서 잘 전해 주소서."[1] 그리고 고린도전서 2장 5절에서 바울이 드린 기도를 더 자주 하는 것 같다. "아버지, 제가 성령님과 그 능력을 더 잘 드러내도록 도와주소서." 이 기도는 하나님의 말씀을 전하는 모든 참된 설교자의 목표이자 기도가 되어야 한다. 이 놀라운 말씀은 바울 서신에서 바울의 설교 철학이 가장 분명히 드러난 진수라고 할 수 있다.

사도 바울은 기원후 51년 두 번째 전도 여행 중에 고린도를 방문한다. 사도행전 18장에 따르면 바울은 이곳에서 18개월 동안 머물렀다고 한다. 고린도를 떠나 바울은 에베소에서 3년을 머물렀는데, 그곳에서 낙심되는 소식을 듣게 된다. 교회의 핵심 구성원이었던 글로에가 바울에게 편지를 보냈거나, 아니면 직접 에게 해를 건너 바울을 찾아와 고린도 교회에 심각한 분열이 일어났다는 이야기를 전한 것이다.

방법에 매료되다

바울은 고린도인들에게 보낸 편지에서 시작부터 이 심각한 문제를 언급한다. 바울은 다음과 같이 쓴다. "내가 이것을 말하거니와 너희가 각각 이르되 나는 바울에게, 나는 아볼로에게, 나는 게바에게, 나는 그리스도에게 속한 자라 한다는 것이니"(고전 1:12). 왜 이러한 분열이 일어났는가? 17절에서 바울은 분열을 초래한 문제가 무엇이었는지 좀 더 자세하게 다룬다. 분열이 일어난 이유는 분명히 "말의 지혜"와 관련이 있는 것이었다. 고린도 교회의 문제는 교리에 대한 것이라기보다는 스타일에 대한 것이었다. 즉, 설교의 내용이 아니라 설교의 방법이 문제였던 것이다. 고린도 교회에 분열이 일어난 근본적인 이유는 사람들이 당시 문화에서 영향을 받았기 때문이었다. 즉, 그들은 수사학에 홀려 버리고 만 것이다.

1세기 고린도를 연구하는 학자들은 고린도 지역이 소피스트라고 하는 유명한 수사학파 집단의 본거지였다고 한다.[2] 소피스트들은 이곳저곳을 돌아다니면서 사례를 받고 수사학을 가르치는 지식인들이었다. 그들은 도시를 다니면서 언변으로 사람들을 놀라게 하고 학생들을 끌어들여 돈을 버는 사람들이었다.

철학적으로 보면 소피스트들은 상대주의자였다. 즉, 그들은 절대적인 진리를 믿지 않았다. 소피스트들은 대화할 때 그 내용보다는 스타일에 더 중점을 두었기 때문에 아리스토텔레스나 플라톤과 같이 위대한 철학자들조차 이러한 수사학파에 반대했다.

소피스트들은 또한 실용주의자들이었다. 그들은 자신들이 원하는 결과를 얻기 위해서라면 자신들이 주장한 내용도 얼마든지 상황에 맞게 변형시켰다. 그들은 개인적인 출세를 추구했고, 사람들에게 인정받기 원했으며, 높은 지위에 올라 부를 누리기 원했다. 그들은 의도적으로 대중들이 가장 좋아하는 내용과 스타일을 선택했다. 그들은 개인적으로 명망을 쌓는 것을 목적으로 삼았고, 진리가 아닌 실제적인 결과를 추구했던 것이다.

듀안 리트핀은 자신의 책 『성 바울의 선포 신학』에서 소피스트들의 우선순위를 다음과 같이 묘사한다. "연사는 어떤 결과를 내야겠다고 미리 결정하고 이야기를 시작한다. 따라서 그러한 목적에 부합하도록 말을 만들어 나간다. 그들이 전하는 내용이란 얼마든지 조작 가능한 변수에 불과했다. …… 그리고 원하는 결과를 만들어 내는가는 그 연사가 지닌 수사학 능력과 훈련 및 경험에 달려 있었다."[3] 저자는 이를 "박수갈채를 유도하는 소비자 지향적 수사학"이라고 말한다. 고린도의 소피스트 집단이 바로 이러한 기술을 팔았던 것이다.[4]

그리스 문화에서는 말로 다른 사람들을 설득하는 기술을 가장 높이 평가했다. 어느 정도 유창하게 말을 할 줄 아는 사람은 지적이고 교양 있는 상류층으로 인정받았다. 사실 영어 단어 "sophisticated"도 헬라어 단어 "소포스"(*sophos*)에서 나온 것으로 "숙련된" 또는 "현명한"이라는 뜻을 지닌다. 비극적이게도 고린도 신자들이 이러한 선생들의 손에 놀아나게 되면서 말 잘하는 사람들에게 홀려 버리고 말았다. 고린도전서 1장을 보면 고린도 교회의 몇몇 성도는 아볼로를 지지했다고 한다. 그들은 "우리는 아볼로에게 속했다."라고 구호를 외쳤다. 다른 사람들은 바울의 언변에 감동을 받았다. 그래서 그들은 "우리는 바울에게 속했다."라고 구호를 외쳤다. 그 외에도 사람들은 베드로나 그리스도를 좋아한다고 주장했다.

하지만 바울은 고린도인들에게 어느 사람이 말하는 방식에 매료되는 것은 잘못된 일이라고 설명한다. 바울은 고린도전서 1장에서 하나님은 의도적으로 인간의 자랑이나 지혜를 부정하는 방식으로 죄인을 구하신다고 말한다. 그렇게 하시기 위해 하나님은 어리석은 메시지를 선택하셨다. 그것이 바로 복음이다. 그리고 하나님은 어리석은 방식을 택하셨다. 그것이 바로 설교다. 그리고 하나님은 어리석은 사람들을 구원하시기로 선택하셨다. 그래서 별 볼 일 없는 사람들이 구원을 받게 된 것이다.

바울은 고린도전서 1장 내내 복음 및 구원과 관련하여 하나님이 궁극적으로 바라시는 것은 인간이 자랑의 근거로 삼을 모든 이유를 제거하시고 하나님께만 모든 영광을 돌리게 하는 것이라고 분명하게 밝힌다. 그리고 1장 끝까지 이 메시지를 계속해서 전한다. 바울은 그리고 고린도에 설교하러 갔을 때 자신은 하나님의 목적에 부합하는 방식으로 설교했다고 말한다. 그리스도는 교묘한 말로 복음을 전하라고 바울을 보내신 것이 아니었다. 왜냐하면, 고린도에서 바울이 이룬 성공을 보면 바울의 능력이나 솜씨와는 전혀 상관없는 것이었기 때문이다. 바울의 설교도, 사람들의 반응도 오직 성령님의 역사였다.

고린도전서 2장 1-5절에서 바울은 자신이 설교에 접근하는 방식과 소피스트들이 사용하는 수사학 기법을 다음과 같이 대조한다.

형제들아 내가 너희에게 나아가 하나님의 증거를 전할 때에 말과 지혜의 아름다운 것으로 아니하였나니 내가 너희 중에서 예수 그리스도와 그가 십자가에 못 박히신 것 외에는 아무것도 알지 아니하기로 작정하였음이라 내가 너희 가운데 거할 때에 약하고 두려워하고 심히 떨었노라 내 말과 내 전도함이 설득력 있는 지혜의 말로 하지 아니하고 다만 성령의 나타나심과 능력으로 하여 너희 믿음이 사람의 지혜에 있지 아니하고 다만 하나님의 능력에 있게 하려 하였노라.

이 구절에서 바울의 메시지는 분명하다. 하나님을 높이는 설교는 반드시 "성령의 나타나심과 능력"으로 하는 설교라는 것이다. 그렇다면 문제는 어떻게 해야 이렇게 설교할 수 있느냐는 것이다. 이 본문에서 우리는 바울이 어떻게 설교하기로 결심했는지 알 수 있다. 바울은 그렇게 결심했기 때문에 자신의 능력이 아닌 성령님의 능력에 온전히 의지할 수 있었던 것이다. 바울은 자신의 인격이나 자신이 받은 은사 또는 인간적인 방법에 의지하지 않았다.

성령님의 능력으로 설교하기 위한 비결

그렇다면 성령님의 임재와 능력을 나타내는 설교를 하려면 어떻게 해야 하는가?

■ 자신의 영광이 아닌 하나님의 메시지에 집중하라

첫째, 우리는 반드시 자신의 영광이 아닌 하나님의 메시지에 집중해야 한다. 바울은 고린도전서 2장 1절에서 다음과 같이 기록한다. "형제들아 내가 너희에게 나아가 하나님의 증거를 전할 때에 말과 지혜의 아름다운 것으로 아니하였나니." "아름다운 것"으로 번역된 헬라어 단어는 문자적으로는 "돌출된 곳 또는 주위보다 위로 솟은 것"을 의미한다. 이 단어를 동사로 사용하면 "두드러지다, 솟아오르다, 능가하다, 뛰어나다"라는 의미가 생긴다. 바울이 고린도에 온 이유는 자신이 다른 연사보다 언변이나 지혜가 뛰어나다는 사실을 보이려는 것이 아니었다. 바울은 다른 누구보다 자신이 낫다는 사실을 보이거나, 자신을 드러내기를 바라지 않았다. 바울의 설교 철학은 "우리는 우리를 전파하는 것이 아니라 오직 그리스도 예수의 주 되신 것과 또 예수를 위하여 우리가 너희의 종 된 것을 전파함이라"(고후 4:5)는 말씀이었다.

성령의 나타나심과 능력으로 설교하려면 우리의 영광을 드러내려고 하지 말고 메시지에 집중해야 한다. 스코틀랜드 목사인 제임스 데니는 이러한 설교 철학을 깨달은 사람이었다. 그래서 이 사실을 잊지 않기 위해 다음 구절을 액자로 만들어 교회에 걸어 놓았다. "자신의 증인 노릇을 하는 동시에 그리스도의 증인이 될 수는 없다. 자신이 뛰어나다는 인상을 주면서 동시에 그리스도께 구원의 능력이 있다고 전할 수도 없다."[5] 마찬가지로 바울은 자신의 뛰어남을 드러내지 않았다. 바울이 "말과 지혜의 아름다운 것"이라고 했을 때 "말"은 바울이 말하는 스타일을 의미한다. "지혜"는 바울이 말하는 내용을 의미한다.

바울은 이렇게 주장하면서도 고린도의 수사학자들이 애용하는 용어를 그대로 사용했다. 바울은 말한다. "나는 나 자신을 높이기 위해서 온 것도 아니고, 너희보다 뛰어나다는 사실을 보이려 온 것도 아니며, 이름을 세우기 위해서 온 것도 아니다. 나는 하나님과 하나님의 메시지에만 집중할 뿐이다. 나는 하나님의 증거를 선포하기 위해 온 것이다." "선포"로 번역된 헬라어 단어는 당시 공식적인 발표나 정부 권위자의 발표를 의미했다. 우리는 절대로 말씀을 "공유하기" 위해 부름 받은 것이 아니며, 말씀에 관해서 토론을 나누는 "참석자"가 되기 위해 부름 받은 것도 아니다. 우리는 말씀을 권위 있게 선포하도록 부름 받았다.

그리스도를 알리라

우리는 무엇을 알려야 하는가? 고린도전서 2장 1절은 "하나님의 증거"라고 말씀한다. 바울과 마찬가지로 우리는 권위 있게 하나님의 증거를 선언해야 한다. 특히 하나님의 아들에 대한 증거를 선언해야 한다. 바울은 2절에서 이를 자세하게 설명한다. "내가 너희 중에서 예수 그리스도와 그가 십자가에 못 박히신 것 외에는 아무것도 알지 아니하기로 작정하였음이라." 어떤 사람들은 이 구절이 바울이 이제 자신의 설교 방식을 바꾸겠다고 알린 것이라고 생각한다. 사도 바울이 아덴에 갔을 때 예전보다 철학적인 설교를 했는데, 아레오바고에서 "실패"를 경험했기 때문에 이제 설교에 대한 접근법을 바꾸기로 했다는 것이다.

하지만 사도행전 17장에는 바울이 아덴 사역에 실망했다는 증거가 나타나지 않는다. 바울은 다메섹 도상에서 부활하신 구세주를 만난 순간부터 그리스도와 그가 십자가에 못 박히신 것을 전했다. 바울이 자신의 첫 번째 서신서인 갈라디아서에 기록한 말씀을 보라. 바울은 갈라디아인들에게 "예수 그리스도께서 십자가에 못 박히신 것이 너희 눈앞에 밝히 보이거늘"(갈 3:1)이라고 썼다. 이렇듯 바울은 사역 초기부터 예수 그리스도와 그리스도가 십자가에 못 박히신 것을 전했다. 바울은 항상 이렇게 설교했고 절대로 벗어나지 않았다.

그렇다면 그리스도와 그가 십자가에 못 박히신 것을 가르친다는 말은 무슨 의미인가? 바울이 예수님과 십자가에 대해서만 가르쳤다는 뜻은 아니다. 사도행전 18장 11절을 보면 사도 바울은 고린도에 일 년 반동안 머물면서 그리스도인들에게 구약 성경의 모든 말씀을 가르쳤다고 한다. 바울은 분명히 예전에 에베소에서 한 것처럼 고린도에서도 사역했을 것이다. 바울이 사도행전 20장 27절에서 에베소 장로들에게 어떻게 이야기했는지 기억하는가? 바울은 "이는 내가 꺼리지 않고 하나님의 뜻을 다 여러분에게 전하였음이라"고 말했다.

그리스도와 그가 십자가에 못 박히신 것을 전하는 것은 복음의 메시지를 간략하게 선포하고 그 외에는 아무것도 전하지 않았다는 말이 아니다. 만약 우리가 그렇게 한다면 함께 예배드리는 목적을 잃어버리고, 양 떼는 굶주리고 말 것이다. 바울은 우리가 전하는 모든 설교가 궁극적으로는 예수님이 메시아시라는 진리에 근간을 둔 내용이어야 한다고 말한 것이다. 바울이 전하는 설교의 중심은 예수 그리스도와 예수 그리스도의 못 박히심이었다.

계속 집중하라

20년 전에 나는 녹내장 진단을 받았다. 그래서 일 년에 한두 번씩 시야 검사(visual field test)를 받는다. 시야 검사란 주변부 시각을 검사해서 추가로 시신경 손상을 입지 않았는지 확인하는 것이다. 검사를 받으면 의사 선생님은 뺨을 고정해 주는 기계에 내 얼굴을 맞춰 주고서는 앞에 나타나는 빨간 점을 집중해서 바라보라고 한다. 그렇게 빨간 불빛을 노려보고 있으면 시야 주변부에서 갑자기 하얗고 작은 불빛이 나타나는데, 그때 버튼을 누르면 된다. 나는 이 검사를 좋아하지 않는다. 왜냐하면, 지나치게 집중을 해야 하기도 하고, 빨간 불빛을 몇 초 동안 계속 보고 있으면 주변부에 작은 불빛이 나타난 것 같기도 하고 아닌 것 같기도 해서 버튼을 누르고 싶어지기 때문이다.

이 검사에서 흥미로운 점은 빨간 불빛에서 잠시라도 시선이 떨어지면 버저 소리가 나서 초점을 놓쳤다고 가르쳐 준다는 사실이다. 가운데만 집중해서 바라보기 때문에 흰 불빛은 시야 바깥 부분에서만 살짝 보일 뿐이다. 이 검사는 바울의 말, "그리스도에게 집중하는 설교를 해야 한다."의 뜻을 잘 나타낸다. 당신이 어떤 주제와 어떤 구절로 설교를 하더라도 반드시 그리스도와 그의 십자가에 시선을 고정해야 한다. 그렇다고 본문을 영적으로 해석해서 본문을 왜곡하는 한이 있더라도 어떻게든 그리스도를 집어넣어야 한다는 말은 아니다. 하지만 성경이 말하는 가장 위대한 주제는 하나님이 그분의 아들을 통해서, 아들을 위해서, 그분의 영광을 드러내려고 우리를 구원하신다는 것이다. 당신이 어떤 본문으로 설교하든지 간에 어떻게든 이 주제를 발전시켜야 한다. 그렇다면 우리는 새 언약을 전하는 목사로서 듣는 자들에게 이 주제가 설교 본문에 들어가 있는지 보여 줘야 할 책임이 있는 것이다.

찰스 스펄전은 학생들에게 어느 젊은 설교자의 이야기를 자주 들려주곤 했다. 그 이야기는 이렇다.

한 젊은 설교자가 설교를 하는데, 연륜이 깊은 나이 많은 어떤 설교자가 청중석에 앉아서 그의 설교를 듣고 있었다. 설교를 마친 뒤 젊은 설교자가 물었다. "제 설교에 대해서 어떻게 생각하십니까?"

나이 많은 목사가 말했다. "참 형편없는 설교였네."

"이해가 안 되는군요. 저는 연구를 많이 했습니다. 본문도 자세히 조사했고요. 제 설명 중에 틀린 내용이 있었나요? 제 논지가 약했나요? 아니면 예화가 적절하지 않았나요?"

"아니, 그런 것들은 다 괜찮았네. 하지만 아주 좋지 않은 설교였네."

젊은 목사는 짜증이 나서 말했다. "왜 그런지 말씀해 주십시오."

"왜인 줄 아는가? 자네 설교에는 그리스도가 없었기 때문이지."

젊은 목사는 응수했다. "본문에 그리스도가 없었습니다. 본문대로 설교해야 하는 것 아닙니까?"

그러자 나이 많은 목사가 답했다. "자네는 영국 어느 마을에도 런던으로 가는 길이 있다는 사실을 모르는가? 마찬가지로 성경의 모든 본문에는 그리스도로 가는 길이 있다네. 자네는 본문을 받자마자 '그리스도로 가는 길이 어디 있지?'라고 물었어야 하네. 그리고 설교를 준비하면서도 그 길을 잘 따라가고 있는지 계속 확인해야 하는 것일세."[6]

우리가 전하는 모든 설교는 궁극적으로 그리스도와 그가 십자가에 못 박히신 것을 가리켜야 한다. 이 말은 설교할 때 예수님이 십자가형을 당하시고 부활하셨다는 역사적인 사실을 다뤄야 한다는 것뿐 아니라, 예수님의 죽음과 부활의 의미, 속죄의 본질을 전해야 한다는 것이다. 바울은 편지의 내용 내내 매우 심오한 신학 용어를 사용해 가면서 예수님의 죽으심을 설명했다. 이러한 용어들은 오늘날 자칭 기독교인이라고 하는 사람들에게는 굉장히 낯선 것이다.

예를 들어 "대속"(substitution)이라는 용어가 있다. 이는 죄 없으신 예수님이 죄 있는 자를 대신하여 죽으셨다는 뜻이다. 또 "전가"(imputation)라는 단어가 있다. 이는 하나님이 그리스도의 의로우심을 죄인의 의로움으로 돌리고, 믿는 자들의 죄를 그리스도의 죄로 돌리신다는 뜻이다. 그리고 "화목"(propitiation)이라는 단어가 있다. 그리스도는 십자가에 달리신 여섯 시간 동안 모든 믿는 자의 죄에 대한 하나님의 무한하신 분노를 만족하게 하신 것이다. "칭의"(justification)라는 용어도 있다. 우리는 믿음으로써 예수 그리스도의 의로우심을 받고, 심판주 하나님이 이에 근거하여 우리를 의롭다고 선포하신다는 뜻이다.

바울은 십자가의 역사성과 그 신학적 의미를 함께 가르쳤다. 어떤 사람들은 바울의 가르침에 대해서 하나님이 자기 아들을 학대하셨다고 하는 수준에 지나지 않는다고 비판했지만 바울은 개의치 않았다. 바울은 예수 그리스도, 예수 그리스도가 죽으신 사건, 그리고 그 죽으심의 본질과 결과를 말씀 사역의 핵심으로 삼았다.

바울은 사람들이 복음을 더 수월하게 받아들일 수 있도록 상황에 맞게 복음을 변형시키지 않았다. 사실 바울은 고린도에 머물면서 가장 근본적인 기독교의 메시지를 깊이 숙고했는데, 바로 그 메시지가 주위 문화와 가장 갈등을 낳게 되었던 것이다. 고린도인들은 바울이 전하는 말이 어리석다고 생각했다. 하지만 바울은 바로 그 메시지를 전했다.

오늘날 많은 복음주의 교회들은 이 초점이 흔들리고 있는데도 그대로 내버려 둔다. 이는 참으로 슬픈 현실이다. 어떤 목사들과 교회는 가운데 빛나고 있는 불빛에서 눈을 떼고 주변부에 있는 것들로 자꾸 시선을 돌린다. 바울은 우리가 설교란 궁극적으로 예수 그리스도와 속죄의 교리에 집중하는 것임을 이해하기 원했다. 실질적으로 말하자면, 사람들을 많이 끌어들일 수 있겠다 싶은 주제를 잡아서 설교하지 말라는 뜻이다. 예를 들어 바울은 인간관계를 잘하는 방법이나 말을 잘하는 방법에 전혀 신경 쓰지 않았다. 우리는 성경을 설교하도록 부르심 받았다. 따라서 우리는 설교를 할 때 예수 그리스도, 예수 그리스도의 죽으심 및 속죄라는 초점에서 눈을 떼지 말아야 한다.

그리스도와 그가 십자가에 못 박히신 것을 설교의 핵심에 두면, 누구와 어느 정도 교제해야 할지 그 범위도 자연스럽게 정해진다. 낙태, 결혼의 신성함, 또는 사회 정의와 같이 중요한 문제를 두고 함께 싸우는 것도 중요하지만, 훨씬 더 중요한 것은 복음의 진리다. 우리는 이 땅을 지키는 일보다 복음을 지키는 일에 더 신경을 써야 한다. 우리는 환경을 보호하는 일보다 예수님의 속죄를 변호하는 일에 더 열심을 내야 한다. 그 어느 것도 그리스도보다 중요한 것으로 삼지 말라. 개인의 영광, 선호하는 교리나 프로그램, 교회 성장, 사회 정의, 사회 문제, 그리스도인의 연합 등 그 어떤 것도 그리스도를 대체할 수 없다.

D. A. 카슨은 정확하게 지적한다. "주변이 핵심을 대체하고자 할 때, 우리는 우상 숭배에서 멀지 않게 된다."[7] 하나님의 능력을 드러내는 설교를 하기 원한다면, 우리는 먼저 바울과 똑같이 개인의 영광이 아닌 하나님의 메시지에 전념해야 한다.

■ 자신의 능력이 아닌 하나님의 은혜를 의지하라

우리가 따라야 할 바울의 두 번째 결심이 있다. 바로 자신의 능력이 아닌 하나님의 은혜를 의지하기로 한 것이다. 바울은 설교에 대해서 말하다가 고린도전서 2장 3절에서 마음의 상태로 넘어간다. 바울은 말한다. "내가 너희 가운데 거할 때에 약하고 두려워하고 심히 떨었노라."

이 구절을 해석하는 방법은 크게 두 가지가 있다. 바울은 아마도 자신의 신체 상태에 대해서 말했을 수도 있다. 고린도에 왔을 때 바울은 병 때문에 신체적으로 약해진 상태였을 수도 있다. 아니면 바울은 고린도에 오면서 자신의 안전을 걱정한 것이라고 볼 수도 있다(사도행전 18장 참고). 하지만 맥락상 바울은 다시 한 번 자신을 소피스트들과 대조했다고 보는 것이 가장 적합하다. 바울은 육체의 약함이 아니라 자신의 설교 자세에 대해서 말하고 있는 것이다. "내가 너희 가운데 거할 때에 약하고 두려워하고 심히 떨었노라." 에베소서 6장 5절을 보면 바울은 종들에게 육체의 상전에게 순종하라고 말하면서 "두려움과 떨림"이라는 이 두 단어를 사용한다. 바울은 이 구절에서 양심의 고뇌에 대해서 말하고 있다. 이는 하나님의 말씀을 바르게 선포하기 위한 필수적인 자세다.

개인적인 위험은 바울을 떨게 하지 못했다. 오히려 바울은 설교 사역을 담당하면서 짊어지게 된 그 책임의 무게 때문에 몸서리를 쳤다. 성경 주석가인 고든 피는 "바울은 자신 앞에 주어진 과업에 압도된 것처럼 보인다."[8]라고 말한다. 바울은 설교를 할 때마다 자신이 연약하다는 사실을 뼈저리게 느꼈다. 바울은 마음속 깊이 자신은 주님이 맡기신 일에 적합하지 않다고 절감했다. 설교단에 오르는 그 자체만으로도 바울은 두렵고 떨렸던 것이다.

고린도에 왔을 때 바울은 이미 20년 동안 복음을 전한 사람이었다는 사실을 기억하라. 하지만 바울은 여전히 겸손했다. 주목할 만한 점은 바울의 태도가 고린도인들이 그렇게 흠모하던 연사들의 태도와는 정반대였다는 것이다. 소피스트들의 특징 중에서도 특히 두드러지는 점은 대단히 자신감 있게 말하는 태도였다. 이런 문화권에서 자신감 있는 태도는 유능한 연사가 되기 위한 필수 조건이었다. 한 고대 작가는 어느 소피스트의 자세를 이렇게 묘사했다. "그는 마치 영광을 받는 자리에 들어서는 사람처럼, 실패를 모르는 사람처럼 청중 앞에 나타났다."[9]

하지만 바울은 하나님의 증거를 선포하는 일에 자신이 부적격하다고 느끼고 있었다. 그는 여러 차례 이렇게 이야기했다. 고린도전서 15장 10절에서 바울은 말한다. "그러나 내가 나 된 것은 하나님의 은혜로 된 것이니 내게 주신 그의 은혜가 헛되지 아니하여 내가 모든 사도보다 더 많이 수고하였으나 내가 한 것이 아니요 오직 나와 함께하신 하나님의 은혜로라." 바울이 그렇게 유능하게 사역을 할 수 있었던 이유는 사실 자신의 능력과는 전혀 관계가 없었다. 오직 그와 함께하신 하나님의 은혜로 그렇게 일할 수 있던 것이다.

바울은 고린도후서 2장 14절에서 자신은 "각처에서 그리스도를 아는 냄새"를 나타나게 할 책임을 받았다고 하면서 다시 한 번 이 이야기를 한다. 16절을 보면 이 냄새는 사망을 낳기도 하고 생명을 낳기도 한다. 바울은 다음과 같이 덧붙인다. "누가 이 일을 감당하리요 우리는 수많은 사람들처럼 하나님의 말씀을 혼잡하게 하지 아니하고 곧 순전함으로 하나님께 받은 것같이 하나님 앞에서와 그리스도 안에서 말하노라"(16-17절). 고린도후서 3장 4-6절에서도 이러한 모습이 나타난다. "우리가 그리스도로 말미암아 하나님을 향하여 이 같은 확신이 있으니 우리가 무슨 일이든지 우리에게서 난 것같이 스스로 만족할 것이 아니니 우리의 만족은 오직 하나님으로부터 나느니라 그가 또한 우리를 새 언약의 일꾼 되기에 만족하게 하셨으니." 우리도 바울과 마찬가지로 하나님이 우리에게 맡기신 일에 전혀 부합하지 않는 자들이다. 우리의 유일한 희망은 하나님의 은혜뿐이다.

마르틴 루터도 자신이 설교자로서 부적격하다는 사실을 잘 아는 사람이었다. 1532년 5월 루터는 친구인 안토니 라우터바흐를 격려하기 위해 애쓰고 있었다. 그는 비텐베르크 성 교회(the Castle Church)의 목사로 부름을 받은 상태였다. 루터는 자신의 사역 초기 경험을 돌아보면서 "자신도 얼마나 설교단을 두려워했는지"를 설명한다. 루터는 계속해서 이야기한다. "나는 스타우피츠 박사님께 15가지도 넘는 이유를 대면서 설교하기를 거절했었네. 하지만 별 효과는 없었지. 그래서 나는 마지막으로 '박사님, 지금 저를 죽이시려고 작정하셨습니까? 저한

테 설교를 하라고 하시면 저는 반의반 년도 못 살 것입니다.'라고 했더니 이렇게 대꾸하시더군. '하나님도 하늘에서 똑똑한 사람이 필요하십니다.'"[10] 루터는 자신이 부적격하고 능력이 없다는 사실을 잘 알고 있었다.

바울은 이처럼 두렵고 겸손한 마음으로 설교단에 올랐다. 우리도 이러한 자세로 설교하는가? 솔직히 말하자면 우리는 모두 자신의 능력으로도 하나님의 말씀을 얼마든지 전할 수 있다고 믿고 싶은 유혹을 느낀다. 성경의 깊이와 풍부함을 다 이해할 수 있는 능력과 기술을 갖추고 있다고 믿고 싶은 것이다. 심지어 우리가 여러 가지 기술을 총동원하면 사람들이 말씀을 받아들이고, 말씀을 이해하고, 반응하고, 변화된다고 확신할 수도 있다. 하지만 이러한 생각이 마음에 스쳐 갈 때마다 우리는 베옷을 입고 재를 덮어쓰고 회개해야 한다.

존 칼빈은 다음과 같이 썼다. "주제넘게 자신감이 넘치는 사람들, 아무 부담 없이 말씀 사역을 수행하는 사람들은 그 과업을 온전히 감당할 수 있을 것 같다고 생각한다. 하지만 그들은 자신에 대해서, 그리고 자신이 맡은 사역에 대해서 무지한 사람들이다."[11] 자신감은 복음을 전하는 설교자에게는 치명적이다. 우리는 자신만만하게 설교단에 올랐던 한 사람의 이야기를 통해서 이 사실을 알 수 있다. 그가 설교를 마치는 순간 그 설교가 최악이었다는 사실이 모든 사람에게 분명해졌다. 그는 초라하게 설교단에서 내려왔다. 그러자 교회 장로님이 지혜롭게 조언을 했다. "만약 목사님이 설교단에서 내려오시던 모습으로 설교단에 올라가셨다면, 설교단에 올라가셨던 모습으로 내려오셨을 것입니다."

우리는 스스로 자신해서는 안 된다. 인격, 전달하는 능력, 원어 해석

기술, 지적인 능력, 경험, 교육은 자신감의 근거가 될 수 없다. 성령님의 능력을 드러내는 설교를 하기 위해서 우리는 반드시 하나님의 은혜에 의지해야 한다. 바울처럼 우리도 자신이 연약하고 적합하지 않다는 사실을 항상 인식해야 한다. 우리는 모든 사소한 자신감도 내어 버리고 두렵고 떨리는 마음으로 하나님의 말씀으로 나아가야 한다. 우리가 연약할 때 하나님이 능력을 나타내신다. 또 그렇게 해야 하나님이 모든 영광을 받으신다. 고린도후서 4장 7절은 "우리가 이 보배를 질그릇에 가졌으니 이는 심히 큰 능력은 하나님께 있고 우리에게 있지 아니함을 알게 하려 함이라"고 전한다. 우리는 성령의 나타나심과 능력으로 설교하기 위해서 자신의 영광이 아닌 하나님의 메시지에 집중해야 한다. 또 자신의 능력이 아닌 하나님의 은혜에 의지해야 한다.

- 성령님의 능력만 신뢰하고 어떠한 인간적인 방법이나 기술도 의지하지 말라

세 번째로 설교자는 성령님의 능력만 신뢰하고 어떠한 인간적인 방법이나 기술도 의지하지 않는 것이다. 바울의 말씀에 주의하라. "내 말과 내 전도함이 설득력 있는 지혜의 말로 하지 아니하고 다만 성령의 나타나심과 능력으로 하여"(고전 2:4). 바울은 말과 전도의 능력이 자신 안에, 즉 자신의 방식이나 전달법에 있는 것이 아니라고 분명히 밝힌다. 바울이 "말"이라고 한 것은 설교의 내용을 의미한다. 그리고 "전도"라고 한 것은 설교를 전하는 방식을 의미한다. 바울은 두 단어를 일종의 중언법처럼 사용하고 있다. 중언법이란 두 단어를 조합해서 하나의 개념을 표현하는 것이다. 예를 들면 "진절머리가 나다"와 같은 단어가 있다.

바울은 자신이 설교할 때 그 내용이나 형식 또는 전하는 방식 등 그 어느 것도 인간의 지혜로 하지 않았다고 말한다. 당신이 1세기 고린도에 있었다면 바울의 말을 듣고 충격에 빠졌을 것이다. 이미 살펴봤듯이 소피스트들의 목표는 갖가지 지혜와 구변을 동원해서 사람들을 설득하는 것이었기 때문이다. 게다가 고린도 사람들은 이러한 방식에 매료되어 있었다. 이에 반해 바울은 "내 말과 내 전도함이 설득력 있는 지혜의 말로 하지 아니하고 다만 성령의 나타나심과 능력으로 하여"라고 기록한다. "나타나심"으로 번역된 헬라어 단어는 소피스트들이 애용하는 단어였다. 이 단어는 신약 성경에서 유일하게 여기에만 나타나는데, 그리스 수사학에서 강력한 증거나 증명을 지칭할 때 사용하는 기술적인 용어였다.

바울은 우리가 바로 이 점을 이해하기 원했다. 즉, 설교할 때 사람을 사로잡는 요소는 설득력이 아니라는 것이다. 훌륭한 논증도 아니다. 우리가 전하는 설교의 구조에 있지도 않다. 우리가 전달하는 방식에 있는 것도 아니다. 우리가 설교할 때 가장 강력하게 나타나는 증거는 반드시 그 메시지를 통해서 일하시는 성령님과 그 능력이 되어야 한다.

오늘날 청중을 이해시키기 위해 1세기 그리스 수사학 기법을 사용하려는 사람은 많지 않을 것이다. 하지만 우리는 여전히 성령님의 능력에 의지하기보다는 인간적인 방법이나 사람의 마음을 끄는 기법을 사용하고 싶은 유혹에 처해 있다.

우리는 자신의 마음을 살펴보고 스스로 진실하게 물어야 한다. "인간적인 방법이나 기술에 의지하고 싶다는 유혹이 있는가? 설교할 때 사람들이 설득되는 이유가 정말로 무엇이라고 생각하는가?" 아마도 자신이 설교를 잘 전한다고 자신감을 느끼고 있는 사람이 있을지도 모르겠다. 열을 내고, 목소리를 높이고, 손수건으로 연신 땀을 닦아 내고, 마음에 와 닿는 문구를 곁들이고, 감동적인 이야기로 예배를 마무리하면 사람들을 설득할 수 있다고 생각할지 모른다. 또 조용하고 진지한 목소리로 이야기하듯이 말씀을 전하는 것이 최고의 방법이라고 믿는 사람도 있다. 그들은 대화처럼 들리는 설교를 목표로 삼는다. 물론 우리가 대화하는 방식은 우리가 어떤 사람인지를 드러낸다. 하지만 설교에 한해서 보자면 설교를 전하는 방식에 설교의 능력이 있는 것은 아니다.

여전히 시각 예술, 드라마, 적절한 조명 등 시각적이거나 체험적인 방법을 신뢰하는 사람들이 있다. 그들은 적절한 분위기를 조성하는 데 중점을 두는 사람들이다.

심지어 주해 설교에 전념하고, 성경에 충실한 사람들조차도 결국에는 인간적인 기술이나 방법론에 의지하게 되는 경우가 있다. 성경 주해가들은 오랜 시간 공들여서 연구하고, 세밀하게 해석하고, 통사를 분석하고, 설교 기술을 연마하고, 도표를 작성하고, 열정적으로 설교하면 된다고 생각하기 쉽다. 마틴 로이드 존스가 말했듯이 "우리는 설교자가 아닌 설교꾼이 되기 쉽다."[12]

헨리 워드 비처는 설교 기법을 뽐내는 설교를 "느부갓네살식 설교"라고 지칭했다. 느부갓네살은 말했다. "이 큰 바벨론은 내가 능력과 권세로 건설하여 나의 도성으로 삼고 이것으로 내 위엄의 영광을 나타낸 것이 아니냐." 비처는 이렇게 말한다. "하나님은 이러한 설교자들을 느부갓네살과 같이 여기지 않으시겠는가? 그들은 한동안 풀을 먹어야 할 것이다. 그리고 느부갓네살 왕처럼 제정신이 돌아오고 나서야 겸손할 것이다."[13]

세심하게 주석을 하고 부지런히 설교를 준비하는 것은 반드시 필요한 일이다. 하지만 **성령님의 능력이 아닌 다른 것으로도 사람을 설득할 수 있다고 자신한다면, 우리는 절대로 설교 가운데 역사하시는 성령님의 능력을 알지 못할 것이다.** 왜냐하면, 하나님이 우리와 함께 자신의 영광을 나누지 않으실 것이기 때문이다.

성령님의 능력을 설교하다 – 하나님의 말씀을 선포하다

성령의 나타나심과 그 능력으로 하는 설교란 정확히 어떤 것인가? 교회 역사를 볼 때 성령님의 능력으로 하는 설교를 일종의 특별한 경험으로 생각하는 사람들도 있었다. 설교하기 위해 특별히 기름 부음을 받아야 한다고 말하는 것이다. 신약 성경은 두 종류의 성령 충만을 말하며, 각각 다른 헬라어 단어군을 사용하는 것이 사실이다. 그중 하나는 영혼의 상태에 대한 성령 충만이다. 에베소서 5장 18절에 따르면, 우리는 성령님이 우리를 하나님의 말씀으로 채워 주시도록 해야 한다 (예. 골 3:16). 또 다른 성령 충만은 특정한 시간에 특정한 일을 수행하기 위해서 하나님이 힘을 주시는 것으로 특별한 능력을 받는 것을 말한다. 그래서 어떤 목회자들은 고린도전서 2장 4절을 "나는 설교하기 위해 특별한 능력을 주실 것을 구해야 한다"는 말로 해석하기도 한다.

하지만 고린도전서 2장 4절의 맥락상 바울의 의도는 분명하다. 여기에서 바울은 분명히 성령님의 능력의 나타나심을 하나님의 말씀과 연결하고 있다. 고린도전서 2장 나머지 부분에서 바울은 성령님이 하나님의 말씀을 드러내며, 우리로 하여금 하나님의 말씀을 깨닫게 하신다고 강조한다. 바울의 요지는 성령님의 능력이 말씀을 통해서 나타난다는 것이다. 바울은 데살로니가 교회에도 똑같이 말했다. "이는 우리 복음이 너희에게 말로만 이른 것이 아니라 또한 능력과 성령과 큰 확신으로 된 것임이라"(살전 1:5). 즉, 성령님은 바울이 전한 복음의 말씀을 통해서 자신의 능력을 나타내신다는 뜻이다.

우리는 어떻게 해야 성령님과 그 능력을 나타내도록 설교할 수 있는가? 신비 경험을 추구해서는 그렇게 할 수 없다. 오직 성령님이 우리에게 주시는 영감을 따라 진리를 설교함으로써, 그리고 성령님께 온전히 의지함으로써 할 수 있다. 그렇게 하면 성령님은 우리가 전한 말씀을 취하셔서 우리는 절대 할 수 없는 일을 하실 것이다. 성령님은 깨닫게 하시며, 생명을 주시며, 생각과 마음을 바꿔 놓으실 것이다. 바울이 말하는 성령의 나타나심과 그 능력으로 하는 설교는 설교자가 지닌 어떤 능력을 말하는 것도 아니고, 설교자에게 발생하는 강력한 경험을 말하는 것도 아니며, 설교자가 사용하는 어떤 강력한 기법을 말하는 것도 아니다. 바울은 성령님으로 말미암아 하나님의 말씀을 정확하게 전할 때, 하나님의 말씀 안에 있는 능력이 나타난다는 의미로 말한 것이다.

고린도전서 첫 두 장에서 우리는 하나님이 죄인을 구원하시기 위해 위대하고 영원한 계획을 세우셨다는 사실을 깨닫는다. 하나님이 이렇게 계획하셨기 때문에 어떤 사람도 하나님 앞에서 자랑할 수 없다. 하나님은 모든 인간의 지혜를 무력하게 만드는 메시지를 선택하셨다. 그리고 하나님은 이 메시지를 전파하는 방법으로 설교를 선택하셨다. 이는 인간의 지혜와 정반대되는 것이다. 하나님은 왜 그렇게 하셨는가? 그래야 하나님이 홀로 영광 받으실 수 있기 때문이다.

우리가 그리스도와 그가 못 박히신 메시지에 중점을 두지 않고 오히려 그 메시지를 전하는 방법에 집중한다면 끔찍한 일이 발생하고 말 것이다. 그리스도의 십자가가 헛되게 될 것이다(고전 1:17). 즉, 우리가 십자가와 그 능력의 메시지를 쏟아내 버린다는 말이다. 방법이나 메시지를 바꿔도 하나님이 받으실 영광을 도둑질하는 것이다(고전 1:30-31). 고린도전서 2장 5절에서 바울은 우리가 메시지나 방법을 임의로 바꿀 때 끔찍한 결과가 나타날 것이라고 한다. 바울은 자신이 인간의 지혜로 말하지 않는 이유는 "너희 믿음이 사람의 지혜에 있지 아니하고 다만 하나님의 능력에 있게" 하기 위함이라고 한다. 우리가 하나님의 메시지보다 자신을 높일 때, 하나님의 은혜보다 자신의 능력에 의지할 때, 성령의 능력보다 인간의 방법이나 기법을 신뢰할 때, 우리는 사람들로 하여금 하나님의 능력이 아닌 인간의 지혜를 믿게 하는 것이다.

고든 피는 이 본문을 주석하며 우리 모두에게 도전한다. "우리는 바울의 말을 새롭게 들어야 한다. 바울은 설교를 거부하는 것이 아니다. 심지어 바울은 설득력 있는 설교도 거부하지 않는다. 바울이 거부하는 것은 따로 있다. 바로 모든 설교에 도사리고 있는 진정한 위험, 즉 자기 신뢰다."[14] 인간의 연약함을 통해 복음이 선포되고 이와 더불어 성령님이 강력하게 역사하실 때 삶이 변한다는 사실을 잊는 것이 위험이다.

우리는 고린도와 거의 동일한 문화에 살고 있다. 우리는 바울이 처음 그 도시에 도착했을 때와 똑같은 딜레마에 직면해 있다. 하나님이 우리를 도우셔서 성령님의 능력으로 말씀을 전했던 사도 바울의 설교 철학을 우리도 그대로 따르게 되기를 기도한다. 그렇게 하기 위해서는 첫째, 자신의 영광이 아닌 하나님의 메시지와 그 아들에 집중해야 한다. 둘째, 자신의 능력이 아닌 하나님의 은혜에 의존해야 한다. 셋째,

인간의 방법이나 기법이 아닌 성령님의 능력을 신뢰해야 한다. 이러한 사실을 명심하고 설교할 때 성령의 나타나심과 그 능력으로 설교할 수 있을 것이다.

PRAYER

아버지, 우리가 자신감 있게 아버지의 말씀을 대하고,
아버지의 말씀과 영이 아닌 다른 것을 신뢰했음을 용서하소서. 회개합니다.
이 본문을 통해 어떻게 설교 사명을 감당해야 할지 새롭게 깨닫게 하소서.

주님, 우리 누구도 사도 바울에 비할 수 없습니다.
하지만 사도 바울조차 이 사역을 감당할 수 없음을 알았습니다.
우리의 연약함과 부족함을 인정하게 하소서.
그리고 우리가 부족함을 받아들일 때
성령님의 역사가 나타나신다는 사실을 알게 하소서.
아버지, 우리를 사용하셔서 당신의 교회를 세우소서.
사람들이 그리스도를 아는 믿음을 갖게 되고 성도들이 자라나게 하소서.
성령의 나타나심과 그 능력으로 이루어 주시기를 기도합니다.
아멘.

9
Rick Holland

만일 복음을 전하지 아니하면
내게 화가 있을 것이로다 _고전 9:16

삶을 변화시키는 설교를 빚는 기술

릭 홀랜드, 2010

　나는 설교를 더 잘하고 싶어서 설교자로서 역량을 최대로 발휘할 수 있는 환경에 있으려고 항상 노력했다. 예를 들어 사역 초기에는 두세 교회에서 청소년 사역을 맡아 매주 학생들에게 설교를 했다. 이 경험은 참으로 소중했다. 설교하는 법을 배우려면 중고등학생들이나 대학생들에게 설교해야 한다. 학생들은 재미가 없는데도 재미있는 척해 줄 만큼 예의를 차리지 않기 때문이다. 마찬가지로 젊은이들에게 설교를 할 때도 관심을 끄는 것이 어려울뿐더러 또 단순하게 전해야 한다. 결국, 이러한 환경에서 설교를 하면 본문을 해석하는 능력과 설교를 잘 전달할 수 있는 능력을 모두 키울 수 있게 되는 것이다.

　나는 감사하게도 마스터신학교와 남침례신학교에서 공부할 수 있었고, 두 학교에서 설교자로서 롤 모델로 삼고 싶은 훌륭한 교수님들 아래서 배울 수 있었다.

　이렇게 유익한 경험을 많이 했지만, 나는 여전히 더 효과적으로 설교하기 위해 애쓰고 있다. 설교자들은 언제나 개요, 주제, 서론, 연결부, 예시, 적용, 결론 부분 등에서 발전할 여지가 있다. 좋은 설교를 하기 위한 기술을 통달하는 일에는 끝이 없다.

  어떤 주일에는 설교를 마치고 나서 사직서를 써야 하나 싶은 생각이 들 때도 있다. 당신이 이런 수준의 좌절감을 맛보지 않았다면 아직 설교 경력이 부족한 것이다. 주일에 내가 설교를 잘했는지는 차를 타고 아내와 집에 가는 길에서 쉽게 알 수 있다. 만약 아내가 주차장에서부터 설교에 대해서 무슨 이야기를 꺼내면 그날 설교는 괜찮았다고 할 수 있다. 그런데 어느 정도 차를 타고 나왔는데도 아내가 말을 하지 않으면 "불안"해지기 시작한다. 만약 고속도로에 들어서기까지 아내가 아무 말이 없으면, 설교에 문제가 있었고 아내가 그 문제에 관해서 이야기할 것이라는 뜻이다. 집에 오는 길 내내 아내가 아무 말도 없었다면? 그러면 무언가 많이 잘못되었다는 뜻이다.

  하지만 나는 여전히 매주 설교단에 서고 있다. 다른 일을 하기보다는 하나님의 말씀을 전하고 싶기 때문이다. 나는 여전히 설교를 더 잘하고 싶다. 그리고 나의 목표는 여러분도 설교를 더 잘하도록 돕는 것이다.

설교와 현대 문화

  우리는 강해 설교를 높이 평가하지 않는 시대에 살고 있다. 그렇지만 이는 새로운 현상이 아니다. 1928년에 해리 에머슨 포스딕이 『하퍼스 매거진』(미국의 대표적인 문예 평론지)에 "설교는 왜 꼭 그래야 하는가?"라는 제목으로 쓴 글을 보자. 포스딕은 당시에 저명한 자유주의 목회자였는데, 그는 그 글에서 회중의 반응을 끌어내는 설교, 회중의 삶과 관련 있는 설교를 하라고 요청한다. 그 글을 보자.

많은 설교자가 습관적으로 소위 강해 설교라는 것을 한다. 그들은 성경에서 본문을 따온다. 그리고 그날 아침 교회에 나온 사람들이 그 본문에 관심이 있을 것이라고 생각하며 설교를 한다. 그렇게 30분 이상 성경 구절의 역사적 배경을 설명하고는 적용할 점을 제시하고 설교를 마무리한다. 이보다 더 따분하고 무익한 설교가 있을까? 사실 모인 사람이 백 명이라면 그중 한 명이라도 모세, 이사야, 바울, 요한이 그 구절에서 무슨 말을 했는지 관심이 있다고 생각하겠는가? 그런 내용에 관심이 있어서 교회에 오는 사람이 있기는 할까? 여러 사람 앞에서 말하는 직업을 가진 사람 중에 청중이 2,000년도 더 된 책의 내용에 관심이 있을 것이라고 생각하는 사람은 없다."[1]

거의 한 세기가 지났지만 이러한 정서는 여전히 많은 교회에 그대로 남아 있다. 포스딕처럼 강해 설교를 무시하는 목사들이 있다. 어쨌든 포스딕은 오늘날에도 많은 사람이 궁금해하는 질문을 정확하게 표현하기는 했다. "성경에서 일어난 일들이 오늘 나의 삶과 무슨 관계가 있으며 나에게 무슨 의미가 있는가?"

이 질문은 학자와 청자 사이의 간극을 표출한 것이다. 학자들은 주로 성경 본문이 의미하는 것에 관심이 많다. 그래서 고린도, 로마에서는 어떤 일이 있었는지, 아니면 호세아 시대에는 어떤 일이 일어났었는지에 집중한다. 반대로 교회 의자에 앉아 있는 사람들은 그 본문이 자신이 살아가는 세계에 어떤 의미가 있는지에 주로 관심이 있다. 넓게 보면 학자들은 본문이 과거에 의미한 것에 관심을 두고, 듣는 사람들은 그 본문이 현재 의미하는 것에 관심을 둔다. 그리고 목사는 이 두 세계 가운데에 서서 본문이 의미했던 바를 설명하고, 오늘 그 본문이 어떤 의미가 있는지를 보여 주면서 설교로 그 둘을 하나로 통합하는 사람이다. 목사는 하나의 거대한 원칙에 따라 이 일을 해야 한다. 바로 본문에서 원래 의미하지 않은 것은 오늘날에도 그러한 의미가 아니라는 것이다.

설교자의 임무는 과거에서 현재, 지난 시대에서 동시대, 특정한 것에서 보편적인 것으로 나아가는 것이다. 목사는 성경에 나오는 특별한 사건에서 설교로 전할 수 있는 원리를 뽑아내야 한다. 설교는 우리가 성경을 어떻게 해석하는가에서 나오는 것이다. 사실, 설교는 대중을 위한 해석학이라고 할 수 있다. 설교자가 성경을 펴고 그 의미를 전달할 때마다, 설교자는 성경을 해석하는 본을 보임으로써 성도들이 기도하고 개인적으로 성경을 연구할 때 어떻게 성경을 다루어야 하는지를 가르치는 것이다. 그리고 사람들에게 하나님의 말씀을 이해하고 적용하는 방법을 제시하는 것이다.

내가 오늘날 설교에 대해서 딱 한 가지만 비판한다면, 설교자가 과거에서 출발해서 현재로 나오는 것이 아니라 오히려 현재에서 출발해 과거로 돌아가고 있다는 점이다. 역사가인 조지 마스던은 대각성 운동을 비판하면서 이렇게 글을 썼다. 그는 성경 본문의 역사적 배경에 대한 설교의 가치를 모르는 사람이었다.

> 대각성 운동이 한창일 때 에드워즈는 설교의 효과에 대해서 흥미로운 말을 했다. 대각성이 강렬하게 일어난 시기에 복음 전도자들은 같은 청중들에게 매일 또는 하루에 몇 번씩 같은 설교를 했다. 대각성 운동을 반대하는 자들은, 사람들은 그 설교를 다 들어도 아무 내용도 기억할 수 없다고 주장했다.[2]

조나단 에드워즈는 이러한 비판에 대해서 다음과 같이 대응했다. "설교가 주는 가장 큰 유익은 설교를 들을 때 마음에 일어나는 감동에 의한 것이지, 나중에 설교 내용을 기억할 때 나타나는 효과에 의한 것이 아니다."[3] 에드워즈는 옳았다. 설교는 하나님의 살아계신 실재를 전달하면서 사람들에게 충격을 주어 듣는 자들을 현재에서 성경으로 되돌려 놓는 것이다. 당신이 설교할 때 성도들은 옛날로 돌아가서 샌들을 신고 그날의 "습기를 경험"해야 한다. **성도들은 본문이 그들에게 어떤 의미가 있는지 적용하기 전에 본문의 본래 의미를 파악할 수 있어야 한다.**

우리는 설교자라면서 본문을 훑어보고, 교훈적인 내용을 하나 찾고서는 일어나서 말하고, 예를 들고, 적용하고, 울고, 웃고, 농담하고, 설교단을 내려간다. 그래 놓고서는 사람들에게 칭찬을 받고 스스로 참 잘했다고 생각하기 쉽다. 하지만 나는 이와 반대로 성경 해석에서 시작하고 성도들의 삶으로 이어져 교량 역할을 제대로 하는, 예술적으로 잘 빚어낸 설교에 관해서 이야기하려고 한다. 정말로 사람들에게 영향을 미쳐서 그 삶을 완전히 변화시키는 설교에 대해서 말하려는 것이다. 그러면 이제 삶을 변화시키는 설교의 열 가지 원칙을 살펴보자.

삶을 변화시키는 설교의 원칙

- 분명한 설교

하나님의 말씀을 하나님의 방식으로, 하나님의 사람에게 설교하라

첫째, 삶을 변화시키는 설교는 분명한 설교다. 분명하게 설교하려면 하나님의 말씀을 하나님의 방식으로, 하나님의 사람들에게, 하나님의 영광을 위해 설교해야 한다. 이러한 설교는 정확하고, 분명하며, 인간의 의견이 아닌 성경 본문의 의미를 전달하는 것이다. 분명한 설교는 성경 저자의 본래 의도를 정확히 파악하고 해명해야만 가능하다. 모든 성경 해석의 꽃, 즉 모든 석의의 결과물은 다음 질문에 대답할 수 있느냐는 것이다. "당시 이 본문을 접한 사람들에게 이 본문은 무슨 의미였을까?"

설교를 분명하게 전할 수 있는 유일한 방법은 이 성경 해석의 꽃을 손에 쥐는 것이다. 우리가 성경이 전하는 것, 성경이 말하는 바를 넘어서지 않는 모든 것을 전했다면, 우리는 하나님의 음성을 분명하게 전한 것이라고 할 수 있다. 설교자로서 우리의 임무는 진리인 말씀을 전하는 것이다. 따라서 누가 우리가 전한 것을 논박할 때, 그것은 반드시 성경을 논박하는 것이 되어야 한다.

나는 극도로 보수적인 교회에서 처음으로 믿음 생활을 했는데, 그 교회는 이러한 분명함이 빠져 있었다. 나는 막 하나님을 믿게 된 고등학생이었고 주님에 관한 것이라면 무슨 일이든지 신이 나 있었다. 교회에서는 나이 많은 남자분을 붙여 줘서 나를 훈련하도록 했다. 그런데 한번은 그분이 점심을 사주시면서 한 시간 동안 나를 나무라는 것이었다. 이유는 내 머리카락이 귀에 닿아서였다. 나는 그 이야기를 듣고 양심에 가책을 느껴 다음 날 머리를 잘랐다. 계속 교회를 다니는 내내 나는 성경과 전혀 상관없이 더해진 이런저런 것들 때문에 수도 없이 "교정"을 당해야만 했다. 하지만 나는 교회에서 들은 것들을 대부분 논박할 수 있었다. 왜냐하면, 그 교회는 성경이 말하는 것 이상을 말하려고 했기 때문이다.

목회자로서 우리가 해야 할 일은 우리 앞에 있는 본문에만 의지하여 그 본래 의미를 캐내는 것이다. 우리는 본문에서 모세가, 학개가, 바울이 원래 독자들에게 전하려고 의도한 바를 정확히 파악해야 한다. 이와 반대로 "글쎄요, 그 본래 의미를 정확하게 알 수는 없을 것 같은데요. 성경은 너무 오래됐잖아요."라고 말하는 사람들도 있다. 이러한 태도가 독자 반응 방법론(reader-response methodology)을 초래하는 것이다. 독자 반응 방법론이란, 본문의 의미는 궁극적으로 독자가 그 본문이 의미한다고 생각하는 것에 불과하다는 이론이다. 그러면 객관적인 진리는 완전히 주관적인 것이 되어 버린다. 슬프게도 이러한 사고방식이 설교단을 잠식하게 되면서 이제 많은 목회자가 사람들이 원하는 대로 하나님의 말씀을 해석하려고 노력한다. 이러한 설교자들은 성경이란 "당신에게 의미하는 것"일 뿐이라고 말한다.

하지만 하나님은 이러한 의도로 성경을 쓰신 것이 아니다. 하나님은 독자들이 본문의 원래 의도를 정확히 파악하기 원하신다. 설교를 준비할 때마다 스스로 던지는 한 가지 질문이 있다. 예를 들어 잠언에 대해서 말씀을 전한다고 하자. 그러면 나는 마지막으로 원고를 보면서 다음과 같이 질문한다. "솔로몬이 이 설교를 들으면 뭐라고 할까? 나와 동의할 것인가, 아니면 일어나서 '미안하지만 나는 그런 뜻으로 그 말을 한 게 아닐세.' 라고 할 것인가?"

당신은 설교할 때 성도들에게 본 저자가 의도한 것을 그대로 설명하는가? 만약 당신이 성경의 원래 의도를 알 방법은 없다고 말한다면, 성경에는 권위가 없다고 말하는 것과 같다.

하나님은 매우 분명하게 자신의 책을 기록하셨다. 그러므로 성경을 이해하는 것은 그렇게 어렵지 않다. 목사가 히브리어, 헬라어 및 언어의 미묘한 차이까지 통달하는 것은 좋은 일이지만, 기초 교육만 받은 사람도 성경을 굉장히 잘 이해할 수 있다는 사실을 인정해야 한다. 그렇다고 히브리어와 헬라어 연구를 무시해도 된다는 말은 아니다. 왜냐하면, 본문의 본래 의미를 이해하는 것과 원어 해석 능력은 일부 관련이 있기 때문이다.

따라서 헬라어 및 히브리어 지식을 총동원해서 저자의 의도와 본문의 의미를 밝히도록 하라. 하지만 원어를 너무 많이 인용해서 설교 시간이 강의 시간이 되지는 않도록 하라. 대신에 성도들에게 성경의 본래 의도를 파악하는 법을 가르쳐서 성도들도 스스로 성경을 읽고 최대한 유익을 누릴 수 있게 하라.

이해에 도움이 될 만한 예가 있다. 플로리스트에게 전화해서 아내가 세상에서 가장 소중하다는 의미를 담아 장미꽃 열두 송이를 배송해 달라고 했다고 하자. 배달원이 그 장미를 가지고 집에 나타나서 문을 두드린다. 아내가 문을 여니 배달원이 이렇게 이야기한다. "안녕하세요, 릭 선생님이 보내신 장미입니다."

아내가 묻는다. "아, 정말 감사해요. 그런데 왜 꽃다발을 보냈다고 하나요?"

배달원이 답한다. "남편분께서는 아내분이 자신을 괴롭게 한다는 의미로 꽃을 보냈다고 하셨습니다. 아내분은 정오의 햇빛에 시들어 버린 장미꽃 같다고 하시더군요. 아침에는 향이 좋지만 밤에는 악취를 풍기죠."

꽃다발의 의미는 누가 결정하는 것인가? 꽃을 보낸 사람인가, 아니면 배달원인가? 당연히 꽃을 보낸 사람이다. 마찬가지로 설교자인 우리는 사람들이 하나님의 말씀을 듣고 나서 "그런데 이게 무슨 의미죠?"라고 묻도록 성경을 해석해서는 안 된다. 당신은 성경을 쓴 원저자의 의도를 전해야 한다. 그리고 그렇게 할 때만 분명하게 설교할 수 있다.

■ 정보를 제공하는 설교

이해하기 위해서는 자료가 필요하다

둘째, 삶을 변화시키는 설교는 정보를 제공하는 설교다. 이는 목회자의 역할 중 가르치는 부분에 해당한다. 내가 말하는 정보란 현재 상황에서 고대 문헌을 이해하는 데 필요한 핵심적인 자료를 의미한다. 신약 성경에서 설교를 지칭하는 단어를 찾아본다면, 그 단어가 대부분 전도의 의미와 겹친다는 사실을 알게 될 것이다.

사도행전을 읽다 보면 설교란 복음 제시로 이어지는 하나의 선포 과정이다. 사도 바울은 "만일 복음을 전하지 아니하면 내게 화가 있을 것이로다"(고전 9:16)라고 말했다. 우리는 설교할 때마다 항상 복음을 전해야 한다. 물론 나도 모든 본문에 복음이 나타나지는 않는다는 것을 알고 있다. 하지만 모든 설교에는 복음이 나타나야 한다. 억지로 집어넣지는 말아야겠지만, 설교자는 결국 복음을 제시할 기회를 확보하기 위해 노력해야 한다.

우리는 성도들에게 이 좋은 소식의 아름다움을 잘 드러내도록 정보를 제공해야 한다. 그리고 우리가 충실하게 연구를 해야만 이러한 정보를 제공하는 설교를 할 수 있다. 주해가로서 우리가 해야 할 일은 대부분 신약 성경에서 말하는 "가르치는 일"과 동일하다. 가르치는 것은 성경에 나오는 정보를 제공한다는 의미다. 즉, 정보를 제공하고, 지시하고, 깨닫게 하는 것이다. 삶을 변화시키는 설교에는 듣는 사람이 예전에는 알지 못하던 것을 가르치는 일도 포함된다. 그리고 불분명했던 것을 명쾌하게 하는 것도 해당한다.

■ 영향력 있는 설교

적용(Application)과 함의(Implication)

셋째, 삶을 변화시키는 설교는 영향력 있는 설교다. 당신이 설교를 통해 삶을 변화시키고 싶다면 그 설교는 영향력이 있어야 한다. 설교가 적실할 때 이러한 영향력이 나타나고, 설교할 때 적용과 함의를 해야 적실성을 확보할 수 있다.

그러면 이제 아마 다음과 같이 물을 것이다. "적용과 함의의 차이는 무엇입니까?"

예를 통해서 둘의 차이를 살펴보도록 하자. 친구 집에 방문했는데 마침 친구의 자녀들이 사고를 치는 바람에 훈계할 일이 생겼다고 하자. 나는 그 친구를 존경하기 때문에 친구가 자녀들을 어떻게 다루는지 지켜보기로 한다. 만남을 마무리하고 나와서 함의를 한다고 해보자. 나는 친구가 한 그대로 똑같이 자녀들을 훈계하지는 않을 것이다. 가족이 처한 상황이 다르기 때문이다. 하지만 친구가 몇몇 성경의 원칙을 자녀들에게 적용하는 모습을 봤기 때문에 같은 원칙을 따르면서도 조금 다르게 함의를 하게 된 것이다.

설교할 때 지나치게 자세히 적용을 하다 보면 성령님이 역사하셔서 깨닫게 될 기회를 빼앗게 된다. 예를 들어 자제에 대해서 설교하고 나서 "여러분, 시나몬 빵을 좋아하십니까? 다음에 시나몬 빵을 먹게 되면 먹지는 말고 쳐다보기만 하십시오." 그러면 사람들은 아마도 "알겠습니다. 원하는 대로 다 먹지 않으면서 자제력을 기를 수 있겠군요."라고 말할 것이다. 하지만 듣는 사람 중에 젖당을 분해하지 못하기 때문에 시나몬 빵을 애초에 먹지 않는 사람이 있다고 하자. 그러면 "시나몬 빵에는 유제품이 들어 있기 때문에 저는 원래 시나몬 빵을 먹지 않아요. 그 메시지는 저한테 적용되지 않는 것 같습니다."라고 말할 수도 있다. 보다시피 설교자에게 적용은 훌륭한 도구이지만 현명하게 가끔씩 사용해야 한다.

당신이 성경 본문이 원래 의미하는 바를 분명하게 전달한다면, 성도들은 "주님이 제 삶의 어떤 부분에서 그 원칙을 적용하기 원하시는지 알게 되었어요."라고 말할 것이다. 그 결과 성도들은 당신이 설교를 마무리하며 제시하는 몇몇 특별한 적용에 사로잡히지 않게 되고, 성령님은 원하시는 대로 성도들 마음 가운데 역사하실 수 있는 것이다.

그렇다면 절대로 적용을 하지 말아야 한다는 뜻인가? 물론 그렇지는 않다. 하지만 성도들로 하여금 말씀의 의도대로 영향을 받게 해주는 역할을 제대로 하면, 당신은 더욱 안전하게 성도들을 도울 수 있다. 말씀을 직접 쓰시고, 말씀을 듣는 자들의 마음과 삶에서 일하시는 분은 성령이시기 때문이다. 당신이 본문을 제대로 설교했다면 성도들은 본문의 의도를 깨닫고, 그 본문이 자신의 삶에 함의된 바를 깨닫게 될 것이다. 그러므로 적용은 되도록 적게 하되 계속 함의를 하도록 하라.

■ 통찰력 있는 설교

명확한 설명

넷째, 삶을 변화시키는 설교는 통찰력 있는 설교다. 성도가 이해할 수 있도록 명확하게 설명하는 것이 통찰력이다. 이러한 설교를 들은 사람은 "아하, 그렇구나."라고 느끼고, "나도 이 본문을 읽어 봤지만 이렇게는 생각하지 못했어."라고 말하게 된다. 하지만 "그 본문도 읽어 봤고 당신이 무슨 말을 하는지도 알겠지만, 아무리 다시 봐도 그렇게 생각되지는 않는군."이라고 말할 정도로 본문에서 너무 많은 것을 읽어 내려고 하지는 말아야 한다. 통찰한 점을 제시하되, 사실을 과장하거나 "이 부분이 조금 약하니 소리를 높여야겠군!(Weak point, yell here!)"이라고 가르치는 설교 기법에 너무 의지하지 말라.

그러면 어떤 설교가 통찰력 있는 설교인지 그 예를 들어 보자. "예수께서 예루살렘으로 올라가려 하실 때에"(마 20:17)라는 말씀을 가지고 설교를 한다고 치자. 본문을 한 번만 읽어 보면 나오는 분명한 사실을 전달하는 대신에 주목할 만한 세부 사항을 제시하는 것이다. "여리고는 예루살렘보다 훨씬 저지대입니다. 여리고에서 예루살렘으로 가는 길은 20km에 달하는 오르막길입니다. 그렇기 때문에 본문은 예수님이 '올라가려' 하셨다고 말씀하는 것입니다." 설교를 듣는 사람들은 이와 같은 정보를 통해서 어떤 일이 벌어지고 있는지 더 잘 이해할 수 있다.

■ 흥미로운 설교
호기심을 발생시키라, 주의를 끌라, 생각하도록 만들라

다섯 번째, 삶을 변화시키는 설교는 흥미로운 설교다. 비난하고 싶은 마음이 생길지도 모르겠지만, 설교를 통해서 충격을 주려면 반드시 듣는 사람의 마음을 확 끌어당겨야 한다. 그리고 설교가 흥미로우면 듣는 사람도 호기심이 생기며, 주의를 집중하고 생각하게 된다. 당신은 지루한 사람인가? 그렇다면 다른 소명을 찾으라. 설교란 절대로 지루할 수 없다.

18살 때, 나는 테네시에서 캘리포니아까지 친구 한 명과 차를 몰고 간 적이 있다. 국토 횡단 여행을 하다가 우리는 그랜드 캐니언을 찾았다. 나는 그때 처음으로 그랜드 캐니언에 갔기 때문에 내 앞에 펼쳐진 장관에 완전히 압도되고 말았다. 이 장엄하고 경이로운 광경을 최대한으로 경험하고 싶어서 가이드가 인도하는 전차에 올랐다. 그런데 그 가이드는 심드렁한 태도로 계속해서 단조로운 목소리로 설명하는 것이었다. "저기 있는 바위는 악어처럼 보입니다. 그래서 저런 암층을 '악어'라고 합니다. 또 이 협곡은 깊이가 900m입니다. 바닥에는 콜로라도 강이 흐릅니다. 침적토가 그 강을 따라서 흘러갑니다."

가이드가 말을 꺼낼 때마다 나는 '왜 이 사람이 이렇게 맥이 없지? 우리는 정말 놀라운 광경을 보고 있다고!' 하고 혼자 생각했다. 분명히 그 가이드는 이 아름다운 풍경에 너무 익숙해진 나머지 더 이상 감동을 받지 못하는 지경이 된 것이었다. 그리고 그러한 마음 자세는 가이드의 어투에도 영향을 미쳤다. 존 파이퍼는 『하나님의 방법대로 설교하십니까』에서 다음과 같이 고찰한다. "알프스 산맥을 인도하는 가이드가 심드렁하고 시큰둥하다면, 그 가이드는 알프스 산맥의 장엄함을 부정하고 모욕하는 것이다."[4]

설교자로서 우리도 이러한 비판에 주의를 기울여야 한다. 사람들이 우리를 흥미 있게 보도록 해야 한다. 그래야 설교를 듣는 사람들이 우리가 본문에 완전히 사로잡힌 모습을 볼 때 더 매력적으로 생각할 것이다. 청중들의 관심을 사라지게 하는 좋은 방법이 있다. 설명할 때 판에 박힌 예시를 드는 것이다. 예를 들려고 말을 꺼내자마자 성도들이 '아, 저 얘기 전에 들었던 거네.' 하고 생각하기를 바라는가? 제발 그런 실수를 저지르지 말라. 준비할 때 조금 더 생각해서 독창적인 예시를 들라. 훌륭한 예시를 찾아보는 좋은 방법이 있다. 독서를 많이 하고 세상을 꾸준히 관찰하는 것이다. 본문과 사랑에 빠지고 창조적인 예를 생각해 내라. 그러면 사람들이 관심을 보일 것이다.

■ 강렬한 설교
열정적으로 설교하여 절박함을 자아내라

여섯 번째, 삶을 변화시키는 설교는 강렬한 설교다. 강렬함이란 열정적으로 설교하여 절박함을 자아내는 것이다. 알렉스 몬토야의 말이 참 마음에 든다. "나는 열정적이다. 하나님의 말씀이 나를 그렇게 만들기 때문이다. 또한, 인간이 처한 상황이 나를 그렇게 만들기 때문이다. 그리고 궁극적으로 설교의 본질을 안다면 열정적으로 설교할 수밖에 없다."[5]

열정적으로 설교한다고 해서 목소리를 높이라는 말이 아니다. 왜냐하면, 모든 것을 강조하면 아무것도 강조할 수 없기 때문이다. 당신이 개인적으로 대화를 할 때를 살펴보고 어떻게 해야 할지 생각해 보라. 아들이 농구 시합에서 처음으로 득점했다. 그러면 당신은 목청껏 소리를 지를 것이다. 하지만 결혼기념일을 기념해서는 저녁 식사 자리에 촛불을 켜 놓고 아내의 손을 잡으면서 "사랑해, 여보."라고 속삭일 때도 있는 것이다.

두 경우 모두 당신은 열정을 표출했다. 당신이 충실하게 성경 본문의 뉘앙스를 따라가다 보면, 열정을 격정적으로 표출하게 되기도 하고, 조용하게 열정을 보일 때도 생기는 것이다. 당신이 지나치게 목소리를 높이는 경향이 있다면, 열정을 세밀하게 드러내는 능력을 기르라. 지나치게 차분하고 조용하기만 하다면, 조금 더 활기를 띠라. 그리고 무엇을 하든지 **인위적으로 꾸며 낸 열정에 의지하지 말라. 당신이 먼저 본문에 열광해 있고, 듣는 사람들을 진심으로 생각하고 있다면 열정이 생기기 마련이다.** 그리고 무엇보다도 하나님이 주신 당신만의 개성이 설교에 자연스럽게 드러나도록 하는 것이 중요하다.

■ 명령하는 설교

명령과 반응

일곱 번째, 삶을 변화시키는 설교는 명령하는 설교다. 당신은 반응을 끌어내기 위해 명령조로 설교해야 한다. 바울은 디모데에게 말한다. "너는 이것들을 명하고 가르치라"(딤전 4:11). 물론 설교자들은 임의대로 권하거나 가르치지 말아야 한다. 설교자는 주님이 명하신 것을 선포해야 한다. 그렇기 때문에 사도들의 명령을 신실하게 지킨다면 설교는 반드시 명령조를 띠게 된다.

슬프게도 "간음하지 말지니라"라는 말씀을 읽고 나서는 "그렇습니다. 간음하지 않는 편이 여러분에게 좋습니다. 배우자에게 상처를 줄 수 있기 때문입니다. 그러니 그렇게 하지 않기를 바랍니다."라고 말하는 설교자도 있다. 하지만 하나님이 "간음하지 말지니라"라고 말씀하실 때는 이런 뜻이 아니었다. 하나님은 제안하지 않으신다. 하나님은 명령을 내리신다. 따라서 하나님의 대사들도 똑같이 해야 한다.

그렇지만 명령하는 설교를 할 때도 친절하고 온유하게 해야 한다. "주의 종은 마땅히 다투지 아니하고 모든 사람에 대하여 온유하며 가르치기를 잘하며 참으며 거역하는 자를 온유함으로 훈계할지니"(딤후 2:24-25)라고 성경은 전한다. 자칫 잘못하면 우리는 양 떼를 순종의 땅으로 인도하지는 못하면서 명령만 해대는, 야비하며 성마르고 노회한 목회자가 될 수도 있다. 목자의 지팡이에는 두 가지 기능이 있다는 것을 명심하라. 지팡이의 구부러진 부분은 양을 얼러 무리로 돌려놓는 기능을 하지만, 막대기 부분은 길을 잃은 양을 징벌하는 역할을 한다.

■ 불가능한 설교
거룩하게 하시는 하나님의 역사가 필요함을 전하라

여덟 번째, 삶을 변화시키는 설교는 불가능한 설교다. 불가능한 설교란 거듭나게 하시고 거룩하게 하시는 하나님의 역사가 없으면 얻을 수 없는 의로움을 전하는 것이다. 만약 우리가 말씀을 전했는데 사람들이 노력만 하면 그 말씀대로 모두 할 수 있을 것이라고 생각한다면, 우리는 신실하게 말씀을 전하지 못한 것이다. 왜냐하면, 순종, 칭의, 성화 등은 모두 성령님의 능력이 없으면 이룰 수 없는 것이기 때문이다. 참된 마음의 변화와 행동을 조금 개선한 것 사이에는 엄청난 차이가 있다.

예를 들어, 마음의 변화는 없이 사람들의 외적인 행위만 바꾸는 종교가 있다. 심리학도 마찬가지다. 심리학은 내적으로 참된 변화를 끌어내는 것이 아니라, 사람들이 특정한 방식으로 행동하도록 조정하는 방법을 가르칠 뿐이다. 오직 비참한 죄인들을 위해 아들을 보내시고, 죽임당하게 하신 영광스러운 하나님의 장엄함을 볼 때만 굳은 마음이 부드럽게 된다.

불가능한 설교는 청중들에게 그들이 할 수도 없고 될 수도 없는 것을 하라고, 또 되라고 도전하는 것이다. 불가능한 설교란 "당신의 희망은 오직 그리스도 안에만 있다. 그리스도에게 돌아가서 그를 신뢰하고,

그를 순종하라."라고 전함으로써 성도들에게 비전을 제시하고 희망을 주며 성도들을 하나님과 연결되게 하는 것이다.

성경적으로 표현하자면, 이러한 변화에는 하나님의 주권적인 개입과 인간의 책임이 함께 따른다. 빌립보서 2장 12절에서 바울은 말한다. "복종하여 두렵고 떨림으로 너희 구원을 이루라." 이는 그리스도인의 입장에서도 노력해야 한다는 말씀이다. 그렇지만 바울은 하나님이 하시는 일에 대해서도 언급한다. "너희 안에서 행하시는 이는 하나님이시니 자기의 기쁘신 뜻을 위하여 너희에게 소원을 두고 행하게 하시나니"(13절).

바울은 골로새서 1장 29절에서도 똑같은 원칙을 이야기한다. "이를 위하여 나도 …… 수고하노라." 이 말씀이 여기에서 끝났으면 나는 매우 낙심하고 말았을 것이다. 왜냐하면, 내게는 선한 일을 할 수 있는 능력이 없기 때문이다. 하지만 감사하게도 이 구절은 여기에서 끝나지 않는다. "이를 위하여 나도 내 속에서 능력으로 역사하시는 이의 역사를 따라 힘을 다하여."

당신은 설교하면서 사람들에게 수고할 것을 요구하고, 하나님이 능력으로 그들 속에서 역사하실 것을 믿으라고 전해야 한다. 우리는 이 일이 정확히 어떻게 이루어지는지는 알지 못한다. 하지만 우리는 사람들에게 성령님을 의지하고, 성령님께 기도하고, 성령님께 기대라고 말해야 한다. 성령님이 그들을 변화시키시고, 다른 감정을 느끼게 하시고, 다른 동기를 부여받게 하시고, 다른 행동을 하도록 하시기 때문이다. 삶을 변화시키는 설교를 하기 원하는가? 그렇다면 불가능한 설교를 해야 한다.

■ 권유하는 설교

듣는 사람들이 결심하도록 권유하라

아홉 번째, 삶을 변화시키는 설교는 권유하는 설교다. 권유란 사람을 자극하여 그리스도 안에서 의롭고 거룩하게 되기 위하여 결정을 내리게 하는 것이다. 사도 바울은 고린도전서 9장 16절에서 이 점을 보강해서 설명한다. "만일 복음을 전하지 아니하면 내게 화가 있을 것이로다." 당신은 바울이 무슨 말을 하고 있는지 알겠는가? 바울은 "화"라는 단어를 사용해서 "내가 복음을 전하고 선포하지 않으면 나에게 저주가 임하고 파멸에 빠지게 하라!"라고 말하는 것이다.

설교할 때는 언제나 듣는 사람 중에 믿지 않는 사람이 있다고 생각해야 한다. 그렇지 않다고 하더라도 성도들 역시 복음을 다시 들으면서 성장한다. 당신도 마태복음 7장 13-29절의 가르침에 비추어 자신을 점검하기 원한다. 이 말씀은 그리스도의 심판 자리에 이르기까지 하나님과 바른 관계에 있다고 생각하던 자들에 대한 내용이다. 그들은 소리친다. "주여 우리가 주의 이름으로 이 모든 것을 하지 않았습니까?" 그러자 주님은 답하신다. "내가 너희를 도무지 알지 못하니 …… 내게서 떠나가라"(23절).

당신은 그리스도에게 나오라고 구걸하는 것 같아서 마음이 내키지 않는가?

그렇다면 예배를 마치고 예수님을 믿으라고 초청하는 것에 대해서 한 가지 짚고 넘어가도록 하겠다. 나는 그레이스 커뮤니티 교회에 와서 맥아더 목사님이 예배를 마치시며 하시는 말씀을 듣고 용기를 얻었다. 목사님은 모든 회중에게 다음과 같이 말씀하셨다. "기도실은 예배당 제일 앞쪽, 제 오른편에 있습니다. 그리스도와 어떻게 관계를 맺어야 할지 이야기를 나누고 싶으신 분이 계시면 앞으로 오십시오. 여러 분을 맞아 줄 사람들이 있습니다." 하지만 지금에서야 하는 말이지만 처음에 이 말을 들었을 때는 '저런 식으로는 아무도 구원받지 못할 거야. 도대체 무슨 생각이지? 사람들을 기도실로 향하게 하려면 하나님도 우리의 도움이 있어야 하신다는 것을 모르나?' 하고 생각했다.

하지만 이는 육적인 생각이었다. 하나님은 우리의 도움을 필요로 하지 않으신다. 우리가 진리로 사람들을 초청하면 그들의 감정에도 그 영향이 나타나게 된다. 하지만 오히려 감정적으로 호소하면 우리가 바라는 대로 진리를 제대로 제시할 수 없다. 사람들에게 어떻게 권해야 할지 잘 생각해 보라. 그렇지만 어쨌든 반드시 권유하는 설교를 해야 한다.

- 완전한 설교

위선과 부정확함을 피하라

열 번째, 삶을 변화시키는 설교는 완전한 설교다. 말씀은 그 말씀을 전하는 자의 삶과 반드시 부합해야 한다. 또한, 설교자는 자신이 선포하는 내용을 실천하는 본이 되어야 한다. 설교자는 반드시 그 주 내내 본문과 씨름하면서 마음이 찔리고 뉘우친 경험이 있어야 한다. 그리고 주일 아침에 '나는 틀렸구나. 나는 내가 하지 못한 것을 사람들에게 전해야 한다.'라고 생각하며 자리에서 일어나야 한다. 당신이 전하는 말씀이 당신에게 영향을 미치지 못한다면 걱정거리가 생긴 것이다. 우리가 전하는 설교는 반드시 우리를 먼저 변화시켜야 한다. 자신도 지키지 못하는 설교를 하는 자는 위선자이기 때문이다. 그리고 효과적인 설교에 가장 큰 위협이 되는 두 가지가 있다. 바로 위선과 부정확함이다. 당신은 본문을 전하는 일만 신실하게 할 것이 아니라, 그 본문을 당신의 삶에도 온전하고 신실하게 적용해야 한다.

부정확한 설교의 예

이제 삶을 변화시키는 설교의 열 가지 특징을 다 살펴봤다. 나는 본문에서 원저자가 말하는 본래 의도를 파악하는 일이 얼마나 중요한지 다시 한 번 되새기고 싶다. 이렇게 이야기해 보면 어떨까? 당신이 마태복음을 가르치고 있다고 하자. 순서에 따라서 예수님의 계보, 예수님의 탄생 이야기, 세례 요한의 사역에 대해서 계속 설교해 나간다. 그러면 마태복음 4장에 예수님이 광야에서 시험받으신 이야기가 나온다. 당신은 이 본문을 보고 시험을 이기는 방법에 대해서 연속으로 설교하기로 작정한다. 성도들도 긍정적으로 반응하는 것을 보니 마음이 흐뭇하다.

하지만 문제는 마태가 이 본문을 유혹과 시험에 맞서 싸우는 지침으로 삼으라는 목적으로 기록하지 않았다는 점이다. 마태는 이 장을 쓰면서 '이제 메시아적 기독론에 대해서 세 장이나 썼으니 죄를 이기는 방법과 같은 실용적인 내용도 추가해야겠군.'이라고 생각하지 않았다. 마태복음 4장에서 원저자의 의도는 예수님이 우리가 당한 것과 똑같이 시험을 당하셨지만, 죄를 저지르지 않으셨다는 사실을 확증하는 것이다.

예수님이 당하신 광야의 시험에 대해서 우리가 적용할 것은 "할렐루야, 위대한 구세주여."라고 찬양하는 것뿐이지 행실을 바꾸도록 계획을 세우는 것이 아니다. 그래서 시험을 당할 때 인내하라는 내용을 조금도 적용할 수 없다는 말인가? 물론 우리는 그리스도를 닮아 가도록 부르심을 받았기 때문에 그렇게 설교할 수 있다. 하지만 이것도 부수적인 적용에 불과하다. 당신은 말씀에 충실하고 삶을 변화시키는 방식으로 설교해야 한다. 하지만 반드시 본문의 의미를 먼저 전하고 성도들이 변화 받을 수 있는 기회를 줘야 한다.

마지막으로 남겨야 할 인상

앞서 나는 조나단 에드워즈의 말을 인용했다. 에드워즈는 "설교가 주는 가장 큰 유익은 설교를 들을 때 마음에 일어나는 감동에 의한 것이지, 나중에 설교 내용을 기억할 때 나타나는 효과에 의한 것이 아니다."[6]라고 했다. 에드워즈는 설교를 절대로 기억하지 말라고 한 것인가? 물론 그런 의도는 아니었다. 에드워즈는 직접 자신의 설교를 인쇄해서 성도들에게 보관하면서 읽고 기억하라고 했기 때문이다. 에드워즈가 하고 싶은 말은 하나님의 백성이 하나님이 그 순간에 완벽하게 맞도록 주신 그 말씀을 듣기 위해 설교자의 지도력, 열정, 성품, 은사, 연구, 석의, 경험 아래에 나아올 때 특별한 일이 발생한다는 것이다. 성경적 설교를 들은 사람들은 집에 돌아가면서 말할 것이다. "이 얼마나 위대한 하나님이신가! 이 얼마나 위대한 복음인가!"

성도들이 당신을 성경의 사람, 성경을 사랑하는 사람, 본문의 원래 의도를 전하는 일에 헌신한 사람으로 인식하도록 해야 한다. 성도들은 당신에게서 성경이 절대적인 권위의 원천이라는 사실을 믿는 목사님,

성경을 충실하게 해석하는 사명을 받은 목사님이라는 인상을 받아야 한다. 이를 명심하라. 그리고 사람들의 생명을 변화시킬 설교를 전하는 일에 헌신하라.

PRAYER

아버지, 우리에게 은혜를 베푸셔서 당신의 말씀을 정확하게 전하고,
당신이 뜻하신 바를 제대로 그려 낼 수 있도록
연구하고 선포하게 하소서.
에드워즈가 말한 대로, 살아계신 구세주인 당신을 바라보며
천국에 가깝게 서게 되는 설교의 순간을 경험하도록
은혜를 베풀어 주소서.
당신의 진리로 소통하여 힘을 얻게 하시고 삶에 적용하게 하소서.
예수님의 이름으로 기도합니다.
아멘.

10
Alex Montoya

우리가 그를 전파하여 각 사람을 권하고
모든 지혜로 각 사람을 가르침은
각 사람을 그리스도 안에서 완전한 자로 세우려 함이니 _ 골 1:28

죽어 가는 사람이
죽어 가는 사람에게 하듯
설교하라[1]

알렉스 몬토야, 2012

디모데후서 4장 1-4절에서 바울은 디모데에게 권고한다.

하나님 앞과 살아 있는 자와 죽은 자를 심판하실 그리스도 예수 앞에서 그가 나타나실 것과 그의 나라를 두고 엄히 명하노니 너는 말씀을 전파하라 때를 얻든지 못 얻든지 항상 힘쓰라 범사에 오래 참음과 가르침으로 경책하며 경계하며 권하라 때가 이르리니 사람이 바른 교훈을 받지 아니하며 귀가 가려워서 자기의 사욕을 따를 스승을 많이 두고 또 그 귀를 진리에서 돌이켜 허탄한 이야기를 따르리라.

이 구절은 설교자들과 교사들의 마음에 하나님의 말씀을 선포해야 한다는 절박함을 느끼게 하는 엄명이다. 설교자는 하나님의 말씀을 받고 모든 장과 절을 선포해야겠다는 바람을 품어야 한다. 하지만 우리는 주해는 그 자체를 목적으로 생각하지만, 설교는 목적을 이루기 위한 도구라고 잘못 생각하는 경향이 있다. 성경을 선포하는 목적은 사람들로 하여금 죄를 회개하고, 구원에 이르는 믿음을 받아 그리스도의 형상으로 변화되게 하는 것이다. 바울은 이 진리를 골로새서 1장 28절에서 가르친다. "우리가 그를 전파하여 각 사람을 권하고 모든 지혜로 각 사람을 가르침은 각 사람을 그리스도 안에서 완전한 자로 세우려 함이니."

그렇다면 사역의 목적은 그리스도의 제자들을 세워 나가는 것이고, 설교는 그러한 목적을 이루는 방법이라고 할 수 있다. 이러한 비전을 마음에 품었다면 우리는 어떻게 설교해야 할 것인가? 어떻게 리처드 백스터가 말한 것처럼 "죽어 가는 사람이 죽어 가는 사람에게 하듯이" 설교할 수 있을 것인가?[2] 이 장에서 우리는 이러한 목적에 부합하는 설교에는 어떠한 특징들이 있는지 살펴보도록 하겠다.

피해야 할 오류들

이러한 설교의 특징들을 살펴보기 전에 먼저 우리의 설교에 빈번하게 나타나는 오류들을 인식해야 한다. 내가 강조하고 싶은 사항은 여섯 가지다.

■ 긴 설교

피해야 할 첫 번째 설교 유형은 긴 설교다. 어떤 설교자들은 설교가 길수록 좋다고 생각한다. 그러면서 설교의 길이가 설교의 질을 결정한다고 믿는다. 몇 년 전에 한 목사님 내외분과 함께 식사할 일이 있었다. 나는 목사님께 물었다. "내일은 무슨 설교를 하실 생각이십니까?" 그러자 목사님은 답하셨다. "내일은 요한복음 6장을 설교하려고 합니다." 그러자 사모님이 소리를 지르셨다. "아, 안 돼요!" 설교를 장황하게 하고 있을 때 성도들도 똑같이 외치고 있을지 모른다. 긴 설교가 반드시 더 좋은 설교는 아니다. 왜냐하면, 긴 시간 동안 사람들을 집중하게 하려면 엄청나게 말을 잘해야 하기 때문이다.

■ 덤프트럭 설교

멀리해야 할 두 번째 설교 유형은 덤프트럭 설교다. 덤프트럭 설교를 하는 설교자는 일주일 내내 20-30시간을 들여 성경 연구에 온 힘을 기울인 다음, 주일 아침이 되면 덤프트럭을 설교단에 후진시켜 놓고 하나님의 백성에게 엄청난 양의 정보를 쏟아내 버린다. 다다익선이 언제나 맞는 것은 아니다. 8온스(225g)짜리 안심 스테이크는 보통 좋은 선택이다. 잘 먹는 사람이라면 12온스(340g)짜리 스테이크도 맛있게 먹어 치울 수 있을 것이다. 하지만 14온스(400g)짜리 안심 스테이크는 확실히 크다. 마찬가지로 성도들을 과부하에 걸리게 만들어 놓고서는 성도들이 그 많은 정보를 다 받아들일 수 있다고 생각해서는 곤란하다.

■ 소시지 설교

셋째, 소시지 설교를 하지 말아야 한다. 소시지 설교는 설교의 끝을 이어 가는 것으로 지난주에 끝났던 부분부터 이어서 다시 설교하는 것이다. 물론 40분, 50분, 60분 동안 설교할 수도 있다. 하지만 시간이 다 되었으면 소시지를 자르듯이 설교도 잘라내야 한다. 말씀을 시작해서 결론을 내렸으면 다음에 거기부터 다시 이어서 계속 설교하는 일이 절대 없도록 하라. 이렇게 설교했을 때 설교자가 바라는 대로 성도들이 반응하는 경우는 거의 없다고 보면 된다.

■ 심오한 설교

피해야 할 네 번째 설교 유형은 심오한 설교다. 심오한 설교란 너무 복잡한 설교를 말한다. 설교 시간 내내 히브리어 및 헬라어 본문, 또는 기타 학문적인 내용을 다루는 목사님들이 있다. 예전에 한 목사님과 이야기를 나눈 기억이 난다. 그 목사님은 교회 성도에게서 시를 한 편 받았다고 했다. 그 시는 꽤 아름다운 시였는데, 길이가 두 페이지나 되었다. 그런데 그 내용은 목사님의 설교를 비판하는 것이었다. 목사님은 속이 상해 있었다. 나는 그 시를 죽 보고 나서 말했다. "이분은 그래도 목사님께 호의를 베푼 겁니다. 보통 사람이라면 설교가 안 좋다고 시를 쓰지는 않죠. 하지만 적어도 이분은 목사님의 설교가 너무 심오해지는 바람에 도저히 따라갈 수가 없다고 알려드리고는 있잖아요."

때로 우리가 너무 심오하게 설교하면 사람들은 도통 무슨 말을 하고 있는지 모르는 경우가 생긴다. 설교할 때 그 내용을 분명하게 전달해야 한다는 사실을 잊지 말라.

■ 어디로도 향하지 않는 설교

피해야 할 다섯 번째 설교 유형은 어디로도 향하지 않는 설교다. 로스앤젤레스 근처에 있는 샌 가브리엘 산맥에는 브리지 투 노웨어라고 하는 다리가 있다. 거대한 협곡을 연결하고 있는 30m도 넘는 이 다리는 실제로 어디로도 연결되지 않는다. 얄궂게도 이 다리가 건설되는 동안 대홍수가 발생해서 연결 도로가 다 유실되고 만 것이다. 때로는 꼭 이 다리 같은 설교자가 있다. 설교하는 사람이나 듣는 사람이나 어디로 향하고 있는지 아무도 모르는 설교를 하는 것이다. 설교자는 시간만 잡아먹고 설교를 마무리한다. 왜냐하면, 실제로 설교에 목적이 없기 때문이다. "목적은 없어도 된다고 생각합니다. 저는 그저 성경책을 연구할 뿐입니다."라고 말하며 이를 옹호하는 사람이 있을지도 모르겠다. 하지만 실제로 모든 성경은 목적이 있다. 그리고 우리가 하는 설교도 그래야 한다.

■ 지루한 설교

여섯 번째 저지르는 실수는 지루하게 설교하는 것이다. 왜 그런지는 모르겠지만 지루함과 거룩함이 동일하다고 생각하는 사람들이 있다. 설교를 전달하는 방식이 지루할수록 설교가 더 거룩하다고 믿는 것이다. 하지만 지루한 설교는 엄청난 죄다. 설교자는 하나님의 말씀을 받은 자들이다. **성경은 이 세상의 모든 책 중에서 가장 흥미로운 책이다. 당신은 그 책을 효과적으로, 그리고 열정적으로 전해야 한다.** 당신은 엄청난 열정을 품고 설교해야 한다. 죽어 가는 사람이 죽어 가는 사람에게 하듯 설교하기를 바란다면, 우리는 반드시 열정적으로 설교해야 한다. 그리고 이것이 우리가 반드시 추구해야 할 첫 번째 특징이다.

열정적으로 설교하기 위해 필요한 것

제리 바인즈는 설교할 때 나타나는 열정을 이렇게 표현했다. "우리는 마음으로 하는 설교로 돌아가야 한다. 아마 이러한 설교를 다르게 표현하는 사람들도 있을지 모르겠다. '진정한'이라는 용어를 선호하거나, '진심 어린'이라는 단어를 더 좋아할지도 모르겠다. 하지만 우리가 무엇이라고 부르든지 간에 우리에게는 절대적으로 그런 설교가 필요하다."[3] 마틴 로이드 존스도 놀라운 저서인 『설교와 설교자』에서 이러한 열정을 강조한다.

> 파토스와 감정은 내가 보기에 정말 필수적인 요소다. 우리 세대에 들어서 이러한 요소가 심각하게 결핍되었다. 아마도 특별히 개혁주의를 따르는 사람들이 더욱 그런 것 같다. 그래서 우리는 균형을 잃고 지나치게 학문적인 사람이 되기 쉽다. 그리고 실제로 감정과 느낌이라는 요소를 거의 무시할 지경이 되기도 한다. 자신이 많이 배운 사람이고, 진리를 많이 파악하고 있다고 믿으면 감정을 무시하게 되기 쉽다. 그래서 평신도들은 감정적이고 감상적이며 이해력이 전혀 없다고 생각하게 되는 것이다![4]

설교할 때 나타나는 열정은 능력이며, 원동력이며, 활력이며, 생명이다. 열정 없는 설교는 한낱 강의에 불과하며, 도덕을 따지는 일장 연설에 불과할 것이다. 하나님은 그렇게 설교하도록 우리를 부르신 것이 아니다. 하나님은 측량하지 못할 그리스도의 풍요로우심을 선포하고 열렬하게 전하도록 우리를 부르셨다.

강해 설교를 강력하게 지지했던 존 브로더스는 다음과 같이 썼다. "활력 넘치는 설교를 하기 위해서는 반드시 그 본질에 활력이 넘쳐야 한다. 설교에는 반드시 격렬한 사고 과정이 담겨야 한다. 그리고 북받치는 감정은 아니더라도 진심이 있어야 한다. 그리고 특정한 목적을 이루겠다는 굳은 목적의식이 있어야 한다. 그렇지 않으면 그 설교는 전혀 진실하지도 않고 활력이 나타나지도 않는다."[5]

찰스 스펄전도 『목회자 후보생들에게』에서 열정을 이렇게 표현했다. "우리는 사람들을 나무에 있는 제물로 바라봐야 한다. 그들은 주 중에 내린 걱정으로 이미 두세 차례 흠뻑 젖은 상태다. 우리는 그 위에 하늘로부터 불이 임하기를 선지자처럼 기도해야 한다. 따분한 목회자는 따분한 성도를 만든다."[6]

로이드 존스는 다음과 같이 말하면서 이러한 개념을 자세히 설명한다.

> 사실 "따분한 목회자"란 용어는 그 자체가 모순이다. 따분한 사람은 설교자가 아니다. 따분하게 설교하는 사람은 설교단에 서서 말을 하고 있을지는 모르지만, 설교자가 아니라는 사실은 분명하다. 성경의 웅대한 주제와 메시지를 생각한다면 따분함이란 도저히 불가능한 것이다. 성경은 우주에서 가장 흥미롭고, 가장 황홀하고, 가장 매혹적인 주제다. 따라서 이를 따분하게 전할 수 있다는 생각 자체가 의심스러운 것이고, 따분하게 설교한다는 가책을 받는 사람은 진정으로 자신이 믿고 옹호한다고 생각하는 그 교리를 이해하고 있는 것인지 심각하게 의심해 봐야 한다. 우리가 행동하는 방식이 우리가 누구인지를 밝혀 주는 경우가 많다.[7]

마지막으로 위대한 침례교 목사이자 설교자인 W. A. 크리스웰도 설교의 열정에 대해서 다음과 같이 말했다.

> 신약 성경을 읽으면 설교자들이 복음의 능력에 열광했고, 자신들이

전할 그 신비하고 위대한 계시에 완전히 빠져들었다는 사실을 보게 된다. 세상에서 가장 놀라운 소식을 맡은 사람이 무기력하고 열의가 없이 따분해 한다면 잘못된 것이다. 설교자가 열정도 없고, 열의도 없고, 무덤덤하게 말씀을 전한다면, 또는 설교자부터 심드렁하고, 활기가 없고, 영적인 혼수상태에 빠져서 자신이 말로 한 것을 자신의 태도로 무효화해 버린다면, 그런 설교자가 아무리 세상에 비할 것이 없는 좋은 소식이라고 말한들 누가 믿겠는가?[8]

이러한 말들을 보면 마음이 뜨끔하다. 우리도 설교단에서 심드렁하고 따분하게 굴 수 있기 때문이다. 하나님은 우리에게 엄청난 열정과 활력을 가지고 설교하라고 우리를 부르셨다. 내가 설교하며 열정에 대해서 가르치면 사람들은 다음과 같이 말한다. "몬토야 목사님, 목사님은 히스패닉이시지 않습니까? 히스패닉은 원래 그렇게 태어났습니다. 하지만 저는 그렇지 않다고요."

하지만 열정은 인종과는 전혀 상관없는 문제다! 나는 당신이 지금 당장 환골탈태하기 바란다. 그렇다고 어떤 의식을 거행하거나 신비 행위를 하라는 말이 아니다. 그저 활기 넘치는 성품을 기르기 위해서 열심을 다하라는 말이다. 당신이 하나님의 말씀을 가르치고 전하는 자라면 반드시 마음과 영과 삶에 열정을 길러야 한다. 이를 명심하고 더 열정적으로 설교할 수 있는 다섯 가지 방법을 확인해 보고자 한다.

■ 영의 능력으로 설교하라

열정적으로 설교하기 위한 첫 번째 방법은 영의 능력으로 설교하는 것이다. "열광적인"(enthusiastic)이라는 영어 단어는 "하나님 안에 있다"

또는 "하나님이 네 안에 계시다"라는 의미인 두 개의 헬라어 단어로 만들어진 것이다. 열광적이 된다는 것은 하나님으로 가득 차게 된다는 것이다. 우리가 엄청난 열정으로 설교하려면 영적인 능력에 의존해야 한다. 우리는 반드시 한 분 하나님이 주시는 활력과 능력을 받아야 한다. 그래야 하나님이 주시는 메시지를 전할 수 있다.

인위적으로 이렇게 할 수 있는 것은 아니다. 이는 우리의 본질이 되어야 한다. 영적인 능력을 가지고 설교하기 위해서는 죄를 참회하고 하나님의 그늘, 하나님의 눈 아래 머물러야 한다. 우리는 은혜로 구원받은 죄인에 불과하다는 사실을 깊이 깨달아야 한다. 위대한 종교 개혁가인 마르틴 루터는 기도했다. "오, 주 하나님, 하늘에 계신 아버지여, 저는 하나님의 영광을 드러내고 이 회중을 섬기고 양육해야 하는 이 자리와 이 사역을 담당할 자격이 전혀 없는 자입니다."[9]

하나님이 당신에게 맡기신 그 사역의 무게에 압도당하고 있는가? 당신이 주일 아침에 십대 청소년 5명과 함께 예배드리고 있는지, 아니면 장년 500명과 함께하고 있는지는 잘 모르겠다. 하지만 그들은 모두 하나님이 주신 선물이고, 당신은 그들 앞에 서서 하나님의 말씀을 전해야 한다는 그 사실만으로 압도당해야 한다.

주인이 쓰실 수 있도록 그릇을 닦으라. 더욱이 영의 능력으로 설교하려면 우리는 반드시 깨끗한 설교자로서 하나님께 나아가야 한다. 죄를 고백하지 않고, 죄의 문제를 해결하지 않은 채로 사역을 계속하려고 하는 경우가 얼마나 많은가? 깨끗하지 않은 손과 정결하지 않은 마음으로 하나님 앞에 설 때는 어떠한 불도, 열정도, 하나님이 주시는 능력도 임할 수 없다는 사실을 알아야 한다.

어쩌면 당신은 학식이 매우 뛰어난 설교자가 아닐 수도 있다. 또한,

찬장에서 가장 멋진 그릇이 아닐 수도 있다. 어쩌면 당신은 깨진 그릇일 수도 있다. 하지만 그렇더라도 당신은 어떻게든 깨끗한 그릇이 되어야 한다. 하나님께 깨끗한 그릇을 드리라. 하나님께서 당신의 결심을 높이 사실 것이다. 깨끗하지 않은 손과 정결하지 않은 마음으로는 설교단에 결단코 오르지 않겠노라 결심하기를 권한다. 당신이 설교단에서 언제나 진실한 설교자로 서기 원한다면, 무엇보다도 죄를 고백할 시간을 확보해야 한다.

하나님과 깊은 관계를 유지하라. 당신이 하나님께 얼마나 의지하고 있는지를 점검하고, 영적인 능력이 넘치는 설교는 하나님과 바른 관계를 맺을 때 나온다는 사실을 기억하라. 당신은 하나님의 말씀 가운데에서 시간을 보내야 한다. 청교도 목사인 리처드 백스터는 말했다. "당신이 은혜의 상태에 머물러 있다는 것으로 만족하지 마십시오. 오히려 당신의 은혜에 열정이 있는지, 은혜가 실천 속에서 생생하게 유지되고 있는지 주의하십시오. 그리고 다른 사람에게 설교하기 전에 당신이 준비한 설교를 자신에게 먼저 하십시오."[10] 이 조언을 명심하고, 다른 이들에게 설교하기 전에 먼저 자신의 마음에 대고 설교하도록 하라.

로버트 맥케인은 다음과 같이 기록했다. "성공은 상당 부분 그 도구가 얼마나 정결하고 온전한지에 달려 있다. 예수님을 닮는 것보다 하나님이 더 축복하신 위대한 재능은 없다. 거룩한 목회자는 하나님 손에 달린 엄청난 무기다."[11] 여러분도 알다시피, 방송을 보면 목회자들이 타락하여 그 자격을 잃어버리는 경우가 너무나 많다. 오늘 당장 하나님의 거룩한 그릇으로 서서 설교하겠다고 결심하라.

예배하는 법을 배우라. 영적으로 능력 있는 설교를 할 수 있게 하는 또 다른 방법은 예배하는 법을 배우는 것이다. 교회에서 드리는 예배가 반드시 성도들에게만 유익이 되도록 할 것이 아니라, 당신도 그 예배를 통해서 영적으로 영양분을 얻고 힘을 낼 수 있어야 한다. 설교가 예배에서 유일하고 가장 중요한 순서라고 생각하지 말라. 실제로 그렇지 않기 때문이다. 예배의 모든 부분이 다 매우 중요하다.

나는 설교 전의 모든 순서는 예비적인 것에 불과하다고 생각하는 교회에 다닌 적이 있다. 그 목사님에게는 묵도, 찬송, 특별 순서, 헌금 등 예배의 모든 요소가 그저 시간을 보내는 요식 행위에 불과했다. 이는 매우 잘못된 마음 자세다. 왜냐하면, 하나님께 찬송을 드리는 것도 하나님께 드리는 예배이기 때문이다. 그러므로 성도들과 함께 하나님을 예배하라. 모인 무리 앞에 누가 나와서 특별 찬송을 하는 것은 설교자가 준비할 시간을 벌기 위한 행위가 아니라, 하나님께 영광을 올려드리는 것이다. 모든 찬송가, 예배 시간에 하는 모든 말, 모든 기도가 당신의 영을 먹이는 양식이 되도록 해야 한다. 그래서 설교를 하기 위해 오를 때 당신의 영도 이미 영의 양식으로 충만해야 한다.

자기 자신을 먹이라. 마찬가지 맥락인데, 설교를 준비하며 성경을 연구하는 것만으로는 부족하다. 당신은 반드시 자기 자신을 먹이기 위해 따로 성경을 연구해야 한다. 어떤 목사들은 설교를 준비하기 위해서만 성경을 읽는다. 이는 대단히 잘못된 것이다. 당신만을 위해서 성경을 읽는 일은 매우 중요하다. 그래야만 영혼이 말씀으로 충만하여 설교할 때 그 능력이 충만하게 나타날 것이다.

당신의 소명과 사명을 기억하라. 영적인 능력으로 설교하기 위한 마지막 요소는 당신이 하나님께 부르심을 받고 사명을 받았다는 사실을 기억하는 것이다. 이러한 의식을 강하게 할수록 하나님께 온전히 의지하게 되고, 하나님이 당신에게 주신 놀라운 일에 경탄하게 될 것이다.

나는 주님이 나를 사역으로 불러 주셨다는 사실에 꾸준히 감사를 드린다. 사역 이외에 다른 일을 하는 것은 상상조차 할 수 없다. 나에게 그러한 사명을 어떻게 받았는지 설명하라고 한다면 그저 하나님이 나에게 설교하라고 명령하셨다는 사실을 안다고 말할 수밖에 없다. 그렇기 때문에 나는 그만둘 수도 없다. 나는 은퇴할 수도 없고, 총사령관이 계속 명령을 내리시는 날까지 내가 맡은 소명을 바꿀 수도 없다.

사역은 직업이 아니다. 사역은 하나님이 주신 소명이다. 영적인 능력으로 설교하는 법을 배워서 열정적으로 설교하는 사람이 되라.

■ 확신을 가지고 설교하라

열정적으로 설교하기 위한 두 번째 방법은 확신을 가지고 설교하는 것이다. 사람들은 여러 가지 의견을 주장할 수 있다. 하지만 그러한 사람들을 움직이는 것은 확신이다. 확신이란 당신이 상황을 초월하여 행동하도록 만드는 영적인 본능이다. 당신에게 이러한 깊은 확신이 없다면 엄청난 열정으로 설교할 수 없다.

하나님의 말씀을 신뢰하라. 우리가 전하는 성경은 하나님의 감동으로 된 하나님의 말씀이다. 따라서 처음부터 끝까지 절대로 오류가 없다. 나는 신학교에서 신약개론 수업을 들으면서 이 진리를 더욱 확신했다. 내가 사랑하는 교수님, 로버트 토마스 박사님이 이 수업을 가르치셨는데, 이 교수님은 인정사정없는 분으로 유명했다. 교수님은 체구가 자그마하시고, 외유내강의 전형이셨다. 교수님은 훌륭한 분이기는 하셨지만 그 수업은 지나치게 어려웠다. 숙제로 내주시는 읽기 과제와 암기 내용의 분량이 엄청났기 때문이다. 그 수업에서 비판적 방법론을 도입하여 하나님의 말씀의 권위를 부정하려는 자유주의에 대해서도 배웠다. 기억해야 할 것이 너무 많았기 때문에 교실을 나오면 머리에 쥐가 날 지경이었다. 그래서 수업을 마치고 나오면 세부 사항을 정확하게 다 기억할 수는 없었지만 한 가지 사실만은 분명하게 깨달을 수 있었다. 바로 성경은 하나님의 감동으로 된 하나님의 말씀으로 정확무오하다는 진리였다.

확신은 열정을 낳는다. 그리고 완전한 하나님의 말씀을 신뢰할 때 확신이 자라난다. 따라서 당신이 더욱 자신 있게 설교하려고 한다면 본문이 말하는 것을 그대로 전해야 한다. 설교자가 건전한 해석학 방법을 사용해서 본문을 연구하면 그 결과는 본문의 요지와 일치하게 된다. 그렇게 해서 본문의 요지는 당신이 전하는 설교의 중심이 되는 것이다. 당신이 본문을 연구했고, 본문의 핵심을 분명하게 파악했으면 하나님이 당신에게 전하도록 명하신 설교를 하는 것이기 때문에 설교가 신이 난다.

하지만 설교가 석의 연구에 물들지 않도록 주의해야 한다. 종종 아내는 나에게 묻는다. "이번 주일에 무슨 설교를 하실 거예요?" 그러면 우리는 농담 따먹기를 시작한다. 나는 답한다. "어, 그리스 문자 아래에 찍는 이오타라는 점이 있는데, 그 점의 열여섯 가지 의미에 대해서 설교할까 생각이야." 그러면 아내는 말한다. "와! 정말 재미있겠는데요." 설교자부터 성도들의 삶에 큰 의미가 없는 기술적인 문제에 대해서 설교한다고 생각하는데 어떻게 성도들이 그 설교를 듣고 흥이 나겠는가?

사람들의 필요를 다루라. 하나님은 성도들을 대상으로 사역할 때 그들에게 주석서를 써주라고 하지 않으셨다. 하나님은 당신에게 그들이 하나님의 말씀을 이해하도록 만드는 설교, 그들의 필요에 부응하는 설교를 하라고 명하셨다. 나는 성경 모든 말씀이 영감으로 되었다는 것을 믿는다. 하지만 로마의 성도들이 바울이 쓴 "예수 그리스도의 종 바울은 사도로 부르심을 받아"라고 시작하는 편지를 받았을 때, 앞으로 바울이라는 이름을 해석하는 것으로 설교를 열다섯 번 하리라고 생각하지는 않았을 것이다. 설교자는 반드시 성도들이 깊이 생각해 보고 삶으로 실천할 수 있는 그런 말씀을 제시해야 한다.

부지런하라. 확신을 가지고 설교하려면 설교를 준비하는 데 열심을 내야 한다. 바울이 디모데에게 한 명령을 그대로 따르라. 디모데후서 2장 15절은 이렇게 말씀한다. "너는 진리의 말씀을 옳게 분별하며 부끄러울 것이 없는 일꾼으로 인정된 자로 자신을 하나님 앞에 드리기를 힘쓰라." 하나님의 진리를 이해하고 바르게 구분하는 일에 헌신하라. 훈련이 더 필요한가? 도움이 될 만한 신학교가 많이 있다. 신학교에 진학하지도 않고, 개인적으로 하나님의 말씀을 연구하지도 않으면서 사역을 준비할 수 있다고 생각하지 말라. 위대한 설교자가 되는 지름길은 절대 없다.

본문을 경험하라. 확신을 가지고 설교하기 위한 마지막 방법은 당신이 먼저 본문을 경험적으로 이해하는 것이다. 나는 설교를 하고 싶어 견딜 수가 없어서 토요일 밤에 잠을 설칠 정도로 설교를 준비하려고 애쓴다. 당신이 다음 날 전할 설교 때문에 밤에 잠을 설칠 정도가 아니라면 그 설교는 전할 값어치가 없을지도 모른다. **당신이 하는 설교에 당신부터 신이 나지 않는다면 누가 그 설교를 듣고 신이 나겠는가?**

현대 사회는 우리에게 다른 사람의 일에 신경 쓰지 말고, 자신의 확신이나 기준을 내세우지 말라고 한다. 결국, 줏대 없는 설교자가 되라고 하는 것이다. 하지만 우리는 강한 확신을 가지고 일어나 설교하도록 부르심 받은 자들이다. 그리고 그렇게 할 때 엄청난 열정으로 설교하는 당신을 보게 될 것이다.

■ 연민을 품고 설교하라

열정적으로 설교하기 위한 세 번째 방법은 연민을 품고 설교하는 것이다. "설교를 사랑하는 것과 설교를 듣는 사람들을 사랑하는 것은 별개다."[12]라는 말이 있다. 어떤 목회자들은 설교하기를 좋아한다. 하지만 정작 자신이 설교를 전하는 사람들은 사랑하지 않는다. 그렇다면 그는 설교자가 아니다. 목회자는 양 떼를 돌보고 사랑하도록 하나님께 위탁받은 자들이다. 그래서 예수님은 베드로에게 "내 어린 양을 먹이라"(요 21:15)라고 하신 것이다. 베드로의 사명은 하나님의 백성을 사랑하고 돌보는 일이었다.

사랑은 마음 자세로, 사랑을 기르기 위해서는 노력이 필요하다. 어떤 성도들은 사랑하기가 참 어렵다. 하지만 그런 사람들이야말로 정말로 사랑이 필요한 사람들이다. "성도들이 와서 '참 설교를 잘하십니다.'라고 말하면 목사님은 어떻게 대답하십니까?"라는 질문을 받은 적이 있다. 나는 "제가 도움이 되었습니까?"라고 답한다. 내가 누군가를 도왔다면 나는 연민을 가지고 설교한 것이다. 심지어 나는 당신에게 도움이 되었으면 하는 의도에서 이 장을 지금 쓰고 있다. 만약 이 내용으로 당신이 더 나은 교사나 설교자가 되는 데 조금이나마 도움이 되었다면 나는 내 일을 한 것이다. 나는 당신을 사랑한다. 그리고 당신이 사역에서 성공하기를 바란다.

영혼을 회심시키기 위해 설교하라. 연민을 가지고 설교하는 것은 그리스도에게 회심할 자들을 마음에 품고 설교하는 것이다. 당신은 설교할 때마다 그리스도에게 잃어버린 영혼을 돌려드리는 일에 몰두해야 한다. 또한, 무지한 자들을 바로잡아 주기 위해서 설교할 수도 있다. 기본적인 것도 모르는 사람들이 많다. 사도 바울이 갈라디아인들에게

"어리석도다 갈라디아 사람들아"(갈 3:1)라고 말한 것은 참 흥미롭다. 사도는 이 교회에 관심이 많았고 성도들을 사랑했기 때문에 이 교회를 바로잡아 준 것이다. 제멋대로 구는 사람들을 훈계하는 것도 연민을 보여 주는 한 가지 방식이다. 잘못된 길로 가는 사람이 있기 때문에 그들을 권면하여 돌아서도록 해야 한다. 이렇게 훈계하는 설교를 한 목사님에게 가서 다음과 같이 말했던 한 집사가 생각이 난다. "목사님, 제 생각에 목사님이 고양이를 쓰다듬는 방향은 잘못된 것 같습니다." 그러자 목사님은 대답했다. "글쎄요. 그럼 고양이를 돌려놓으세요."

치유하는 설교를 하라. 무지한 사람들을 고쳐 주고 제멋대로인 자들을 경책하는 설교도 해야 하지만, 마음에 상처 입은 자들을 치유하는 설교도 해야 한다. 우리는 뉘우치게 하는 설교를 하도록 부르심을 받은 것도 사실이지만, 이미 마음에 상처를 입은 사람들이 있다는 사실도 기억해야 한다. 그렇기 때문에 상처 입은 자들을 치유하는 설교도 해야 한다.

가르치는 설교를 하라. 연민을 품은 설교자들은 성도들도 배울 수 있도록 간단하고 쉽게 가르치는 사람들이다. J. 버논 맥기도 그러한 설교자였다. 비록 지금은 주님과 함께 계시지만 맥기 목사님의 말씀은 아직도 전 세계에 선포되고 있다. 맥기 목사님은 "아래쪽 선반에 과자를 두시오."라고 말씀하셨다. 이렇듯 우리는 이해하기 쉽게 설교해야 한다. 왜냐하면, 명료성은 말을 하는 데 가장 필수적인 요소이기 때문이다. 사람들이 당신이 하는 말을 이해하지 못한다면 당신은 시간을 낭비하고 있는 것이다.

영감을 주는 설교를 하라. 연민을 보여 주는 또 다른 방법은 근심하는 자들에게 영감을 주는 설교를 하는 것이다. 많은 성도가 근근이 하루를 살아간다. 성도들은 매주 교회에 와서 한목소리로 울부짖는다. "목사님, 또 하루를 살아갈 희망을 주세요." 매주 우리 교회에 와서 뒷자리에 앉아 있다가 예배가 끝내기 전에 사라지는 한 노부인이 있었다. 그분을 잘은 모르지만 병이 들었고, "또 한 주를 살아갈 희망을 주세요."라고 기도하는 분이라는 사실은 알 수 있었다. 당신은 설교할 때 지금 천국 문을 두드리면서 하루를 또 살아갈 희망이 필요한 사람들이 있다는 사실을 명심해야 한다.

자신에게 먼저 설교하라. 당신은 아마 다음과 같이 물을지 모르겠다. "어떻게 하면 이러한 연민이 더 생길 수 있을까요?" 간단하게 답하지는 못하겠다. 하지만 권하는 것이 있다. 먼저, 당신 자신의 마음을 살펴보고 자신에게 설교하라는 것이다. 나는 준비한 모든 설교를 나에게 먼저 선포한다. 나는 내가 누구인지 알고, 내가 필요한 것이 무엇인지를 안다. 그리고 나는 다른 사람들과 똑같다는 사실도 안다. 당신은 성도들과 전혀 다를 것이 없다. 따라서 당신도 성경으로 바르게 되어야 하고, 영감을 받고, 격려를 받아야 한다. 그러니 자신에게 먼저 설교하도록 하라.

성도를 알라. 어떤 목사님들은 성도들과 어울리기를 두려워한다. 그들은 가능한 한 성도들을 멀리하려고 하고 성도들의 삶에 개입하고 싶어 하지 않는다. 하지만 우리가 연민을 품고 설교하려면 반드시 성도들과 어울려야 한다. 누구인지도 모르는 사람에게 어떻게 연민을 품을 수 있겠는가? 지금 당장 그 자리에서 나와 성도들과 함께하라. 성도들과 관계를 맺고 성도들의 삶이 당신의 삶이 되게 하라.

당신이 성도들을 피한다면 어떻게 그들을 주님께 이끌고 가며, 어떻게 그들을 도울 수 있겠는가? 당신은 반드시 성도들과 함께해야 한다.

당신이 성도들과 함께하면 성도들은 당신의 사랑 가운데 자라나게 될 것이다. 사람들에게 자신을 숨기면서도 효과적인 설교자가 될 수 있다고 생각하지 말라. 그렇게 할 수 없다. 그 대신 성도들의 신음과 울부짖는 소리를 들으라. 눈시울이 붉어진 채로 설교하라. 당신의 마음을 하나님 앞에 민감하게 하라. 그러면 당신은 연민을 품고 설교한다는 말의 의미를 알게 될 것이다.

▪ 권위를 가지고 설교하라

열정적으로 설교하기 위한 네 번째 방법은 권위를 가지고 설교하는 것이다. 디모데는 "말씀을 전파하라"(딤후 4:2)는 엄명을 받았다. 마찬가지로 하나님은 모든 설교자가 충실하게 말씀을 전하고 영향력을 미치게 되기를 원하신다. 하지만 교만하고 자아 중심적인 설교꾼이 되라는 말로 오해하지는 말라. 우리는 하나님의 백성 앞에 나아가 "이렇게 주님이 말씀하십니다."라고 말하라는 사명을 받았다. 설교를 통해서 할 수도 있고, 아니면 한 사람과 간단하게 대화를 나누면서 할 수도 있는 것이다. 어쨌든 우리는 제안을 하거나, 의견을 내거나, 하찮은 말을 하도록 부르심 받은 것이 아니다. 우리는 하나님을 대신해서 말하는 책임을 받았다.

당신이 설교한 것을 믿고 당신의 사명을 완수하라. 실질적으로 어떻게 해야 권위를 가지고 설교할 수 있을 것인가? 우선, 당신이 먼저 당신이 설교한 것을 믿어야 한다. 사도 바울은 다음과 같이 쓴다. "우리도 믿었으므로 또한 말하노라"(고후 4:13). 당신은 사도의 본을 받아 당신이 믿는 것만을 말해야 한다. 당신이 믿는 사람으로서 설교할 때 권위 있게 설교할 수 있다.

둘째, 권위를 가지고 설교한다는 것은 당신이 대사로서 말한다는 뜻이다. 마틴 로이드 존스는 다음과 같이 말한다.

> 설교자는 절대로 변증가가 되어서는 안 된다. 성도들이 교회를 떠나면서 변증을 들은 것 같다는 인상을 받게 해서도 안 된다. 설교자는 망설이듯이 어떤 제안을 하거나 자기 생각을 내세워도 안 된다. 이는 설교자의 자세가 아니다. 설교자는 "선포"하기 위해 그곳에 선 사람이다. 그는 사명을 받은 자이며 지휘를 받는 자다. 그는 대사이기 때문에 자신이 누구를 모시고 있는지 항상 인식해야 한다. 그는 자신이 보냄을 받아 온 사자로서 회중 앞에 섰다는 사실을 항상 알고 있어야 한다.[13]

당신은 보냄을 받은 사자다. 따라서 당신이 사역을 하는 것은 대사로서 일하는 것이다. 오늘날 많은 교회가 하나님과 하나님의 권위, 하나님의 말씀에 저항하는 사람들 때문에 완전히 혼란 상태에 빠져 있다. 이렇게 된 이유는 설교자들이 담대함을 잃었기 때문이다.

설교자인 우리는 겁쟁이가 되어서는 안 된다. 예를 들어 나는 성도 중에 오랫동안 교회에 출석하지 않은 분이 있으면 그분의 집에 직접 찾아간다. 그리고 집 앞에서 문을 두들기다가 마침내 문이 열리면 이렇게 말한다. "안녕하세요. 별일 없으신가 해서 와봤습니다." 보통 이렇게 방문하는 일은 쉽지가 않다. 왜냐하면, 대개 성도들은 회개해야 할 사람은 다름 아닌 나라고 주장하면서 나를 끌어들이기 때문이다. 하지만 나는 하나님의 사명을 받은 대사이기 때문에 성도들을 방문한다.

이따금 나는 비서에게 교회에 출석하지 않는 분들과 약속을 잡아달라고 부탁한다. 그렇게 전화를 걸다 보면 보통 이렇게 답하는 경우가 많다. "뭘 한다고요? 아니요, 됐다고 해주세요." 하지만 당신은 방황하는 자들을 설득하는 일을 멈추지 말아야 한다. 왜냐하면, 당신은 감독하는 자로서, 설득하는 일은 당신이 해야 하는 일의 일부이기 때문이다. 사람들은 당신이 하나님의 양 떼를 권위 있지만 사랑스럽게 돌봐야 한다고 생각한다.

물론 자연스럽게 이런 종류의 권위를 지니게 되는 것은 아니다. 나는 이제 40년 넘게 이 교회를 섬기고 있는데, 담임목사가 된 후 첫 3년 동안 이 점을 절실하게 깨달았다. 당시에 교회 중진들 몇몇이 나를 쫓아내려고 하는 바람에 교회에 난리가 났다. 성도들로 하여금 하나님의 말씀을 따라 살도록 하겠다는 생각을 좋아하지 않는 사람들이 있었기 때문이다. 나는 그 사람들의 계획을 듣자마자 다음 주 아침 설교단에서 말했다. "몇몇 분이 저를 그만두게 하려고 한다는 소리를 들었습니다. 하지만 그렇게 하실 수 없을 것이라는 사실을 분명하게 말씀드립니다." 나는 계속해서 말했다. "저는 이 교회에 아주 오래 있을 것입니다. 그리고 제가 여러분을 다 장례하게 될 것입니다."

당시를 돌아보면, 나는 20대 후반이었고 교회 중진들은 대부분 나보다 나이가 많았다. 그렇기 때문에 나는 그 사람들보다 오래 살 것이고 당연히 그들의 장례식을 집행하게 될 것이라고 생각한 것이다. 만약 지금 내가 어떤 사람인지, 내 성품이 어떠한지를 안다면 정말 나답지 않은 행동이었다고 할 것이다. 그런 권위는 자연스럽게 나오는 것이 아니다. 나는 하나님이 자신의 양 떼를 돌보라고 부르셨기 때문에 해야 할 일을 한 것뿐이었다. 설교단에 있을 때 나는 더 이상 알렉스 몬토야가 아니다. 나는 권위 있게 하나님의 말씀을 선포하는 하나님의 대사인 것이다.

당신이 목사라면, 사람들이 '이 말씀은 반드시 순종해야겠구나.'라고 깨달을 수 있도록 그렇게 진리를 전해야 한다.

학자처럼 설교하라. 권위 있게 설교하려면 학자처럼 설교해야 한다. 즉, 성경을 잘 아는 사람이 되어야 한다는 것이다. 나는 모르는 것이 많다. 하지만 절대적으로 반드시 알아야 할 것이 하나 있다. 바로 성경이다. 나는 농구, 미식축구, 농구에 대해서는 잘 모른다. 유명인에 대해서도 전혀 아는 바가 없고, 대중문화에 대해서도 아는 것이 많지 않다. 그렇지만 괜찮다. 궁극적으로 내가 전문가가 되어야 할 분야는 딱 한 가지이기 때문이다. 바로 성경이다.

스포츠 경기의 결과와 선수들의 기록은 꿰고 있으면서도 성경은 통달하지 못했는가? 당신이 하나님의 사자라면 반드시 성경을 보는 데 시간을 보내야 한다. 성도가 질문을 하면 당신은 반드시 그 장과 절까지 답할 준비가 되어 있어야 한다. 성경을 통달하도록 연구하고 설교하라.

성인처럼 설교하라. 권위 있게 설교하려면 성인처럼 설교하려고 애써야 한다. 이 말을 간단하게 표현하자면, 설교한 대로 실천해야 한다는 것이다. 당신이 성경을 완벽하게 알고, 대사처럼 권위 있게 전한다고 하자. 하지만 당신이 위선자라면 사람들은 당신의 말에 귀 기울이지 않을 것이다. 당신이 목사라면 어항에서 살아가고 있는 것과 같다. 사람들은 모두 당신을 바라본다. 그러니 그 어항 안에서 깨끗하게 살아가도록 하라. 더러운 것을 절대 남기지 말라. 정결한 삶에 권위가 따른다.

설교 기술에 통달하라. 권위 있게 설교하려면 설교의 거장처럼 설교해야 한다. 당신은 설교를 취미로 삼아야 하고, 설교 기술에 능숙해야 한다. 설교자들이 설교를 못하기 때문에 교회가 죽어 가는 것이다. 그리고 설교를 잘하려고 애쓰지 않기 때문에 설교를 잘하지 못하는 것이다.

우리는 실제로는 설교를 잘하지 못하는데도 설교를 잘한다고 생각하기 쉽다. 신학교를 졸업하고 나서 설교에 대한 책을 펴본 적이 있는가? 설교학적으로 부족한 점이 있는지 확인하기 위해 자신이 한 설교를 다시 들어 보는가? 설교를 완벽하게 하려고 조언을 구하거나 특별히 노력한 적이 있는가? 음악으로 승부를 보려는 음악가는 몇 시간이고 악기를 연습한다. 마찬가지로 설교로 승부를 보려면 훈련을 거듭하여 숙련된 설교자가 되어야 한다.

사람들이 당신의 교회를 떠나 저 아래 골목에 있는 이단 교회로 가는 이유도 아마 거기서 설교하는 사람들이 당신보다 말을 잘하기 때문일 수도 있다. 그 사람을 탓하기보다는 자신을 탓해야 한다. 당신은 진리를 가지고도 어떻게 그 진리를 바르게 전할지 신경 쓰지 않은 것이다. 설교 능력을 기르고 설교 기술을 완벽하게 하려면 계속 노력해야 한다.

따분한 설교에 대해서 말을 시작하면 어떤 목사님들은 "글쎄요, 우리 교회 성도님들은 조금만 깊이 진리를 파고들어 가면 견디지를 못합니다."라고 변명을 할지도 모르겠다. 아니면 "우리 성도님들은 너무 여려요."라고 할지도 모르겠다. 하지만 꼭 성도들이 깊은 진리를 꺼리는 것만 문제라고 생각하지는 말라. 사람들이 당신 앞에만 나오면 의식을 잃고 잠들어 버린다면, 그 이유는 당신의 설교 때문일 수도 있다. 당신은 사람들이 듣고 싶은 설교를 해야 한다. 숙련된 연설가처럼 말하는 법을 배우라.

- **절박하게 설교하라**

열정을 가지고 설교하기 위한 다섯 번째 방법은 절박하게 설교하는 것이다. 데이비드 에비는 다음과 같이 썼다.

오늘날 설교는 수동적이고, 심드렁하고, 무력하고, 물러 빠지고, 줏대 없고, 변변찮은 경우가 너무나도 많다. 설교에 열정, 열기, 용기가 빠진 것이다. 설교가 냉랭해진 것이다. 설교자들은 반드시 복음의 마니아가 되어야 한다. 설교자들은 반드시 주 예수 그리스도와 복음에 사로잡히고 또 사로잡힌 자가 되어야 한다. 복음에 취하지 않고, 좋은 소식에 열광하지 않는다는 것은 불붙지 않았다는 말이다. 불이 붙지 않으면 능력 있는 설교가 나올 수 없다.[14]

열정이란 절박함을 통감할 때 나오는 거룩한 광기라고 할 수 있다. 당신은 미래에 믿지 않는 자들을 하나님이 심판하실 것을 항상 기억하면서 절박하게 설교해야 한다. 죄는 영혼과 하나님의 원수이며, 죄의 결과는 영원한 형벌과 심판이다. 당신은 이 사실에 자극을 받아 절박하게 설교해야 한다. 설교단에 올라설 때마다 사람들이 죽어서 지옥에 가기 직전에 있다는 사실을 기억하라.

스펄전은 다음과 같이 말했다. "우리가 설교하여 영혼이 구원을 받을 수도 있고, 아니면 우리가 주의를 기울이지 않아서 영혼이 지옥에 떨어질 수도 있다. 언제나 우리 영혼에 이러한 두려우면서도 중요한 의식을 품고 있어야 한다."[15] 당신도 이러하기를 바란다. 당신도 이러한 절박한 마음으로 설교하고, 이러한 심판에 대해서 설교하기를 바란다.

설교는 절대로 어디로도 향하지 않는 다리가 되어서는 안 된다. 오히려 설교는 영혼을 구원하기 위한 설득력 있는 간청이 되어야 한다. 어떤 사람들은 "사람들을 설득하는 것은 내 일이 아니라 하나님이 하실 일이지."라고 말하며 이러한 생각을 비판한다. 나는 이렇게 답하겠다. "당신은 성경을 읽어 보기는 했는가? 바울도 주의 심판의 두려움을 알아 사람들을 권면했다"(고후 5:11).

사람들이 당신이 설교를 해도 변화되지 않는가? 그렇다면 당신이 그들이 변하리라고 생각하지 않아서 그럴 수도 있다. 당신이 심드렁하고, 생명력이 없고, 무덤덤하게 설교를 전한다면 당연히 아무 일도 일어나지 않는다. 하지만 당신이 심판에 대해서 설교하면, 듣는 이들에게 다시는 기회가 없을 수도 있다는 사실을 인식하기 때문에 긴박하게 설교하게 될 것이다. 그리고 주님은 이러한 설교를 축복하실 것이다.

■ 호소문

권면의 말씀으로 마무리하려고 한다. 동양에서는 세상에 호소하기 위해서 몸에 기름을 끼얹고 불을 붙인다고 한다. 그렇게 타버린 생명은 그 무엇보다도 생생하고 선명한 선언문이라고 할 수 있다.

설교자로서 당신도 그렇게 해야 한다. 당신은 매주 하나님의 영광을 위해 엄청난 열정으로 설교해야 한다. 성경을 가져다가 성경으로 자신을 흠뻑 적시고 불붙여야 한다. 이러한 설교가 열정적인 설교이며, 삶을 변화시키는 설교다. 우리는 열정을 품어야 한다. 하나님 앞에서 열정적인 삶을 살고, 열정적인 설교자가 되어, 열정적인 설교를 내놓겠다는 단 하나의 열망으로 자신을 태워야 한다.

열정적인 설교를 하지 못하는 것에 대해서는 이유도 없고 변명할 것도 없다. 우리가 하나님의 말씀을 열정적으로 전함으로써 하나님의 백성에게 유익을 끼쳐야겠다는 열망을 분명하게 품고 있어야만 성경의 영원한 진리를 선포하기 위해 그 거룩한 설교단에 오를 권리가 있는 것이다. 오직 하나님의 말씀으로 타오르는 사람만이 설교단에서 설교하고, 자신을 태워 삶을 변화시키고, 하나님께 영원한 영광을 올려드리도록 해야 한다. 당신이 그 사람이 되기를 바란다.

PRAYER

주님, 당신의 명예와 영광을 위하여 우리를 취하시고
우리를 위대한 설교자로 삼아 주소서.
측량치 못할 그리스도의 부유함을
열정적으로, 능력 있게, 절박하게 전하게 하소서.
거룩하시고 자비로우신 아버지,
우리 주 예수님이 목자 없이 흩어져 고통당하는 양 떼를 보시고
아파하시는 것처럼 우리도 이 세상을 바라보며 그렇게 아파하게 하소서.
우리가 그들에게 민감하게 반응하며, 그들을 돌보며,
그들이 영원한 구원을 받고
영적인 유익을 누리게 되기를 열망하게 하소서.
하나님, 이 땅을 향한 당신의 열정이 우리 마음에 임하여
열정적으로 당신의 영원한 말씀을 전하게 하소서.
예수님의 이름으로 이 모든 것을 기도합니다.
아멘.

11
Albert Mohler Jr.

열심으로 예수에 관한 것을
자세히 말하며 가르치나 _ 행 18:25

아볼로 : 참된 복음의 목회자

앨버트 몰러, 2011

사도행전 18:24-28

하나님 나라의 사역에 굳건하게 헌신하기 위해서는 본보기로 삼을 수 있는 인물과 멘토가 필요하다. 어떤 의미에서 현대 세대는 예전보다 이 점을 더 인정하고 싶어 하지 않는 것 같다. 이 세대는 스스로 매우 잘할 수 있다고 믿는 것 같다. 하지만 이러한 생각은 재앙에 이르는 길이다. 성경도 우리에게 많은 본을 제시하고 있으며, 우리는 이런 본보기의 역할을 이해해야 한다. 예를 들어 사도 바울은 "내가 그리스도를 본받는 자가 된 것같이 너희는 나를 본받는 자가 되라"(고전 11:1)고 말한다. 고린도에 있는 성도들에게도 본이 필요했던 것이다. 그래서 그들은 사도 바울을 자신들의 본으로 삼았다. 바울뿐만 아니라 우리에게 본보기가 되는 긍정적인 예가 많다. 그런데 하나님은 우리가 반면교사로 삼아서 배우도록 비극적인 본보기들도 보여 주셨다.

성경은 다윗 왕을 하나님의 마음에 합한 자라고 묘사한다(삼상 13:14). 그렇지만 동시에 사울 왕도 보여 준다. 사울 왕은 피해망상에 시달리는 신뢰할 수 없는 인물로 막후에 숨어서 조종하는 사람이었다. 마치 셰익스피어의 리어 왕이나 말년의 닉슨 대통령과 비슷한 모습이다.

우리가 마지막까지 신실하려면 본받아야 할 귀감이 필요하다. 그런 의미에서 나는 신약 성경에서 가장 등한시된 한 인물을 조명하고자 한다. 당신도 사도행전 18장 24-28절을 읽어 보기 바란다. 그러면 아볼로라는 사람과 그가 한 사역을 알게 될 것이다. 함께 하나님의 말씀을 읽어 보자.

> 알렉산드리아에서 난 아볼로라 하는 유대인이 에베소에 이르니 이 사람은 언변이 좋고 성경에 능통한 자라 그가 일찍이 주의 도를 배워 열심으로 예수에 관한 것을 자세히 말하며 가르치나 요한의 세례만 알 따름이라 그가 회당에서 담대히 말하기 시작하거늘 브리스길라와 아굴라가 듣고 데려다가 하나님의 도를 더 정확하게 풀어 이르더라 아볼로가 아가야로 건너가고자 함으로 형제들이 그를 격려하며 제자들에게 편지를 써 영접하라 하였더니 그가 가매 은혜로 말미암아 믿은 자들에게 많은 유익을 주니 이는 성경으로써 예수는 그리스도라고 증언하여 공중 앞에서 힘 있게 유대인의 말을 이김이러라.

왜 아볼로가 이렇게 등한시되는지 여러 가지로 의문이다. 아볼로가 어느 정도 신비에 싸인 사람이기는 하다. 성경 전체에서 아볼로에 대한 말씀은 단 열 구절밖에 없고, 그것도 대부분 이름만을 언급하는 수준에 그치기 때문이다. 하지만 이 본문에서 우리는 성경 어느 인물과도 닮지 않은 아볼로만의 모습을 목격하게 된다. 이 중요한 본문을 통해서 우리는 아볼로에 대해서 많은 사실을 알 수 있다. 또한, 그가 어떤 면에서 사역의 모범이 되는지 깨닫게 될 것이다.

역사적 배경

이 본문을 기록한 사람은 다름 아닌 위대한 역사가인 누가였다. 사도행전에서 누가는 초대 교회가 초창기에 어떻게 발전해 나갔는지를 자세하게 기록한다. 누가는 복음이 선포되어 세상을 강타했던 그 시기, 교회가 하나 되어 하나님의 백성 됨이 무엇인지를 배우던 그 시기, 성령님이 그리스도의 교회에 능력을 불어넣어 주셔서 교회를 강력한 선교 세력으로 삼아 전 세계에 보내셨던 그 시기를 우리에게 보여 준다. 누가는 사도행전에서 그리스도가 믿을 수 없을 정도로 강력하게 사람들을 불러 교회를 섬기게 하신 장대한 모습을 그려 낸다.

우리는 아볼로에 대한 연구를 시작하기 전에 누가가 사도행전을 기록한 기법이 누가복음에서의 접근법과 유사하다는 사실을 깨달아야 한다. 성경은 하나님의 말씀으로 정확 무오하다. 하지만 하나님은 사람들을 사용하셔서 거룩한 하나님의 말씀을 쓰게 하심으로써 자신의 영광을 드러내셨다. 성령님이 저자 안에서 역사하셔서 하나님의 말씀을 써내려가도록 하신 것이다. 하지만 성령님이 이 저자들을 로봇처럼 사용하신 것은 아니었다. 오히려 하나님은 자신의 주권 아래 각 사람을 저자로 삼으시고, 저자들이 어떤 경험을 하게 될지 그 상황을 미리 결정하셨다. 그리고 각 저자의 마음을 감동하셔서 성경을 쓰도록 인도하신 것이다.

이러한 시각으로 성경을 보면, 우리는 마태가 전복이라는 주제를 사용한 것도 부분적으로나마 이해할 수 있다. 마태복음을 읽어 보면 마태는 모든 것을 완전히 뒤집어 놓기 원했다는 점을 이해하게 된다. 마태는 통치자들과 권세 잡은 자들, 그리고 바리새인과 사두개인들을 모든 것의 위아래가 바뀌어 버리는 로데오 경기장으로 던져 버리기 원했다. 또한, 마가복음은 "곧"이라는 단어를 많이 사용하기 때문에 긴박함이 그 특징으로 나타난다. 요한은 자신의 복음서에서 상당한 모순으로 가득한 장엄한 문구를 즐겨 사용한다. 그리고 누가가 데오빌로에게 쓴 글은 예수 그리스도와 교회에 관해서 사실을 기반으로 질서정연하게 작성한 기록이다.

사도행전의 역사적인 기술을 성급하게 읽으면 그 안에 내포된 작은 것들을 놓치기 쉽다. 예를 들어 18장은 바울이 아덴을 떠나 고린도로 향하는 모습으로 시작하는데, 그곳에서 아굴라와 그의 아내 브리스길라를 소개받는 장면이 나온다. 이들은 하나님이 선교 사역을 이루시기 위해 그 도시에 전략적으로 두신 사람들이다. 4절에서 누가는 바울이 예전에 하던 대로 안식일마다 회당에서 강론하고 "유대인과 헬라인을 권면"하는 식으로 선교 활동을 펼치는 모습을 보여 준다. 5절에서 누가는 다음과 같이 쓴다. "실라와 디모데가 마게도냐로부터 내려오매 바울이 하나님의 말씀에 붙잡혀." 당신이 설교자라면 분명히 말씀에 붙잡혀 있어야 한다.

바울의 우선순위는 분명했다. 그는 말씀에 사로잡혀 있었다. 그 외에는 중요하지 않았다. 성도들이 당신을 보고 이처럼 말씀에 사로잡혀 있다고 생각하기를 바란다. 바울은 우리의 본이자 멘토로서 본인이 말씀에 사로잡힌 모습을 보여 준다. 사도행전 이전 장에서 집사가 필요했던 이유는 사도들이 이렇게 전적으로 헌신했기 때문이라는 사실을 깨닫게 한다. 교회에서는 가르치는 업무가 가장 중요했다는 사실과 바로 연결된다. 이는 말씀 사역이 모든 것보다 위에 있는 가장 중요한 것이었음을 말한다. 바울은 덜 중요한 문제로 시달리고 싶지 않았다. 그는 말씀에 사로잡혀 있었기 때문이다.

이렇게 말씀 사역을 했기 때문에 바울은 곤경에 빠지게 되고 진리의 원수들은 바울을 적대시하게 되었다. 사도행전 18장 6절은 "그들이 대적하여 비방하거늘 바울이 옷을 털면서 이르되 너희 피가 너희 머리로 돌아갈 것이요 나는 깨끗하니라 이후에는 이방인에게로 가리라 하고"[1]라고 한다. 이는 사도행전에서 가장 획기적인 전환점으로, 이때부터 바울은 이방인 사역을 시작하게 된다.

이야기가 진행될수록 하나님이 바울에게 점점 갈등을 증폭시키실 것이라는 사실을 알 수 있다. 왜냐하면, "밤에 주께서 환상 가운데 바울에게 말씀하시되 두려워하지 말며 침묵하지 말고 말하라"(행 18:9)고 하시기 때문이다. 갖가지 반대와 거절을 당하면서도 사도는 계속 진리를 선포하라는 명령을 받는다. 그리고 이제 사도행전 18장 12-15절에서 보듯이 점점 더 심각한 충돌이 벌어진다.

갈리오가 아가야 총독 되었을 때에 유대인이 일제히 일어나 바울을 대적하여 법정으로 데리고 가서 말하되 이 사람이 율법을 어기면서 하나님을 경외하라고 사람들을 권한다 하거늘 바울이 입을 열고자 할 때에 갈리오가 유대인들에게 이르되 너희 유대인들아 만일 이것이 무슨 부정한 일이나 불량한 행동이었으면 내가 너희 말을 들어 주는 것이 옳거니와 만일 문제가 언어와 명칭과 너희 법에 관한 것이면 너희가 스스로 처리하라 나는 이러한 일에 재판장 되기를 원하지 아니하노라 하고.

바울은 입을 열어 하나님께 명을 받은 그대로 충실하게 실행할 것임을 천명한다. 하지만 갈리오는 이 위대한 신학 논쟁을 듣고서 다음과 같이 말한다. "그냥 너희끼리 하는 말싸움이구나. 내가 여기에 간섭할 필요는 없다. 총독이 결정하거나 확인할 문제가 아니다. 여기를 떠나 너희끼리 노닥거려라."

이 장에서 우리는 말씀에 사로잡힌 바울과 바울의 메시지를 그저 공허한 말로 들은 갈리오 사이에 엄청난 간극이 있음을 보게 된다. 우리가 살아가는 현재 세상에도 이와 같은 차이가 분명하게 나타난다. 그 무엇보다도 하나님의 말씀으로 사로잡혀야 한다는 사실을 아는 사람이 있지만, 성경은 그저 공허한 말로 가득하다고 생각하는 사람이 있다. 아볼로의 이야기는 이러한 상황을 배경으로 펼쳐지게 된다.

아볼로에 대하여

사도행전 18장 24절은 다음과 같이 아볼로를 소개한다. "알렉산드리아에서 난 아볼로라 하는 유대인이 에베소에 이르니 이 사람은 언변이 좋고 성경에 능통한 자라." 누가는 틀림없이 아볼로의 인종을 강조하기 위해 이렇게 기록한 것으로 보인다. 아볼로는 유대인이었지만 그 이름은 그리스식이었다. 유대인이 이교도인 그리스식 이름을 하고 있다는 것을 들으면 유대인 독자들은 즉각 불편함을 느꼈을 것이다.

계속해서 누가의 기록을 보면 그 이유를 이해할 수 있다. 아볼로는 알렉산드리아 출신이었다. 이곳은 1세기에 유대인이 유대를 떠나 처음으로 정착했던 곳이다. 또한, 알렉산드리아는 아덴이 몰락한 이후로 지중해 지역에서 가장 중요한 지적 중심지였다. 알렉산드리아의 문화는 그 박물관과 도서관으로 규정할 수 있다. 특히 알렉산드리아

박물관은 고대 시대에 가장 큰 규모였다. 알렉산드리아는 교육의 중심지였고, 유대인은 교육의 민족이기 때문에 많은 유대인이 고국을 떠나 알렉산드리아에 정착한 것은 자연스러운 일이었다. 그들은 이 도시가 제공하는 학문에 끌렸다. 이 그리스의 교육 중심지가 아볼로의 고향이었다.

알렉산드리아는 고대 이교도들이 학문 활동을 하고 지적인 성취를 이루는 중심지였을 뿐만 아니라, 2세기에 구약 성경을 헬라어로 옮긴 『70인역』이 번역된 곳이기도 했다. 아볼로는 유대인 소년으로서 알렉산드리아의 특수한 상황, 즉 그리스 문화의 영향을 받은 유대주의 배경에서 자라났고, 성경의 헬라어 번역판으로 훈련을 받았던 것이다. 이러한 아볼로의 능력과 자질은 그리스 문화권을 선교하는 데 엄청난 유익이 되었다. 이 또한 하나님의 섭리를 통한 역사로 하나님은 아볼로의 삶을 지켜보시고 앞으로 이방 세계에서 사역할 수 있도록 준비시키신 것이다.

참된 목회자의 특징

아볼로를 소개하는 이러한 두 가지 사항에 덧붙여서 누가는 아볼로의 여섯 가지 덕목을 칭찬한다. 성경에서 이러한 칭찬을 듣는 사람은 매우 드물고, 어느 누구도 이러한 여섯 가지 덕목을 다 인정받지 못했다. 그것들을 살펴보면서 우리가 어떤 면에서 아볼로를 본보기로 삼아야 할지 생각해 보도록 하자.

■ 언변이 좋고

누가가 아볼로를 칭찬한 첫 번째 면은 "언변이 좋다"는 것이었다. 이것은 1세기 그리스-로마 문화에서 활동한 인물들에게 굉장히 중요한 조건이었다. 역사적 배경을 살펴보면 언변이 좋다는 것은 아볼로가 교육을 잘 받았고, 교양이 있고, 재능이 있으며, 공개 석상에 잘 맞는 사람이라는 뜻이었다.

당시 사람들은 언변이 좋은 사람을 훌륭한 사람으로 여겼다. 따라서 공인이라면 반드시 토론 능력을 갖추고 청중의 관심을 끌 수 있어야 했다. 그리스-로마 문화권에서 논리적인 지성을 지녔다는 징표는 바로 고대의 수사학 규범에 따라서 논리 정연하게 말을 하는 능력이었다.

물론 문제를 제기할 수도 있다. 당신은 사도 바울이 고린도인들에게 했던 말을 기억할 것이다. "내가 너희에게 갈 때 인간의 지혜로 고상하게 말하지 않았다. 복음보다 내가 사용한 수사학적 기법이 더욱 깊은 인상을 남길까 봐 고전 수사학의 규범대로 논하지 않았던 것이다"(고전 2:1 말씀을 쉽게 풀이함). 바울은 고전 수사학의 규범에 어긋나는 방식으로 논의를 폈지만 여전히 고전 수사학을 사용하고 있다. 그러면 바울은 두 마음을 품은 것인가? 그렇지 않다! 바울은 언변으로 사역을 다 할 수 있는 것은 아니지만 제대로 소통하는 능력이 없으면 아무리 말해도 사람들이 알아듣지 못한다는 점을 지적한 것이다.

찰스 스펄전은 『목회자 후보생들에게』에서 언변은 소명과 밀접하게 관련을 맺고 있다고 말한다. 스펄전은 공개적인 자리에서 말을 하지 못하는 사람은 설교의 소명을 받은 것이 아니라고 분명히 말한다.[2] 즉, 당신이 자리에서 일어나 말하는 일을 꺼린다면 하나님은 당신에게 설교의 소명을 주신 것이 아니다. 당신이 제구실을 하는 설교자라면 고린도전서 2장 1절 말씀을 읽고 "우리는 부족하니 설교팀을 만들어서라도 함께 설교를 합시다!"라고 말할 수 있어야 한다. 당신이 현관으로 달려가서 손톱을 뜯고 싶은 유혹을 느낀다면 당신은 설교의 사명을 받은 것이 아니다. 하지만 이와 동시에 설교자는 언변만 좋으면 된다고 생각하지 말아야 한다. 아볼로에 대해서 자랑할 것이 그것뿐이라면 이 교회사의 전환기에 아볼로는 그렇게 엄청난 역할을 완수할 수 없었을 것이다.

오늘날 교회가 잘못하는 것 중 하나가 언변을 기르도록 장려하지 않는다는 점이다. 언변이 부족한 것을 자랑으로 여기는 설교자들이 너무 많다. 말을 너무 잘하는 바람에 복음에 방해가 될까 봐 그러는 것이 아니라 단지 말을 잘하려고 노력을 하지 않기 때문이다. 또 두 번째로 잘못하는 것이 있다. 많은 지도자가 젊은이들이 언변을 키울 수 있도록 훈련하지 않는다는 것이다. 15살 먹은 학생에게 "네가 발표를 해라."라고 말하는 목사님들에게 하나님의 축복이 있을 것이다. 나는 아이들이 사람들 앞에 서서 말하는 것을 정말 끔찍이 싫어한다는 사실을 잘 안다. 하지만 당신은 아이들을 잘 지도하기 위해서 그곳에 있다는 사실을 명심하라.

학교 체육관에 딸린 큰 수영장에 갔던 기억이 난다. 옆에 한 아버지가 어린 아들에게 수영을 가르치고 있었다. 아버지는 아들을 향해 몸을 기울이며 말했다. "두 가지만 기억했으면 좋겠어. 아빠는 너를 사랑해. 그리고 너는 죽지 않을 거야." 곧 아이가 물에 떨어지면서 물이 튀기는 소리가 크게 들렸다. 그러자 아버지가 말했다. "여기 수영 선수 났네!" 사람은 직접 경험해야 배운다. 언변은 경험을 통해 기를 수 있다. 우리는 누군가에게서 아볼로가 언변이 좋은 사람이라는 것을 배웠다.

■ **성경에 능통한**

누가가 아볼로를 칭찬한 두 번째 모습은 그가 "성경에 능통"(행 18:24)하다는 점이었다. 이 구절에는 자연스럽게 눈이 쏠린다. 우리가 바로 그렇게 되고 싶기 때문이다. 누가는 아볼로가 성경을 힘 있고 설득력 있게 전하며, 성경에 능숙한 사람이었다고 말한다. 그는 단지 성경을 알기만 했던 것이 아니라, 성경에 재능이 있고, 전문 지식이 있으며, 성경의 능력도 어느 정도 소유한 사람이었다. 그래서 아볼로가 성경을 전할 때 하나님의 능력이 나타날 정도였다. 스스로 성경을 연구하고 성경에 능통하게 된 것으로는 충분하지 않다. 하나님은 당신이 능력을 발휘하며 하나님의 말씀이 어떻게 회중을 휘어잡는지 보여 주시기 위해서 당신을 부르셨다.

사도행전에 나타나는 일정한 패턴이 있다. 바로 회중이 설교자를 신뢰하기 위해서는 설교자는 반드시 성경에 대한 능력을 갖추어야 한다는 점이다. 그리고 **목사와 성도의 관계에서, 성도는 반드시 목회자가 진리의 말씀을 바르게 구분하는 능력이 있다고 어느 수준 이상 신뢰할 수 있어야 한다.** 회중은 설교자가 성경을 잘 이해하고 있는지, 신뢰할 만한 해석자인지를 자연히 알게 되어 있다. 하나님의 사람이 설교단에 서면, 그 결과로 바른 성경 해석이 임한다.

너무나 많은 설교단이 가구 조각으로 전락해 버렸다. 설교단이 역동적인 설교 사역이 선포되는 발사대가 되지 못하기 때문이다. 성경 해석은 기술이자 학문이기 때문에 목회자는 반드시 학문적으로도 준비되어야 한다. 그렇기 때문에 바울은 디모데에게 방에 앉아서 신령한 주문을 외우느니 차라리 연구를 하라고 권면한다. 디모데는 진리의 말씀을 옳게 분별하여 부끄러울 것이 없는 일꾼으로 인정받기 위해서 연구해야 했다(딤후 2:15).

■ 주의 도를 배워

누가가 아볼로를 칭찬한 세 번째 모습은 그가 "주의 도"(행 18:25)를 배웠다는 점이었다. 이는 아볼로가 구약 성경을 배웠다는 의미다. 아볼로의 부모는 분명히 하나님의 훈계를 따라 그를 양육했을 것이다. 하지만 아볼로는 그 지식을 뛰어넘어 예수님에 대한 것들도 알게 되었다. 아볼로가 누구에게서 교육을 받았는지는 알 수 없다. 하지만 우리는 교회가 시작하던 순간부터 가르치는 사람이 있었다는 사실을 명심해야 한다. 교회는 항상 성경을 배우고 가르친다. 기독교인을 본다면 그러한 가르침의 결과물을 본 것과 같다. 가르침은 기독교 신앙에 절대적으로 필요한 것이다.

기독교 신앙은 서서히 터득하거나 옆에서 보고 배우는 식으로 다음 세대에 전달되지 않는다. 오히려 성경의 진리를 실제로 인식할 수 있는 방식으로 전달함으로써 기독교 신앙은 다음 세대로 이어진다. 따라서 배움이 있으려면 가르치는 사람이 필요하다. 많은 교회가 가르치는 과정을 없애면서 온갖 것들을 프로그램에 도입한다. 그리고 간혹 가르치기는 해도 성경의 가르침이 아닌 경우가 많다. 이는 참으로 슬픈 현실이다. 아볼로와 같은 인물을 기르기 위해서 우리는 후세를 성경에 능통하도록 가르치고, 주님의 방법으로 지도해야 한다.

■ 열심히

아볼로의 네 번째 덕목은 "열심"(행 18:25)이 있었다는 것이다. "열심으로"라는 구절에서 우리는 여러 가지를 생각해 볼 수 있다. 이는 왜 성경 주해가 추론이 아닌지를 잘 설명해 준다. 이와 같은 상황에서는 성경이 성경을 해석하게 하는 것이 유익한 방법이다. 로마서 12장에서 바울은 이상적인 그리스도인에 대해서 쓰면서 11절에 그러한 그리스도인의 특징을 언급한다. "부지런하여 게으르지 말고 열심을 품고 주를 섬기라."

열심은 흥분해서 나오는 감정이 아니라 하나님의 것에 대한 열망이 행동으로 옮겨지는 것이다. 열심은 나태함과 반대다. 하나님의 사람은 일하고, 부지런하고, 열심히 하는 사람이다. 그는 중요한 것이 무엇인지를 알고 복음의 능력으로 감동을 받아 복음 사역을 완수하고자 하는 사람이다. 열심이 있는 사람은 바울이 말씀에 사로잡힌 것처럼, 아볼로가 주님을 섬기는 일에 분주했던 것처럼 언제나 분주하다.

나는 가르치는 일을 하면서 많은 학생을 봐왔다. 그중에는 정신을 바짝 차리게 해서 자신들이 살아 있다는 사실을 확실히 깨닫게 해주고 싶은 학생들도 있었다. 복음을 전하는 목회자는 반드시 살아 있어야 한다. 눈이 떠지고, 숨이 쉬어지고, 가슴이 움직여진다고 해서 살아 있는 것이 아니다. 부지런하게 행동하기 때문에 살아 있는 것이다. 아볼로가 에베소에서 그저 손 씻고 가만히 있지 않았다는 점에서 그의 열심이 분명하게 나타난다. 오히려 아볼로는 주님을 섬기기 위해 그곳으로 향했다. 때로 학생들은 말한다. "제가 섬겨야 할 곳을 찾지 못하겠습니다." 그럼 나는 이렇게 답한다. "섬길 장소를 찾지 마라. 그저 무엇이 필요한지를 찾아라. 그리고 그 필요를 채워라!"

나는 열여섯 살 때 가르치는 사명을 받았다는 사실을 깨달았다. 그날은 토요일 밤이었는데, 주일학교 부장 선생님이셨던 아버지가 방에 오시더니 말씀하셨다. "나는 주일학교 교사가 되기에는 부족한 사람 같다." 그러시더니 아버지는 나를 바라보고 말씀하셨다. "아침에 주일학교에 와서 1학년 학생들을 가르치거라." 아버지는 교재를 주시고는 준비하라고 하셨다. 나는 자리에 앉아서 예전과는 다르게 말씀을 보고 연구하기 시작했다. 나는 혼자 말씀을 연구하는 것과 가르치기 위해 말씀을 연구하는 것은 차이가 있다는 사실을 그날 깨달았다.

다음 날 아침 나는 상당히 흥분해 있었다. 그래서 옷도 말끔하게 차려입었다. 주일학교 교실에 들어섰는데, 마치 부스러기를 찾아다니는 개미 떼처럼 여섯 살짜리 아이들이 빽빽하게 교실에 차 있었다. 나는 그제야 상황을 파악하고 아이들에게 앉으라고 한 뒤에 가르치기 시작했다. 그날 이후로 나는 주일에 가르치는 일을 쉬지 않았다. 사실 나는 자원하지 않았다. 아버지가 나에게 맡기신 것이었다. 하지만 그렇게 해서 나는 소명을 깨달을 수 있었다.

필요를 찾아서 채우라. 그리고 열심을 내라.

■ 신실하게 말하고 가르치다

다섯 번째로 누가는 아볼로를 "예수에 관한 것을 자세히 말하며 가르치는"(행 18:25) 사람이라고 묘사한다. 우리는 분명히 우리가 언변에 능하고, 성경에 능통하고, 열심이 있는 사람이 되기를 바란다. 하지만 우리는 얼마나 예수를 자세히 말하며 가르치는 사람이 되기를 바라는가?

마음만 먹으면 이단을 피할 수 있고 그러한 비극에서 보호받을 수 있다고 생각하지 말라. 지금 이단을 가르치고 있는 사람 중에 의도적으로 '오늘부터 이단을 가르쳐야지.'라고 생각한 사람은 한 사람도 없다. 때로 이단과 정통 신학의 차이는 매우 미묘하므로 한 단어가 이중모음으로 되어 있느냐, 아니면 단모음으로 되어 있느냐의 차이로 귀결

될 때도 있다. 모음의 차이로 인해 예수님은 아버지와 유사한 본질을 지니신 분이 될 수도 있고, 아니면 아버지와 동일한 본질을 지니신 분이 될 수도 있다. 바로 이 문제로 로마 제국은 분열되었다. 325년 니케아에서도 똑같은 일이 발생했다. 아타나시우스가 아리우스의 이단 사상을 논박하는 것을 듣기 위해 교회가 한자리에 모인 것이었다. 문장을 잘못 이해한 것이 아니었다. 한 구절을 잘못 이해한 것도 아니었다. 심지어 모음 하나를 잘못 이해한 것도 아니었다. 아리우스가 믿는 예수님에게는 구원의 능력이 없다는 것이었다.

아볼로는 "예수에 관한 것을 자세히 말하며 가르치는" 일로 칭찬받는다. 우리는 주위에 이단이 많다는 사실을 가슴 아프게 생각해야 한다. 이단은 엄청나게 많은 사람을 불러 모았고, 실제로 진리를 모르는 자들의 귀에는 그들의 이야기가 더 달콤하게 들리는 것이 사실이다. 이단은 위험한 유혹이다. 이단은 예수 그리스도보다 우상을 높이는 잘못된 복음이다. 따라서 우리는 예수에 관한 것을 자세히 말하며 가르치는 일에 노력과 헌신과 신학 지식과 교리적 기초 및 확신이 필요하다는 사실을 이해해야 한다.

■ 담대히 말하다

여섯 번째이자 마지막 칭찬은 아볼로가 담대했다는 것이다(행 18:26). 성경은 "그가 회당에서 담대히 말하기 시작하거늘"이라고 전한다. 아볼로는 대담하고 용감하여, 기꺼이 반대 세력과 맞서고, 또한 그들을 능히 이기는 사람이었다.

나는 역사책을 좋아하는데, 특히 전사(戰史)를 좋아한다. 내가 가장 좋아하는 이야기는 조지 패튼 장군이 나치가 점령한 지역을 돌파하면서 마을을 하나씩 해방해 나가는 부분이다. 조지 패튼 장군은 어찌나 빠르게 이동했는지 통신선보다도 앞서기 일쑤였다. 하지만 현대전은 통신선 없이는 작전을 할 수 없다. 한번은 패튼 장군이 지프를 타고 최전선까지 향하고 있었다. 메서슈미트 전투기들이 미군 병력 바로 위에서 급강하하며 포격을 퍼붓고 있었다. 그런데 17살 먹은 한 사병이 전화선을 들고 나무에 올라가고 있었다. 패튼 장군은 그 군사를 보고 말했다. "자네 같은 녀석들만 있다면 좋겠군. 두려움이 없는 병사군." 그 사병은 갈라진 목소리로 대답했다. "예, 그렇습니다." 패튼은 말했다. "자네는 두려운 것이 있기는 한가?" 그 소년은 답했다. "예, 저는 장군님이 두렵습니다."[3]

누구나 무언가를 두려워한다. 두려움 자체는 문제가 아니다. 하지만 두려움을 이기려는 마음이 없으면 문제가 된다. 왜냐하면, 두려워하는 마음은 자아에 집중하는 것이며 건강하지 않은 자세이기 때문이다. 설교자로서 우리는 반드시 담대해야 한다. 우리 자신을 신뢰해서가 아니라 우리를 부르신 그분, 우리를 보내신 그분, 우리의 모든 것을 받기에 합당하신 그분을 신뢰하기 때문이다. 우리가 주님을 신뢰한다면, 우리는 담대하고 용감하게 두려움에 맞서고 두려움을 이겨 낼 수 있다. 설교자는 특히 반대에 직면했을 때, 하나님께 부르심을 받은 그 일을 반드시 해내야 한다.

■ 겸손하고 배우는 자세

누가가 아볼로에 대해서 언급한 여섯 가지 말고도 사도행전 18장 25절을 보면 간접적으로나마 아볼로가 겸손하고 배우는 자세를 갖춘 사람이라는 점을 알 수 있다. 누가는 "예수에 관한 것을 자세히 말하며 가르치나 요한의 세례만 알 따름이라"라고 기록했다. 이 구절의 후반부는 심각한 문제라고 할 수도 있다. 하지만 아볼로의 생애를 보면 이해할 수 있다. 이미 우리는 아볼로가 알렉산드리아에서 헬레니즘의 영향을 받은 유대주의라는 배경 가운데 자랐다는 사실을 확인했다. 아볼로는 복음에 대해서 듣긴 했겠지만 부분적이었을 것이다. 아마도 요한의 제자들이 이해한 복음과 유사했을 것이다.

이때 브리스길라와 아굴라가 아볼로를 돕기 위해 이야기에 등장한다. 주님은 주권적으로 브리스길라와 아굴라를 에베소에, 그것도 아볼로와 교회가 그들을 필요로 하는 바로 그 순간에 두셨다. 누가는 이 부부가 고린도에서 만난 바울의 동역자라고 밝힌다. "그 후에 바울이 아덴을 떠나 고린도에 이르러 아굴라라 하는 본도에서 난 유대인 한 사람을 만나니 글라우디오가 모든 유대인을 명하여 로마에서 떠나라 한 고로 그가 그 아내 브리스길라와 함께 이달리야로부터 새로 온지라"(행 18:1-2).

이 부부가 바로 아볼로를 "데려다가 하나님의 도를 더 정확하게 풀어"(18:26) 일러 준 장본인이었다. 이 구절은 특히 우리에게 소중한 말씀이다. 왜냐하면, 여기에서 우리는 신약 성경에서 처음으로 신학적으로 바로잡아 주는 예를 볼 수 있기 때문이다. 여기에 열심이 있고, 언변이 뛰어나고, 성경에 능통하지만 복음에 필요한 것은 다 알지 모르는 사람이 있다. 성경에 능통하지만 어떤 교리가 잘못되었다면 바로잡아 줘야 할 필요가 있다. 이 모든 것을 고려해 봤을 때, 우리는 아볼로가 겸손하고 배우는 자세를 지닌 사람이라는 사실을 알 수 있다.

바로잡아야 할 필요

브리스길라와 아굴라는 아볼로의 소식을 듣고 문제를 깨달았다. 그들은 아볼로가 예수에 관한 것을 자세히 가르쳤지만 요한의 세례만 알았기 때문에, 회개의 세례만 알았지 중생으로 인도하는 세례는 알지 못한 상태라는 사실을 알았다. 아볼로는 완전한 그림을 그리고 있지는 못했다. 따라서 이 부부는 그를 데려온다. 이 말은 그들이 공공연하게 아볼로와 맞서지 않았다는 뜻이다. 그들은 사람들이 있는 자리에서 그와 맞서지 않고 오히려 그리스도의 사랑으로 하나님에 대한 것들을 더 자세하게 가르쳤다. 교회에는 아볼로와 같은 사람뿐만 아니라 브리스길라와 아굴라와 같은 사람이 필요하다. 잘못된 이야기를 들었으면 그것을 기꺼이 바로잡아 주는 그리스도인들이 절대적으로 필요하다.

아볼로는 담대하게 회당에서 그리스도를 선포했고, 브리스길라와 아굴라도 대담하게 그를 바로잡아 주었다. 우리는 누군가에게 잘못하고 있다고 이야기하는 것이 나쁜 자세라고 생각하는 시대에 살고 있다. 지적으로 무장 해제된 이 시대에 우리는 교리적으로 자포자기해 버리고 말았다. 사람들에게 잘못하고 있다고 말해서는 안 된다고 하면서 말이다. 하지만 **복음 사역은 좋은 의도만로는 충분하지 않다. 복음 사역은 정확성을 요구한다.** 그렇기 때문에 우리는 브리스길라와 아굴라 같은 사람들이 필요한 것이다.

은혜로 바로잡아 주다

내가 26살 때 있었던 일이 생각난다. 나는 지금 내가 총장으로 있는 이 자유주의 신학교에서 훈련을 받았다. 시간이 흘러 하나님의 은혜로 이 신학교를 이끌 기회가 내게 왔다. 여러 가지 개혁을 통해서 이제 학교는 참된 신앙을 표방하게 되었다. 나는 부모님, 교회, 그리고 자유주의 신학이라는 독소로부터 나를 구해 주기 위해 힘써 준 신실한 사람들에게서 훈련을 받았다. 나는 어떻게 구분해서 들어야 할지도 알아야 했지만 모든 것을 깨닫지는 못했다.

나는 신학교에서 하나님이 동등한 기회를 주시는 고용주와 같다고 배웠다. 따라서 목회직은 남자뿐 아니라 여자에게도 열려 있다고 믿었다. 그리고 이에 대해 반박하는 글은 단 한 줄도 보지 못했다. 그래서 나는 이러한 가르침을 바이러스처럼 받아들였다. 이에 대해서 내 생각에 도전장을 던진 사람은 바로 복음주의 신학자인 칼 F. H. 헨리였다. 그는 나의 멘토이자 선생님이자 친구가 되어 주셨다. 나는 그의 글을 편집할 기회가 생겨서 동료로서도 알게 되었다.

헨리 박사님을 처음 만났을 때 나는 박사님을 안내하는 역할을 했다. 당시에 박사님은 나의 동료라기보다는 범접하기 어려운 위대한 신학자셨다. 대학교를 함께 걸으면서 박사님은 나에게 과정신학부터 해방신학에 이르기까지 이것저것을 질문하셨다. 그리고 성경의 무오성에 대한 나의 견해를 물으시더니 내 대답에 만족한 눈치셨다. 하지만 그때 박사님은 나를 보시더니 물으셨다. "여자가 사역을 하는 것은 어떻게 생각합니까?" 젊은이 특유의 담대함으로 나는 생각하는 바를 말씀드렸다. 그러자 박사님은 그저 나를 바라보시더니 말씀하셨다. "언젠가 이 대화가 매우 부끄럽게 느껴질 날이 올 거예요."

박사님을 안내하는 일을 마치고 나는 도서관에 갔다. 그리고 이 주제에 대한 책을 다 찾아보려고 했다. 하지만 성경적인 남성성과 여성성에 대한 자료는 드물었다. 이 주제를 탁월하게 다룬 책인 『성경적인 남성성과 여성성을 회복하라』[4]가 아직 쓰이지 않은 시기였다. 그리고 성경적 남성성과 여성성에 관한 심의회도 아직 창설되지 않았던 때였다. 그래서 나는 내가 찾을 수 있던 유일한 책을 읽기 시작했다. 가톨릭 성령 운동가가 쓴 책이었는데, 여성이 성직자로 섬기는 것에 대해서 반박하는 글이었다. 이 책을 읽고 나니 나는 밤새 성경을 뒤지고 싶은 마음이 생겼고 깨달음을 얻는 데 그리 오랜 시간이 걸리지 않았다.

다음 날 아침 헨리 박사님을 만났을 때, 내가 생각했던 바와 어떻게 결론을 내리게 되었는지에 대해서 말씀을 드렸다. 그러자 이렇게 답해 주셨다. "오래 걸리지 않았죠? 그렇죠?" 나는 답했다. "정말 그러네요." 이것은 사소한 교리 문제가 아니었다. 하지만 헨리 박사님은 나를 친절하게 대해 주셨다.

헨리 박사님은 이후에 나에게 책을 한 권 같이 집필하자고 하셨다. 누군가에게 "그것은 잘못됐습니다."라고 말한 뒤 "나와 함께합시다."라고 말하려면 은혜와 용기가 필요하다. 브리스길라와 아굴라가 바로 이렇게 아볼로를 대했다. 그들은 아볼로와 맞선 뒤에 그를 가르친 것이다.

당신은 어떻게 기억될 것인가?

바울은 아볼로를 언급할 때마다 아볼로를 긍정적으로 평가한다. 예를 들면, 바울은 "나는 심었고 아볼로는 물을 주었으되"(고전 3:6)라고 썼다. 고린도전서 말미에는 바울이 아볼로에게 고린도의 그리스도인들에게 가보라고 많이 권하였다고 기록한다(16:12). 고린도와 서신 왕래를 마치고 몇 년 뒤, 바울은 디도에게 "아볼로를 급히 먼저 보내어 그들로 부족함이 없게 하고"(딛 3:13 참고)라고 쓴다. 1세기 교회 지도자들 사이에서 아볼로의 명성은 자자했다. 아볼로에 대한 평가는 매우 좋았다. 누가도 다음과 같이 말한다. "은혜로 말미암아 믿은 자들에게 많은 유익을 주니 …… 이는 성경으로써 예수는 그리스도라고 증언하여 공중 앞에서 힘 있게 유대인의 말을 이김이러라"(행 18:27-28).

누가가 아볼로에 대해서 한 모든 말이 당신에게도 해당하기를 바란다. 사람들은 당신에 대해서 생각할 것이고, 당신에 대해서 이야기할 것이며, 묘비에 기록할 것이다. 그들이 당신을 두고 언변이 좋고, 성경에 능통하며, 주님을 가르치고, 열심이었던 사람으로 기억하기를 바란다. 또한, 예수님에 관한 것을 자세히 말하며 가르친 자로, 담대히 말한 자로 기억하기를 바란다.

PRAYER

아버지, 이 본문을 주셔서 감사합니다.
우리의 영을 겸손하게 하사 복음의 친구 된 자들이
우리를 바르게 하도록 가르칠 때 이를 받아들이게 하소서.
우리 성도들이 아볼로가 계속 나타나는 교회의 특징을 갖게 하시고,
브리스길라와 아굴라로 가득하게 하셔서
모든 영광이 아버지의 것이 되게 하소서.
우리 주 예수 그리스도의 이름으로 기도합니다.
아멘.

12
John MacArthur

빌라도가 이르되 그러면 그리스도라 하는 예수를
내가 어떻게 하랴 _마 27:22_

셰 퍼 드
+
라이브러리

THE SHEPHERD'S
LIBRARY

두 설교자 이야기

존 맥아더, 2013
마태복음 26-27장

평생 사역을 하는 동안 마주해야 했던 불편한 진실이 있다. 바로 구원받지 못한 사람들이 교회를 차지하고 있다는 사실이다. 나는 이 주제에 대해서 책을 많이 썼다. 『참된 무릎 꿇음』, 『복음을 부끄러워하는 교회』, 『구원이란 무엇인가』, 『진리 전쟁』 등이 이 주제에 대한 책이라고 할 수 있다. 이 책들은 지옥으로 향하는 사람들로 가득한 교회의 모습을 적나라하게 보여 준다. 우리가 멸망하는 죄인을 위해 헌신하기로 결정했다면, 반드시 교회에서부터 그 일을 시작해야 한다. 절대로 교회는 괜찮을 거라고 생각해서는 안 된다.

20세기 중반, 젊고 유능한 두 명의 전도자가 있었다. 그들은 동시에 혜성처럼 미국에 등장했다. 사람들은 그들을 "금가루 쌍둥이"[1]라고 불렀다. 이 두 젊은 전도자 중 한 명은 당신도 아주 잘 아는 분일 것이다. 바로 빌리 그레이엄 목사님이다. 모두 그분의 이야기를 알고 있고, 지금도 그분의 이야기는 이 글처럼 계속 전해지고 있다. 다른 젊은 전도자는 찰스 템플턴인데, 아마도 이 사람의 이름은 기억하지 못하는 사람이 많을 것이다.

십대선교회(Youth for Christ)를 설립한 사람들이 바로 찰스 템플턴, 빌리 그레이엄, 토레이 존슨이었다. 어느 모로 보나 찰스 템플턴은 금가루 쌍둥이 중에서 더 뛰어난 설교자였다. 똑똑하고, 잘생기고, 매력 있고, 말을 잘하고, 멋지고, 설득력 있고, 효율적인 사람이었다. 이 모든 것이 그에게 해당했다. 실제로 1946년에 전미복음주의협회는 그에게 "하나님께 가장 잘 사용됨"이라는 상을 수여하기도 했다.

여러모로 찰스 템플턴은 빌리 그레이엄을 압도했다. 사람들은 그가 더 뛰어나고, 더 효과적인 설교자라고 생각했다. 그 둘은 유럽으로 같이 전도여행을 떠나 영국, 스코틀랜드, 아일랜드, 스웨덴, 그리고 기타 주요 도시에서 설교하기도 했다. 그들은 많은 사람 앞에서 말씀을 전하게 되면 번갈아 가며 설교하기도 했다. 찰스 템플턴은 1950년대에 매주 NBC와 CBS의 텔레비전 프로그램에도 출연했다. 미국에서는 하루에 2만 명에게 설교를 하기도 했다. 수천 명의 청년이 모인 청년 대회에서도 자주 설교했다. 그리고 그는 프린스턴신학교를 다녔다. 이후에는 장로교회에서 교회 개척가, 목사, 전도자가 되었다. 또 예일대학교에서 일주일 동안 복음을 전하기도 했다. 찰스 템플턴은 어마어마한 사람이었다.

하지만 1957년에 찰스 템플턴은 갑자기 자신이 불가지론자라고 공표한다. 그는 성경과 예수 그리스도를 모두 부인했다. 토마스 페인과 다른 저자들의 글을 읽고 그렇게 확실하게 기독교 신앙을 부인하게 된 것이다. 그는 열흘 남짓한 기간에 볼테르, 버트런드 러셀, 로버트 잉거솔, 데이비드 흄, 올더스 헉슬리의 글을 읽었다고 한다. 그리고 열흘 후 사역을 떠나기로 결정했다. 템플턴은 주머니에 600달러만 가지고 캐나다에 돌아가서 기자가 되었다. 한동안 기자로 활동하던 그는 후에 정치인이 되어 거의 캐나다의 총리가 될 뻔하기도 했다. 그는 1957년에 배교라는 영원한 암흑으로 들어서고 말았다. 그리스도를 신성 모독하고 『하나님과 작별』(Farewell to God)이라는 책을 쓴 것이다. 얼마나 어마어마한 일을 저지르고 만 것인가!

이런 설교자가 그뿐이라고 생각하는가? 내 아버지는 전도자이셨다. 아버지는 다른 목사와 함께 유럽에서 사역을 하셨다. 낮에는 설교를 하시고, 밤에는 전도 집회를 뜨겁게 장시간 인도하셨다. 동행한 설교자도 유럽의 다른 대도시에서 그렇게 하고 있었다. 아버지는 집에 돌아오시더니 그 전도여행이 평생에 가장 끔찍한 기억이었다고 말씀하셨다. 동료 전도자가 음주와 매춘에 연루되었기 때문이다. 이런 문제는 빈번하게 발생한다.

대학 시절 미식축구팀에서 공동 주장을 했고, 바로 내 후위에서 뛰던 친구가 있었는데, 신학교에 가더니 믿음을 거부해 버렸다. 탈봇신학교를 다니던 시절에는 아버지가 학장이었던 어린 친구가 있었다. 우리는 함께 졸업했고 나는 사역을 시작했지만, 그는 집에 불단을 쌓게 되었다. 나는 오랜 세월을 거치며 신실하게 남아 있는 목회자들과 믿음을 거부한 목회자들을 모두 직접 목격했다.

두 전도자

이제 다른 이야기를 하고자 한다. 이 이야기도 두 전도자에 대한 이야기다. 우리는 이 두 전도자를 모두 잘 알고 있다. 둘 다 예수님이 직접 부르신 사람이었다. 둘 다 그 부르심에 응했고, 모든 것을 버리고 예수님을 따랐다. 둘 다 여러 차례 그리스도에 대한 신앙을 고백했다.

둘 다 예수님께 개인적으로 가르침을 받았고, 설교 사역에 대한 훈련을 받기도 했다. 둘 다 주님과 함께 몇 년간 종일 가까운 자리에서 동행했다. 그들은 누구보다도 완벽하고 분명하게 예수님께 직접 배운 자들이었다. 그들은 예수님이 직접 가르치시고 완벽하게 실천하신 예를 따라 모든 것을 배웠다. 그들은 하나님의 뜻을 깨달았다. 하나님의 말씀도 배웠다. 즉, 그들은 말씀을 알았고, 믿었고, 그대로 살았고, 사랑했고, 전했다.

둘 다 예수님이 이스라엘 땅에서 병마를 물리치실 때마다 함께하며 날마다 기적을 목격했다. 그 누구도 이와 동등한, 아니 비슷하기라도 한 선생에게 배우지 못했다. 둘 다 예수님의 거룩한 신성을 분명히 목격했다. 그들은 마귀와 병마와 자연과 죽음을 이기시는 예수님의 능력을 보았다. 그리고 예수님이 모든 신학 질문에 완벽하게 응수하시는 것을 들었다. 예수님의 답변은 언제나 제자들의 토론으로 끝나기 마련이었다. "조금 더 분명하게 말씀해 주시겠습니까?"라고 물을 필요는 전혀 없었다. 예수님의 답변은 언제나 심오하고, 완벽했으며, 진리였기 때문이다.

죄가 없으신 분과 함께 살았기 때문에 그 둘은 날마다 자신들의 죄의 현실에 직면했을 것이다. 그 둘 다 날마다 모든 죄인은 구원이 필요하다는 말씀을 들었다. 그 둘 다 영원한 천국과 지옥의 현실에 대한 말씀을 들었다. 그 둘 다 주 예수님이 그들에게 위임하신 능력을 받아 말씀을 전하고, 치유하고, 귀신을 쫓아냈다. 그리고 그 둘 다 그 능력을 사용하여 예수님이 메시아, 구세주, 인자이자 하나님의 아들 되심을 전했다.

그들은 이 모든 것을 함께했다. 그들은 예수님을 동일하게 경험했다.

그들이 공유했던 것이 또 있다. 그들은 둘 다 죄인이었다. 그리고 본인들도 그 사실을 알았다. 둘 다 자신들이 저지른 죄를 너무나 잘 알고 있었기 때문에 파멸할 정도까지 죄책감에 시달리기도 했다. 둘 다 자신을 사탄에게 내주었고, 사탄의 일을 따랐다. 마지막에는 둘 다 뻔뻔스럽게도 단호하게, 공개적으로, 드러내 놓고, 확고하게 예수님을 배반했다. 그들은 훈련이 마무리되고 예수님을 떠나보내야 하는 시점에 그렇게 하고 말았다. 예수님이 십자가에 못 박히시기 직전에 그 둘은 자신들이 한 일 때문에 망연자실하고 말았다.

그중 한 명은 그토록 악랄하게 구세주를 배반했음에도 불구하고 사람들은 그를 참으로 명예롭고, 고결하고, 위대한 인물로 평가하며 수없이 많은 사람이 그의 이름을 따라 짓고 있다. 그는 바로 베드로다. 그의 이름을 여자 이름으로 바꾼 '페트라'라는 이름도 있다. 그런데 다른 한 사람은……. 그의 이름을 따라 짓는 경우는 매우 드물다. 사람들은 그를 불명예스럽고 멸시받을 사람으로 여기기 때문에 이름의 뜻이 "찬송"인데도 불구하고 그 이름을 가진 사람은 매우 적다. 많은 사람이 그의 이름을 증오하고 욕한다. 그는 바로 유다다.

유다는 스스로 목숨을 끊음으로 생을 마친다. 그는 스스로 목을 매었고 영원히 버림받았다. 그리고 그는 그리스도를 거부한 자들과 지옥에서 만날 것이다. 유다와 다른 배교자들, 그리고 변절한 설교자들을 만나려면 지옥에 가야 할 것이다. 하지만 또 다른 사람, 베드로는 천국에서 만날 수 있을 것이다.

두 사람은 3년 동안 예수님 옆에 함께 있었지만 영원히 분리되고 말았다. 그중 한 명의 이름은 신약에 나오는 제자들 목록에서 모두 첫째로 등장한다. 다른 한 사람의 이름은 모든 목록에서 제일 나중에 나타난다. 그중 하나는 가장 높은 하늘에 보좌에 앉았지만 다른 하나는 가장 낮은 지옥으로 버려졌다. 그중 하나는 영원히 영광을 받겠지만 다른 하나는 영원히 형벌을 당할 것이다. 놀랍게도 둘 다 주 예수를 부인했고, 둘 다 자신이 한 일을 후회하며 부끄러워했다.

우리는 중요한 사실을 깨달을 수 있다. 구원은 행위로 얻는 것이 아니라는 점이다. 둘 다 같은 행위를 했다. 둘 다 기적을 행했다. 구원은 지식으로 얻는 것이 아니다. 둘 다 같은 것을 알고 있었기 때문이다. 그렇다면 이 둘의 차이는 무엇이었는가?

당신은 그리스도를 어떻게 생각하는가?

그 차이가 무엇인지 말해 주겠다. 우리가 반드시 해야 할 매우 중요한 사항이 있다. 모든 목회자는 최우선으로 성도들이 진정으로 구원을 받았는지 확인해야 한다. 그 차이를 어떻게 알 수 있는가? 주 예수를 대하는 그들의 태도를 보면 알 수 있다. **모든 사람에게 핵심은 이것이다. 당신은 그리스도를 어떻게 생각하는가?** 이것이 베드로와 유다의 차이를 설명한다. 그리고 우리는 오늘날 교회에 있는 성도들을 보면서도 이 점을 명심해야 한다. 교회는 어디나 베드로와 유다로 가득하다. 그들은 같은 메시지를 듣고, 같은 예배를 드리고, 같은 능력이 나타나는 것을 보지만 양극단에 이르게 된다.

예수님도 이렇게 될 것이라고 말씀하지 않으셨는가? 예수님은 산상수훈 말미에 말씀하신다. "많은 사람이 나더러 이르되 주여 주여 우리가 주의 이름으로 선지자 노릇 하며 주의 이름으로 귀신을 쫓아내며 주의 이름으로 많은 권능을 행하지 아니하였나이까 하리니." 예수님은 그들에게 말씀하신다. "내가 너희를 도무지 알지 못하니"(마 7:21-23). 즉, 예수 그리스도를 대하는 자세에 다 나타나기 마련이다.

사람들은 나에게 묻는다. "당신은 왜 그렇게 그리스도를 전하는 일에 미쳐 삽니까?" 내가 그렇게 하는 이유는 사람들을 지옥에서 구원하는 것이 바로 예수 그리스도에 대한 바른 자세라는 것을 알기 때문이다. 나는 그리스도를 충분히 전할 수 없다. 그리스도를 가리키는 것이 모든 성경의 요점이다. 나는 사도 바울을 멘토로 삼아 그를 따르기로 한 것을 후회하지 않는다. 바울은 그리스도를 전했고, "예수 그리스도와 그가 십자가에 못 박히신 것 외에는 아무것도 알지 아니하기로"(고전 2:2) 작정했다.

장이 마련되다

이 두 설교자가 어떻게 활동하는지 보기 위해 마태복음 26장을 함께 확인해 보자. 마태는 "예수께서 이 말씀을 다 마치시고……."라는 말씀으로 26장을 시작한다. 예수님은 자신이 다시 오실 것을 가르치신 감람 산 훈화를 마치신 참이었다. 그리고 예수님은 말씀하신다. "너희가 아는 바와 같이 이틀이 지나면 유월절이라 인자가 십자가에 못 박히기 위하여 팔리리라"(2절). 예수님은 이전에도 열두 제자에게 이런 말씀을 하신 적이 있다. 시간을 되돌려 마태복음 16장 21절을 보자. "이 때로부터 예수 그리스도께서 자기가 예루살렘에 올라가 장로들과 대제사장들과 서기관들에게 많은 고난을 받고 죽임을 당하고 제삼 일에 살아나야 할 것을 제자들에게 비로소 나타내시니."

베드로는 이 사실을 받아들이기 힘들었다. "베드로가 예수를 붙들고 항변하여 이르되 주여 그리 마옵소서 이 일이 결코 주께 미치지 아니하리이다 예수께서 돌이키시며 베드로에게 이르시되 사탄아 내 뒤로 물러가라"(22-23절). 예수님은 제자들에게 자신이 죽으실 것을 여러 차례 반복해서 말씀하셨다. 그리고 어떤 일이 벌어질지도 자세하게 설명하셨다. 자신이 어떠한 취급을 받을 것인지, 누가 그런 일을 할 것인지, 그리고 그 계획이 어떻게 진행되고 있는지도 말씀해 주셨다.

마태복음 26장으로 돌아오자. 3절은 이렇게 말씀한다. "그때에 대제사장들과 백성의 장로들이 가야바라 하는 대제사장의 관정에 모여 예수를 흉계로 잡아 죽이려고 의논하되." 이것이 그들의 계획이었다. 예수님을 잡아 죽이는 것이었다.

이때 예수님은 베다니 나병 환자 시몬의 집에 계셨다. 성경은 예수님이 거기에 거하실 때 일어났던 사건을 소개한다. "한 여자가 매우 귀한 향유 한 옥합을 가지고 나아와서 식사하시는 예수의 머리에 부으니 제자들이 보고 분개하여 이르되 무슨 의도로 이것을 허비하느냐 이것을 비싼 값에 팔아 가난한 자들에게 줄 수 있었겠도다 하거늘"(마 26:7-9). 여기에서는 제자들이 이렇게 말했다고 하지만 요한복음 12장 4절은 유다가 이 말을 했다고 더 자세하게 기록한다. 유다는 반대하는 사람이었다.

유다, 위선의 달인

이 부분에서 유다는 처음으로 자신의 속내를 드러낸다. 이때까지 우리는 베드로, 야고보, 요한에 대해서만 조금 접했을 뿐 유다에 대해서는 아는 바가 별로 없었다. 유다에게 무언가 잘못되었다고 의심할 만한 이유가 없었던 것이다. 지금까지 유다는 예수님이 말씀하시고 행하신 것에 대해서 열두 제자 중 다른 제자들과 똑같이 반응했다. 이제까지는 유다의 성격에 대해서도 의심할 이유가 없었다. 하지만 여기 마태복음 26장에서 유다는 한 여인이 비싼 향유를 예수님께 부은 것을 힐난하고 나서는데, 그 향유를 팔아서 돈을 취하려고 했다는 점이 명백해진다.

예수님은 제자들을 꾸짖으며 말씀하신다. "이 여자가 내 몸에 이 향유를 부은 것은 내 장례를 위하여 함이니라"(마 26:12). 하지만 유다는 예수님의 일을 생각하지 않았다. 유다는 자신만의 생각이 있었다. 그는 돈과 힘과 명예를 원했던 것이다. 그는 예수님이 왕국을 설립하실 때 유력한 자리에 서기 원했다. 그런데 예수님이 십자가에 못 박히시고, 죽으시고, 장사되실 것을 말씀하시자 그러한 야망이 산산조각이 나버린 것이다. 유다는 이 소식을 듣고 엄청나게 실망했다.

다음에 일어난 일을 보자. "그때에 열둘 중의 하나인 가룟 유다라 하는 자가 대제사장들에게 가서 말하되 내가 예수를 너희에게 넘겨 주리니 얼마나 주려느냐 하니 그들이 은 삼십을 달아 주거늘 그가 그때부터 예수를 넘겨 줄 기회를 찾더라"(14-16절). 유다가 대제사장들에게 찾아가자 그들은 은 30을 달아 주었다. 출애굽기 21장 32절에 따르면 이는 노예의 몸값에 해당하는 액수였다. 다른 제자들과 함께 그 위대한 직분을 받은 유다가 하나님의 아들을 노예의 가격으로 팔아넘기려고 했다는 사실만으로도 엄청난 충격이다.

계속해서 17-19절을 보자. "무교절의 첫날에 제자들이 예수께 나아와서 이르되 유월절 음식 잡수실 것을 우리가 어디서 준비하기를 원하시나이까 이르시되 성안 아무에게 가서 이르되 선생님 말씀이 내 때가 가까이 왔으니 내 제자들과 함께 유월절을 네 집에서 지키겠다 하시더라 하라 하시니 제자들이 예수께서 시키신 대로 하여 유월절을 준비하였더라." 유월절은 출애굽기 12장에서 지정된 것으로, 제자들도 예수님과 함께 이 연례행사를 함께 지키기로 했다.

다음 이야기는 다들 잘 알고 있을 것이다. "저물 때에 예수께서 열두 제자와 함께 앉으셨더니 그들이 먹을 때에 이르시되 내가 진실로 너희에게 이르노니 너희 중의 한 사람이 나를 팔리라 하시니"(20-21절). 이 말은 들은 제자들은 큰 충격을 받았다. 그래서 물었다. "그들이 몹시 근심하여 각각 여짜오되 주여 나는 아니지요"(22절). 유다를 포함하여 제자들이 모두 다른 제자를 의심하기 전에 자신을 의심하는 것에 주의하라. 하지만 이제까지는 제자들이 유다를 지목할 만한 어떤 일도 일어나지 않았다.

그리고 예수님이 말씀하셨다. "나와 함께 그릇에 손을 넣는 그가 나를 팔리라"(23절). 유월절 식사를 하는 동안 그들은 빵을 찍어 먹을 것이 담긴 그릇을 하나 두고 음식을 먹었던 것이다. 예수님은 계속해서 말씀하신다. "인자는 자기에 대하여 기록된 대로 가거니와 인자를 파는 그 사람에게는 화가 있으리로다 그 사람은 차라리 태어나지 아니하였더라면 제게 좋을 뻔하였느니라 예수를 파는 유다가 대답하여 이르되 랍비여 나는 아니지요 대답하시되 네가 말하였도다 하시니라"

(24-25절).

유다는 이미 계약을 했고, 이제 예수님을 넘길 기회만 엿보고 있었다. 이 부분은 인류 역사상 가장 끔찍한 순간일 것이다. 아무도 유다를 의심하지 않았다. 그리고 유다도 위선적인 말로 빠져나갈 수 있다고 생각했다. 그는 위선의 달인이었다.

배신

유월절 식사를 마치고 예수님은 제자들과 함께 겟세마네 동산으로 떠나신다. 성경 말씀은 "그들이 찬미하고 감람 산으로 나아가니라"(30절)라고 전한다. 그들이 동산에 도착하자 예수님은 제자들에게 말씀하신다. "내가 저기 가서 기도할 동안에 너희는 여기 앉아 있으라"(36절). 그리고 예수님은 베드로와 세베대의 두 아들을 데리고 조금 더 가시고는 그들에게 깨어 기도하라고 명하신다. 하지만 세 제자는 깨어 있지 못하고 잠에 빠지고 말았다. 예수님은 돌아오셔서 "제자들에게 오사 이르시되 이제는 자고 쉬라 보라 때가 가까이 왔으니 인자가 죄인의 손에 팔리느니라 일어나라 함께 가자 보라 나를 파는 자가 가까이 왔느니라"(45-46절)라고 말씀하신다.

이때 유다는 행동에 돌입했다. 그런데 성경은 유다가 자기 일을 할 때도 그가 "열둘 중의 하나"(47절)였다고 기록한다. 유다와 예수님을 넘긴 행위를 함께 기록한 복음서 본문은 언제나 그를 열둘 중의 하나라고 칭한다. 이는 유다의 행위가 얼마나 충격적이고 상상도 할 수 없는 일이었는지를 강조하는 장치다.

요한은 이때 사탄이 유다 속에 들어갔다고 알린다(요 13:27). 하지만 예수님은 절대 기만당하지 않으셨다. 예수님은 내내 유다가 지옥 자식이라는 사실을 아셨다. 실제로 요한복음 6장 70절에서 예수님은 이미 "내가 너희 열둘을 택하지 아니하였느냐 그러나 너희 중의 한 사람은 마귀니라"라고 말씀하셨다.

예수님이 동산에 머물며 기도하실 때 유다는 엄청난 무리를 이끌고 나타난다. 대제사장들도 있었고, 장로들도 있었으며, 몽치와 칼을 들고 성전을 지키는 병사들도 있었다. 물론 로마인들도 있었다. 그들 모두가 예수님을 잡으러 온 것이었다.

마태복음 26장 48-49절은 계속해서 말한다. "예수를 파는 자가 그들에게 군호를 짜 이르되 내가 입 맞추는 자가 그이니 그를 잡으라 한지라 곧 예수께 나아와 랍비여 안녕하시옵니까 하고 입을 맞추니." 예수님은 유다를 "친구"(50절)라고 부르며 답하신다. 헬라어 원문을 보면 이 단어는 친구를 뜻할 때 보통 사용하는 단어는 아니다. 예수님은 여기에서 동료를 말할 때 사용하는 단어를 쓰셨다. 동료는 개인적인 관계가 있는 사람보다는 법률적인 관계에 있는 사람을 의미한다. 그렇기 때문에 예수님은 "동료여 네가 무엇을 하려고 왔는지 행하라 하신대 이에 그들이 나아와 예수께 손을 대어 잡는지라"(50절)라고 말씀하신 것이다.

마태복음 26장 57-60절은 이후에 일어난 일을 다음과 같이 기록한다.

예수를 잡은 자들이 그를 끌고 대제사장 가야바에게로 가니 거기 서기관과 장로들이 모여 있더라 베드로가 멀찍이 예수를 따라 대제사장의 집 뜰에까지 가서 그 결말을 보려고 안에 들어가 하인들과 함께 앉아 있더라 대제사장들과 온 공회가 예수를 죽이려고 그를 칠 거짓 증거를 찾으매 거짓 증인이 많이 왔으나 얻지 못하더니.

이 재판에서 어떠한 판결이 나왔는가? 65절은 말한다. "대제사장이 자기 옷을 찢으며 이르되 그가 신성 모독하는 말을 하였으니 어찌 더 증인을 요구하리요." 그들은 예수님의 말에 분노하여 예수님이 죽임을 당해도 싸다고 공포한다. 그리고 이제는 예수님을 학대하기 시작한다. "이에 예수의 얼굴에 침 뱉으며 주먹으로 치고 어떤 사람은 손바닥으로 때리며 이르되 그리스도야 우리에게 선지자 노릇을 하라 너를 친 자가 누구냐"(67-68절).

마태복음 27장은 다음과 같은 광경으로 시작한다.

새벽에 모든 대제사장과 백성의 장로들이 예수를 죽이려고 함께 의논하고 결박하여 끌고 가서 총독 빌라도에게 넘겨 주니라 그때에 예수를 판 유다가 그의 정죄됨을 보고 스스로 뉘우쳐 그 은 삼십을 대제사장들과 장로들에게 도로 갖다 주며 이르되 내가 무죄한 피를 팔고 죄를 범하였도다 하니 그들이 이르되 그것이 우리에게 무슨 상관이냐 네가 당하라 하거늘 유다가 은을 성소에 던져 넣고 물러가서 스스로 목매어 죽은지라 대제사장들이 그 은을 거두며 이르되 이것은 핏값이라 성전고에 넣어 둠이 옳지 않다 하고 의논한 후 이것으로 토기장이의 밭을 사서 나그네의 묘지를 삼았으니 그러므로 오늘날까지 그 밭을 피밭이라 일컫느니라 이에 선지자 예레미야를 통하여 하신 말씀이 이루어졌나니 일렀으되 그들이 그 가격 매겨진 자 곧 이스라엘 자손 중에서 가격 매긴 자의 가격 곧 은 삼십을 가지고 토기장이의 밭 값으로 주었으니 이는 주께서 내게 명하신 바와 같으니라 하였더라(1-10절).

대제사장들과 장로들이 예수님께 한 일은 절대로 옳지 않았다. 하지만 그들은 개의치 않았다. 당신은 이 본문이 구약 성경 말씀을 인용하면서 왜 예레미야라고 하는지 의아할 것이다. 사실 이 말씀은 스가랴가 한 말씀이기 때문이다. 이렇게 말하는 이유는 따로 있다. 구약 성경은 율법(Law), 예언서(Prophets), 기록들(Writings)이라는 세 부분으로 나뉘는데, 예레미야는 히브리어 본문을 보면 예언서 중 첫 번째 책이기 때문에 예레미야를 그 제목으로 칭한 것이다.

기록이 진행될수록 우리는 유다의 이 끔찍한 비극이 어떻게 전개되어 가는지 보게 된다. 유다는 스스로 목을 매고 말았다. 사도행전 1장 18절은 그가 "몸이 곤두박질하여 배가 터져 창자가 다 흘러나온지라"라고 한다. 목을 맨 줄이 끊어지거나 나무가 부러지는 바람에 그 몸이 땅에 떨어지고 만 것이었다. 이는 무엇과도 비견할 수 없는 끔찍한 비극이다. 사실 이 일은 인류 역사상 가장 끔찍한 비극이라고 할 수 있다. 유다는 예수님을 가장 가까운 곳에서 뵈고 함께하는 엄청난 기회를 누렸던 사람이기 때문이다.

하지만 유다는 탐욕스럽고, 돈을 사랑하며, 세속적이고, 개인적인 야망에 불타는 사람이었다. 부에 대한 열망이 너무 큰 나머지 눈앞에 있는 진리에 눈을 감고 만 것이다. 유다는 지옥이 있다는 사실을 알았음에도 불구하고 스스로 그곳에 가기로 결정했다. 마치 "고통이 너무 크구나. 안식이 필요하다. 나는 지옥에나 가야 할 것이다."라고 말하는 것 같다. 그는 자신을 너무 사랑한 나머지 몰락하고 말았다. 그는 구원을 너무 쉽게 거절했고, 예수님께 지나치게 분노했다. 같은 태양을 쐬

어도 밀랍은 녹아내리고 찰흙은 단단해진다.

또 배신당하시다

다음으로 베드로에 집중해 보자. 다시 마태복음 26장 17-19절로 돌아가 보자.

> 무교절의 첫날에 제자들이 예수께 나아와서 이르되 유월절 음식 잡수실 것을 우리가 어디서 준비하기를 원하시나이까 이르시되 성안 아무에게 가서 이르되 선생님 말씀이 내 때가 가까이 왔으니 내 제자들과 함께 유월절을 네 집에서 지키겠다 하시더라 하라 하시니 제자들이 예수께서 시키신 대로 하여 유월절을 준비하였더라.

예수님은 유다가 장소를 모르도록 하시려고 이렇게 유월절을 지키기로 계획하셨다. 이렇게 하면 유다가 유월절을 지키는 장소로 사람들을 이끌고 와서 예수님을 잡아갈 수 없기 때문이다.

26절은 계속해서 말씀한다. "그들이 먹을 때에 예수께서 떡을 가지사 축복하시고 떼어 제자들에게 주시며 이르시되 받아서 먹으라 이것은 내 몸이니라 하시고." 이 말씀을 하시면서 예수님은 유월절을 지키던 그 자리를 성찬식으로 바꾸셨다. 그리고 그들은 찬미를 하고 감람산으로 향했다. 그 와중에 예수님은 말씀하셨다. "오늘 밤에 너희가 다 나를 버리리라 기록된바 내가 목자를 치리니 양의 떼가 흩어지리라 하였느니라 그러나 내가 살아난 후에 너희보다 먼저 갈릴리로 가리라."

그러자 베드로가 대답한다. "모두 주를 버릴지라도 나는 결코 버리지 않겠나이다"(26:31-33).

예수님은 열두 제자에게 그들이 모두 떠날 것이라고 말씀하신다. 하지만 베드로는 자신을 과대평가했다. 예수님이 또 말씀하셨다. "내가 진실로 네게 이르노니 오늘 밤 닭 울기 전에 네가 세 번 나를 부인하리라"(34절). 베드로는 항변한다. "내가 주와 함께 죽을지언정 주를 부인하지 않겠나이다 하고 모든 제자도 그와 같이 말하니라"(35절).

하지만 우리가 잘 알다시피 베드로는 그리스도를 계속해서 부인한다. 베드로도 유다와 마찬가지로 사악하고 완고하게, 또한 공공연하게 죄를 저질렀다. 하지만 베드로는 닭이 울 때까지 자신의 죄를 깨닫지 못했다.

이때 무슨 일이 있었는지 살펴보자. "베드로가 바깥 뜰에 앉았더니 한 여종이 나아와 이르되 너도 갈릴리 사람 예수와 함께 있었도다 하거늘 베드로가 모든 사람 앞에서 부인하여 이르되 나는 네가 무슨 말을 하는지 알지 못하겠노라 하며"(69-70절). 베드로는 그러고 나서 앞문까지 걸어갔다. 그런데 거기에서 다른 여종이 그를 보고 또 말한다.

> 이 사람은 나사렛 예수와 함께 있었도다 하매 베드로가 맹세하고 또 부인하여 이르되 나는 그 사람을 알지 못하노라 하더라 조금 후에 곁에 섰던 사람들이 나아와 베드로에게 이르되 너도 진실로 그 도당이라 네 말소리가 너를 표명한다 하거늘 그가 저주하며 맹세하여 이르되 나는 그 사람을 알지 못하노라(마 26:71-74).

사람들이 세 번째로 자신을 알아보자 베드로는 "저주하며 맹세"했다. 이 말은 자신에게 죽음의 저주를 했다는 뜻으로, 베드로는 "내가 거짓말을 하는 것이면 나를 죽여라."라고 한 것이다. 당신이 생각하는 만큼 베드로는 담대한 사람이기는 했다. 그렇지 않은가? 베드로가 부인한 것은 당연한 일이었다.

성경은 베드로가 그렇게 한바탕 저주의 말을 쏟아 내고 나자 "곧 닭이 울더라"(74절)고 말한다. 그 순간 베드로는 예수님이 "오늘 밤 닭 울기 전에 네가 세 번 나를 부인하리라"(34절)라고 하신 말씀이 생각났다. 그는 이미 스스로 죽음을 걸고 맹세했다. "내가 거짓말을 하면 내 생명을 취해라. 내가 주와 함께 죽을지언정 주를 부인하지 않겠다."라고 했다. 하지만 이미 그는 거짓말을 했다.

베드로는 어떻게 했는가? 목을 매달았는가? 그렇지 않다. 베드로는 밖으로 나가 격렬하게 울었다. 누가는 여기에 놀랄 만한 이야기를 하나 추가한다. 누가는 닭이 울었을 때 "주께서 돌이켜 베드로를 보시니"(눅 22:61)라고 기록한다. 유다는 동산에서 예수님과 눈이 마주쳤을 때 위선자의 혐오스러움을 그대로 드러내며 예수님과 입을 맞췄다. 반면, 베드로는 예수님의 눈을 바라봤을 때 눈물을 터뜨리고 말았다.

유다는 참담한 슬픔에 휩싸였지만 회개하지 않고 결국 자살하고 말았다. 반면, 베드로는 회개하고 회복되었다.

어쩌다가 베드로는 예수님을 부인하는 자리까지 가고 만 것일까? 어쩌다가 베드로는 예수님을 3년이나 따라다니다가 이러한 실수를 저지르고 만 것일까?

첫째, 베드로는 지나치게 자신만만했다. 베드로는 예수님께 말한다. "모두 주를 버릴지라도 나는 결코 버리지 않겠나이다"(마 26:33). 사실 베드로는 한술 더 떠 "내가 주와 함께 죽을지언정 주를 부인하지 않겠나이다"(35절)라고 장담한다.

둘째, 베드로는 기도가 부족했다. 겟세마네 동산에서 있었던 일을 기억하는가? 예수님은 제자들에게 돌아오셔서 그들이 자는 모습을 보셨다. 그리고 이렇게 말씀하셨다. "너희가 나와 함께한 시간도 이렇게 깨어 있을 수 없더냐"(40절).

셋째, 베드로는 너무 성급하게 행동했다. 무리가 예수님을 잡으러 왔을 때 "예수와 함께 있던 자 중의 하나가 손을 펴 칼을 빼어 대제사장의 종을 쳐 그 귀를 떨어뜨렸다"(51절). 이는 베드로의 소행이었다. 그러자 예수님은 말씀하셨다. "네 칼을 도로 칼집에 꽂으라"(52절).

넷째, 베드로는 너무 먼 곳에서 예수님을 따랐다. 사람들이 예수님을 대제사장에게 끌고 갈 때 베드로는 멀찍이서 따라갔다. 이렇게 하는 바람에 사람들이 세 번이나 그를 알아보고 열두 제자 중에 하나라고 말한 것이다. 그리고 베드로는 결국 예수님을 부인하고 말았다(69-74절).

회복

예수님이 십자가에 못 박혀 돌아가시고 부활하신 후에 베드로는 예전의 일상으로 돌아가 낚시를 한다. 하지만 베드로는 그렇게 하지 말았어야 했다. 예수님이 부활하셨고 다락방에서 예수님을 만났으면 베드로는 갈릴리에 가서 예수님이 나타나시기를 기다려야 했던 것이다. 예수님도 제자들에게 갈릴리로 가서 기다리라고 말씀하셨다. 하지만 베드로는 그렇게 하지 않고 돌아가서 배에 올라 그물을 잡고 말았다. 예전 방식대로 돌아간 것이다. 그러자 예수님이 나타나셔서 베드로에게 "네가 나를 사랑하느냐"라고 세 번 물으신다.

예수님을 향한 베드로의 자세는 어떠했는가? "주님 그러하나이다 내가 주님을 사랑하는 줄 주님께서 아시나이다"라고 베드로는 말한다. 베드로는 심지어 예수님이 다 아시지 않느냐고 반문한다. 그렇다면 예수님은 왜 그렇게 질문하셨는가? 베드로가 예수님을 사랑한다는 것이 분명하지 않았기 때문이다. 베드로는 이렇게 말했다. "내가 주님을 사랑하는 줄 주님께서 아시나이다. 주님 모든 것을 아시오매 내가 주님을 사랑하는 줄을 주님께서 아시나이다."

그렇다면 유다와 베드로의 가장 큰 차이는 무엇인가? 베드로는 유다와 달리 그리스도를 참으로 사랑했다. 사도 바울은 "만일 누구든지 주를 사랑하지 아니하면 저주를 받을지어다"(고전 16:22)라고 말한다. 이후에 요한도 다음과 같이 기록한다. "우리가 사랑함은 그가 먼저 우리를 사랑하셨음이라"(요일 4:19).

예수님께서 "나의 계명을 지키는 자라야 나를 사랑하는 자니 나를 사랑하는 자는 내 아버지께 사랑을 받을 것이요 나도 그를 사랑하여 그에게 나를 나타내리라"(요 14:21)라고 말씀하셨을 때, 베드로와 유다 모두 그 다락방에 있었다. 그날 밤 예수님은 열두 제자에게 예수님에 대한 사랑에 대해서 말씀하셨다. 하지만 유다가 그리스도를 증오했다는 사실이 드러나고 만다. 자신의 야망이 물거품이 되어 버렸기 때문이다.

요한복음 14장 23-24절에서 예수님은 말씀하신다. "사람이 나를 사랑하면 내 말을 지키리니 내 아버지께서 그를 사랑하실 것이요 우리가 그에게 가서 거처를 그와 함께하리라 나를 사랑하지 아니하는 자는 내 말을 지키지 아니하나니 너희가 듣는 말은 내 말이 아니요 나를 보내신 아버지의 말씀이니라." 이것이 바로 그리스도를 사랑하는 것이다. 예수님은 요한복음 14장 28절에서 말씀하셨다. "내가 갔다가 너희에게로 온다 하는 말을 너희가 들었나니 나를 사랑하였더라면 내가 아버지께로 감을 기뻐하였으리라 아버지는 나보다 크심이라."

예수님은 자신에 대한 제자들의 사랑에 대해서 말씀하셨을 때, 감정적인 부분에 대해서는 말씀하지 않으셨다. 또한, 일종의 흥분 상태를 말씀하지도 않으셨다. 예수님이 사랑을 어떻게 정의하셨는지 주의 깊게 보라. "너희가 나를 사랑하면 나의 계명을 지키리라." 예수님을 향한 참된 사랑은 훈련을 통해서 예수님께 순종으로 반응하는 것이다.

그리스도에 대해서 더 많이 알면 알수록 예수님을 더 피할 수 없게 되고, 예수님을 더 사랑하게 된다. 슬프게도, 모든 사람이 같은 방식으로 예수님께 반응하는 것은 아니다. 요한복음 6장을 보면 제자들 무리가 어려운 가르침을 듣고서는 예수님을 떠나간다. 그러자 예수님은 열두 제자에게 말씀하신다. "너희도 가려느냐." 그러자 시몬 베드로가 대답한다. "주여 영생의 말씀이 주께 있사오니 우리가 누구에게로 가오리이까"(66-68절).

베드로는 물론 끔찍한 배신을 저지를 가능성도 지닌 사람이었지만 유다와 다른 점이 하나 있었다. 베드로는 그리스도를 사랑했다. 이러한 이유로 하나님은 계속해서 베드로에게 능력을 베푸시고 그를 사용하신 것이다.

사랑에 사로잡혀

유다와 베드로를 비교하면서 기억해야 할 중요한 원칙이 있다. 죄를 저지르고 죄책감을 느낀다고 해서 참된 참회를 하는 것은 아니라는 점이다. 당신은 뼈저리게 죄책감에 시달리고, 강렬한 회한에 사로잡혀 고통스럽게 후회를 하면서 자신을 죽이는 것으로 마무리할 수도 있다. 죄를 의식하고 완전히 이해할 수도 있지만 그것으로는 충분하지 않다. 죄를 인정하고, 저지른 일에 회한을 느끼고, 그 죄에 대해서 죗값을 치른다고 해서 반드시 참회한 것은 아니다. 유다는 끔찍한 죄를 저질렀지만 회개하지 못했다. 하지만 베드로는 끔찍한 죄를 저지르고 회개했다.

죄가 아무리 추악해도 죄인을 후회하도록 하는 데는 충분하지 않다. 당신을 부서지게 하고, 당신을 울게 하고, 자신을 죽이게까지 할 수는 있어도 당신이 참회하게 할 정도로 충분하지는 않은 것이다. 당신은 강렬한 사랑을 불러일으키는 그리스도의 비전을 볼 때만 참회할 수 있다. 베드로는 예수님을 사랑했다. 닭이 울고 예수님의 눈과 마주쳤을 때, 베드로는 참담한 마음으로 눈물을 흘리고 말았다. 이렇게 반응한 이유는 베드로가 예수님을 사랑했기 때문이다. 이것이 바로 참된 성도의 마음 자세다.

베드로는 이후 자신의 첫 번째 서신에서 다음과 같이 증언한다.

우리 주 예수 그리스도의 아버지 하나님을 찬송하리로다 그의 많으신 긍휼대로 예수 그리스도를 죽은 자 가운데서 부활하게 하심으로 말미암아 우리를 거듭나게 하사 산 소망이 있게 하시며 썩지 않고 더럽지 않고 쇠하지 아니하는 유업을 잇게 하시나니 곧 너희를 위하여 하늘에 간직하신 것이라 너희는 말세에 나타내기로 예비하신 구원을 얻기 위하여 믿음으로 말미암아 하나님의 능력으로 보호하심을 받았느니라 그러므로 너희가 이제 여러 가지 시험으로 말미암아 잠깐 근심하게 되지 않을 수 없으나 오히려 크게 기뻐하는도다 너희 믿음의 확실함은 불로 연단하여도 없어질 금보다 더 귀하여 예수 그리스도께서 나타나실 때에 칭찬과 영광과 존귀를 얻게 할 것이니라 예수를 너희가 보지 못하였으나 사랑하는도다 이제도 보지 못하나 믿고 말할 수 없는 영광스러운 즐거움으로 기뻐하니(벧전 1:3-8).

당신의 교회에 출석하는 사람들이 참된 구원을 받았는지 확인하라. 참된 구원을 입은 자는 그리스도를 사랑하게 되고, 그 결과는 기쁨과 순종으로 나타난다. 그렇다면 당신의 책임은 그리스도를 항상 붙드는 것이다.

가장 사랑스럽고, 가장 매력적이고, 가장 아름답고, 가장 영광스럽고, 가장 장엄하시고, 가장 완전하신 분, 그리스도를 붙잡으라. 당신은 사람들에게 그보다 더 좋은 것을 줄 수 없다.

성도들이 그리스도를 갈급하게 하라

우리 교회에서 신약 성경 전체를 설교하고 나서 나는 성도님들에게 물었다. "이제 무엇을 원하십니까?"

그러자 성도님들이 답했다. "구약 성경에 나타나는 그리스도를 보여 주세요."

그래서 몇 달에 걸쳐 구약을 살펴보면서 그리스도가 성육신하시기 전까지 배웠다.

나는 물었다. "이제는요?"

성도님들은 말했다. "요한복음을 다시 설교해 주십시오."

그래서 요한복음으로 다시 돌아갔다. 왜 그랬을까? 성도들이 그리스도를 보기 원하기 때문이다. 그리스도의 아름다움이 그들을 사로잡은 것이다. 베드로처럼 우리 성도들도 그리스도를 사랑한다.

그리스도를 사랑하는 회중과 함께하는 것은 엄청난 기쁨이다. 왜냐하면, 그 사랑은 그리스도께 영광을 돌리고 그리스도를 섬기게 하기 때문이다. 그러므로 회중에게 감정적이거나 감성적인 황홀감을 주려고 하지 말라. 설교자로서 그리스도를 보여 주는 것은 우리의 의무이자 특권이다.

이로써 두 설교자 이야기를 마무리하려고 한다. 마지막까지 유다와 베드로가 어떤 사람인지 가까운 사람들조차 구분할 수 없었다. 하지만 마침내 유다는 사탄에게 속하였고, 베드로는 구세주께 속하였다는 사실이 드러나고 만다.

마지막 말

찰스 템플턴은 2001년 86세의 나이로 죽었다. 그는 죽어 가면서 마지막으로 한마디 유언을 남겼는데, 예수님에 대해 말했다고 한다. "나는 그가 그립다."[2] 나는 유다 역시 이렇게 말하리라고 생각한다. "나는 예수님이 그립다."

당신은 예수님을 그리워할 필요가 없다. 당신은 영원히 그의 임재 안에 거할 것이다. 예수님을 버리는 설교자가 되지 말라. 성도들에게 예수님을 보여 주고 당신이 예수님을 사랑하듯 그들도 예수님을 사랑하게 하라.

PRAYER

아버지, 성경의 아름다움과 그 능력과 그 명료함에 감사를 드립니다.
우리는 참으로 축복받은 자들입니다.
성경은 그 능력이 압도적으로 나타납니다.
두 설교자 이야기를 다시 한 번 기억하게 하시니 감사합니다.
언젠가 우리는 베드로와 함께 모든 설교자와 만나기를 원합니다.
이 장소에 있는 누구도 유다를 만나지 않게 하소서.
우리가 그리스도를 성도들에게 높이 들어 올리게 하셔서
성도들이 영원히 사랑해야 할 그분을 보게 하소서.
아버지께 감사를 드립니다. 아버지를 사랑합니다.
우리가 비록 주님을 마땅히 사랑해야 할 만큼 주님을 사랑하지 못하지만,
그럼에도 불구하고 더욱 사랑하기 원합니다.
그렇게 하도록 우리를 도우소서.
아멘.

주

1

1. Martin Luther, John Blanchard, comp., *Gathered Gold* (Welwyn, England: Evangelical Press, 1984), 238.
2. John Warwick Montgomery, *Damned Through the Church* (Minneapolis: Bethany Fellowship, 1970).
3. Marvin Richardson Vincent, *Word Studies in the New Testament*, vol. 4 (New York: Charles Scribner's Sons, 1887), 321.
4. Christopher Catherwood, *Five Evangelical Leaders* (Wheaton, IL: Harold Shaw, 1985), 170. 『5인의 복음주의 지도자들』, 엠마오.

2

1. Evan Esar, *20,000 Quips & Quotes* (Basking Ridge, NJ: Barnes & Noble, 1994), 224.
2. James Rankin Young, *History of Our War with Spain* (Chicago: Monroe Book Company, 1898), 73.
3. Clifton Fadiman and Andre Bernard, *Bartlett's Book of Anecdotes* (New York: Little, Brown, 2000), 465.
4. Henry Kissinger, *Diplomacy* (New York: Simon & Schuster, 1994).
5. James Gilchrist Lawson, *Deeper Experiences of Famous Christians* (Anderson, IN: The Warner Press, 1911), 303. 『위대한 그리스도인들은 어떻게 성령의 충만을 받았는가』, 세복.
6. Jonathan Edwards, *Sinners in the Hands of an Angry God*, 1741. 『진노한 하나님의 손에 붙들린 죄인들』, 생명의말씀사.
7. Fadiman and Bernard, *Bartlett's Book of Anecdotes*, 160.
8. Jonathan Edwards, *The Justice of God in the Damnation of Sinners*, 1734.
9. Augustine, *Confessions*, X, 31. 『어거스틴의 참회록』, 생명의말씀사.

3

1. Napoleon Bonaparte, Samuel Austin Allibone에서 인용, *Great Authors of All Ages* (Philadelphia: J. B. Lippincott Company, 1889), 293.
2. Samuel Clement Fessenden에서 인용, *Selections from the Speeches, Sermons, Addresses, Etc.* (New York: Wm. P. Tomlinson, 1869), 172.
3. 벤저민 프랭클린은 생전에 이 묘비명을 작성했다. 하지만 이 묘비명은 실제 묘비가 아닌 기념 동판에 기록되어 있다.
4. Robert Browning, "Incident of the French Camp," Edmund Clarence Stedman에서 인용, ed., *A Victorian Anthology, 1837-1895*, vol. 2 (Cambridge: Riverside Press, 1895), 346.
5. Rudyard Kipling, *The Works of Rudyard Kipling* (Hertfordshire, Great Britain: Wordsworth Editions Limited), 605-606.

4

1. J. H. Merle D'Aubigne, *The Reformation in England*, ed. S. M. Houghton, vol. 1, reprint (Edinburgh: The Banner of Truth, 1972), 143.
2. Philip Schaff, "Modern Christianity: The German Reformation," in *History of the Christian Church*, vol. 6, 2nd edition (New York: Charles Scribner's Sons, 1901), 17. 『교회사전집』, 크리스챤다이제스트사.
3. James Montgomery Boice, *Whatever Happened to the Gospel of Grace?* (Wheaton, IL: Crossway, 2009), 83-84. 『개혁주의 서론』, 부흥과개혁사.
4. "Mr. Spurgeon as a Literary Man," in *The Autobiography of Charles H. Spurgeon, Compiled from His Letters, Diaries, and Records by His Wife and Private Secretary*, vol. 4, 1878-1892 (Cincinnati, OH: Curtis & Jennings, 1900), 268.
5. Martyn Lloyd-Jones, *Preaching and Preachers* (Grand Rapids: Zondervan, 1971), 24-25. 『설교와 설교자』, 복있는 사람.
6. Martin Luther, *More Gathered Gold: A Treasury of Quotations for Christians*에서 인용, comp. John Blanchard (Hertsfordshire, England: Evangelical Press, 1986), 243.
7. Phillips Brooks, *Lectures on Preaching* (New York: Dutton, 1877), 59.
8. John MacArthur, *Why One Way?* (Nashville: W Publishing Group, 2002), 34. 『왜 한 길인가』, 그루터기하우스.
9. MacArthur, *Why One Way?*, 41-42. 『왜 한 길인가』, 그루터기하우스.
10. Martin Luther, "On God's Sovereignty," in *Luther's Works*, 51:77.

5

1. D. James Kennedy, *Evangelism Explosion* (Wheaton, IL: Tyndale, 1977).

6

1. Francis A. Schaeffer, *He Is There and He Is Not Silent* (Carol Stream, IL: Tyndale, 1972). 『거기 계시며 말씀하시는 하나님』, 생명의말씀사.
2. Carl F. H. Henry, *God, Revelation, and Authority*, 6 vols. (Wheaton, IL: Crossway, 1999).

7

1. Richard Baxter, Charles Bridges에서 인용, *The Christian Ministry* (London: Banner of Truth, 1967), 318.
2. R. C. Sproul, *The Preacher and Preaching*, ed. Samuel T. Logan Jr. (Phillipsburg, NJ: Presbyterian & Reformed, 1986), 113. 『설교자 지침서』, 크리스챤다이제스트사.
3. Walter C. Kaiser, *Toward an Exegetical Theology* (Grand Rapids: Baker, 1981), 239.
4. Martyn Lloyd-Jones, *Preaching and Preachers* (Grand Rapids: Zondervan, 1972), 97. 『설교와 설교자』, 복있는 사람.
5. John Calvin, *Acts*, The Crossway Classic Commentaries, eds. Alister McGrath and J. I. Packer (Wheaton, IL: Crossway, 1995), 33.
6. Iain H. Murray, *The Forgotten Spurgeon* (Edinburgh: Banner of Truth, 2009).
7. http://www.spurgeon.org/sermons/0027.htm/에서 확인, 2014년 7월 1일 접속.
8. Charles Spurgeon, "The Eternal Name," 엑스터 홀에서 1855년 5월 27일 설교.
9. Richard Baxter, Lloyd-Jones에서 인용, *Preaching & Preachers*, 100. 『설교와 설교자』, 복있는 사람.

8

1. Meuser, Fred W., *Luther the Preacher* (Minneapolis: Augsburg Publishing House, 1983), 51.
2. Stephen Pogoloff, *Logos and Sophia: The Rhetorical Situation in 1 Corinthians* (Atlanta, GA: Scholars Press, 1992), Duane Litfin, *St. Paul's Theology of Proclamation* (Cambridge: Cambridge University Press, 1994), Michael Bullmore, *St. Paul's Theology of Rhetorical Style* (San Francisco: International Scholars Publications, 1995).
3. A. Duane Litfin, *St. Paul's Theology of Proclamation: 1 Corinthians 1-4 and Greco-Roman Rhetoric* (Cambridge: Cambridge University Press, 1994), 207-208.
4. Anthony C. Thiselton, *The First Epistle to the Corinthians* in The New International Greek Testament Commentary, eds. I. Howard Marshall and Donald A. Hagner (Grand Rapids: Eerdmans, 2000), 218.
5. John Stott, *Between Two Worlds: The Challenge of Preaching Today* (Grand Rapids: Eerdmans, 1994), 325. 『현대교회와 설교』, 생명의 샘.
6. Charles H. Spurgeon, *Christ Precious to Believers* (1859년 3월 13일), 로얄 서레이 가든즈의 뮤직 홀에서 설교.
7. D. A. Carson, *The Cross and Christian Ministry: An Exposition of Passages from 1 Corinthians* (Grand Rapids: Baker, 2004), 26.
8. Gordan D. Fee, *The First Epistle to the Corinthians* in The New International Commentary on the New Testament (Grand Rapids: Eerdmans, 1987), 94.
9. Litfin, *St. Paul's Theology of Proclamation*, 209.
10. Ewald M. Plass, *What Luther Says* (St. Louis, MO: Concordia Publishing House, 2006), 1131.
11. John Calvin, *Commentary on the Epistles of Paul the Apostle to the Corinthians* in Calvin's Commentaries, vol. 20, trans. Rev. John Pringle (Grand Rapids: Baker, 2003), 99.
12. Stott, *Between Two Worlds*, 320.
13. Stott, *Between Two Worlds*, 321.
14. Fee, *The First Epistle to the Corinthians*, 96.

9

1. Harry Emerson Fosdick, "What Is the Matter with Preaching?" in Mike Graves, ed. *What's the Matter with Preaching Today?* (Louisville: Westminster John Knox Press, 2004), 9.
2. George Marsden, *The Salvation of Souls* (Wheaton, IL: Crossway, 2002), 11-12.
3. Jonathan Edwards, Marsden에서 인용, *The Salvation of Souls*, 11-12.
4. John Piper, *The Supremacy of God in Preaching* (Grand Rapids: Baker, 2004), 57. 『하나님의 방법대로 설교하십니까』, 엠마오.
5. Alex Montoya, *Preaching with Passion* (Grand Rapids: Kregel, 2000), 151.
6. Jonathan Edwards, Marsden에서 인용, *The Salvation of Souls*, 12.

10

1. 더 자세히 알기 원한다면 알렉스 몬토야의 책 *Preaching with Passion*을 참고할 것 (Grand Rapids: Kregel Academic, 2007). 『열정적 설교』, 프리셉트.
2. D. Martyn Lloyd-Jones, *Preaching & Preachers* (Grand Rapids: Zondervan, 2011), 100. 『설교와 설교자』, 복있는 사람.
3. Jerry Vines and Jim Shaddix, *Power in the Pulpit: How to Prepare and Deliver Expository Sermons* (Chicago: Moody Press, 1999), 347.
4. Lloyd-Jones, *Preaching & Preachers*, 93. 『설교와 설교자』, 복있는 사람.

5. John Broadus, *On the Preparation and Delivery of Sermons* (New York: Harper & Row, 1944), 252-253.
6. Charles H. Spurgeon, *Lectures to My Students* (Grand Rapids: Zondervan, 1954), 307. 『목회자 후보생들에게』, 생명의말씀사.
7. Lloyd-Jones, *Preaching & Preachers*, 87. 『설교와 설교자』, 복있는 사람.
8. W. A. Criswell, *Criswell's Guidebook for Pastors* (Nashville: Broadman & Holman, 1980), 54.
9. David L. Larsen, *The Company of Preachers* (Grand Rapids: Kregel, 1998), 159.
10. Richard Baxter, *The Reformed Pastor* (Edinburg: Banner of Truth Trust, 1974), 61-63. 『참 목자상』, 생명의말씀사.
11. Robert Murray M'Cheyne, *The Works of Rev. Robert Murray McCheyne: Complete in One Volume* (New York: Robert Carter & Brothers, 1874), 211.
12. Lloyd-Jones, *Preaching & Preachers*, 92. 『설교와 설교자』, 복있는 사람.
13. Lloyd-Jones, *Preaching & Preachers*, 83. 『설교와 설교자』, 복있는 사람.
14. David Eby, *Power Preaching for Church Growth* (Fearn, UK: Mentor, 1996), 49.
15. Spurgeon, *Lectures to My Students*, 309. 『목회자 후보생들에게』, 생명의말씀사.

11

1. 에스겔 18:13; 33:4 참고.
2. Charles H. Spurgeon, *Lectures to My Students* (Peabody, MA: Hendrickson, 2011), 29-32. 『목회자 후보생들에게』, 생명의말씀사.
3. 1943년 UP news story, Charles M. Province에서 인용, *The Unknown Patton* (New York: Random House Value Publishing, 1988), 8-9.
4. John Piper and Wayne Grudem, *Recovering Biblical Manhood and Womanhood* (Wheaton, IL: Crossway, 1991).

12

1. Marshall Frady, *Billy Graham: A Parable of American Righteousness* (New York: Simon & Schuster, 2006), 161.
2. Lee Strobel, *The Case for Faith: A Journalist Investigates the Toughest Objections to Christianity* (Grand Rapids: Zondervan, 2000), 18. 『특종! 믿음 사건』; 두란노.

사명선언문

너희가 흠이 없고 순전하여……세상에서 그들 가운데 빛들로
나타내며 생명의 말씀을 밝혀 _ 빌 2:15-16

1. 생명을 담겠습니다
만드는 책에 주님 주신 생명을 담겠습니다.
그 책으로 복음을 선포하겠습니다.

2. 말씀을 밝히겠습니다
생명의 근본은 말씀입니다.
말씀을 밝혀 성도와 교회의 성장을 돕겠습니다.

3. 빛이 되겠습니다
시대와 영혼의 어두움을 밝혀 주님 앞으로 이끄는
빛이 되는 책을 만들겠습니다.

4. 순전히 행하겠습니다
책을 만들고 전하는 일과 경영하는 일에 부끄러움이 없는
정직함으로 행하겠습니다.

5. 끝까지 전파하겠습니다
모든 사람에게, 땅 끝까지, 주님 오시는 그날까지
복음을 전하는 사명을 다하겠습니다.

서점 안내

광화문점 서울시 종로구 새문안로 69 구세군회관 1층
02)737-2288(T)　02)737-4623(F)

강남점 서울시 서초구 신반포로 177 반포쇼핑타운 3동 2층
02)595-1211(T)　02)595-3549(F)

구로점 서울시 구로구 시흥대로 577 3층
02)858-8744(T)　02)838-0653(F)

노원점 서울시 노원구 동일로 1366 삼봉빌딩 지하 1층
02)938-7979(T)　02)3391-6169(F)

분당점 경기도 성남시 분당구 황새울로 315 대현빌딩 3층
031)707-5566(T)　031)707-4999(F)

신촌점 서울시 마포구 서강로 144 동인빌딩 8층
02)702-1411(T)　02)702-1131(F)

일산점 경기도 고양시 일산서구 중앙로 1391 레이크타운 지하 1층
031)916-8787(T)　031)916-8788(F)

의정부점 경기도 의정부시 청사로47번길 12 성산타워 3층
031)845-0600(T)　031) 852-6930(F)

인터넷서점 www.lifebook.co.kr